KB010921

전략실행 프레임

Strategy Execution Frame

전략실행 프레임

'균형 잡힌 전략실행'이 가치를 창출한다

신재규, 김정욱, 조민관 지음

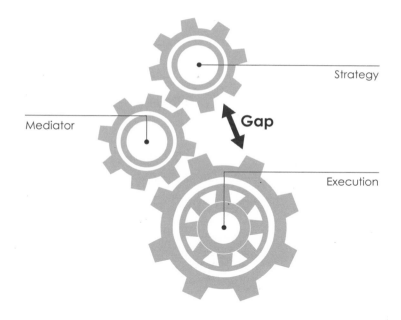

생각나눔

선가禪家에서는 일정한 수련이 지나면, 주지 스님은 학승(공부하는 스님)에게 밀린 밥값으로 화두話頭를 불시에 점검하신다. 이는 절에서 공짜 밥 먹으면서 공부를 게을리하지 말라는 무서운 가르침이다. 저자는 의도하지 않게 2005년부터 SCM, 전략 분야와 관계된 일을 하면서 그럭저럭 밥을 얻어먹고 살아왔다. 누가 시킨 것도 아닌데, 언젠가는 밥값을 해야 한다는 막연한 마음의 빚이 있었다. 그 때문인지 몰라도 10년 동안 이 분야에서 일하게 되면서, 머릿속의 생각도 정리할 겸 이 분야에 도움이 될 만한 책 하나 써야겠다는 생각이 있었다.

하지만 컨설팅을 하다 보니, 막상 책 쓰는 것을 시작하기란 좀처럼 엄두가 나지 않았다. 스스로 시간 없음을 핑계 삼아서, 자료와 아이디어를 취합하며 에세이 쓰듯이 끄적거리고만 있었다. 나름 고민한 화두는 있었지만, 쉽사리 진도는 나가지 않았다. 좋은 책을 쓰겠다는 포부는 온데간데없고, 어떻게 화두를 풀어가야 할지 막막하고 답답해졌다. 큰 화두에 비해 가지고 있는 살림은 너무도 조촐했다. 그래서 처음에는 책만 많이 샀을 뿐 글다운 글은 별로 쓰지 못했던 것 같다.

그러던 중 우연히 알파벳도 모른 상태에서 네덜란드의 인체 해부서를 번역하여 『해체신서』를 출간한 스기타 겐파쿠杉田玄白 1733~1617에 관한 책을 읽고, 여럿이 공동 저술하는 것으로 방향을 전환하였다. 운이 좋게도 주위에는 'SCM 대중화'를 위해 뜻을 같이하는 좋은 동료들(김정욱 박사, 조민관 박사)이 있었다.

역시 모든 일에는 사람이 먼저였다. 경험과 역량을 겸비한 좋은 사람들과 함께 작업을 하니, 빠르게 개념 정립과 체계화가 이루어져 갔다. 때론 단어 하나의 의미를 정의하기 위해 몇 시간 동안 치열한 논쟁을 벌이기도 했지만, 이제 와 생각해보면 그 시간이 정말로 소중하게 느껴진다. 그렇게 3년을 보내고 나니, 초기 기대했던 것보다 많은 것을 논의하고 해결할 수 있었다. 덕분에 처음에 잡았던 화두는 뼈대만 남고 전혀 다른 책이 되어 버렸다. 아마 혼자 쓰기를 고집했더라면 그저 그런 책이 되었을 것이다.

역사 스승인 시오노 나나미鹽野七生 1937~ 는 책임감이나 의무감은 나약한 자에게 어울리며, 야망을 위해 살라고 강조했다. 제자도 역시 그렇게 살고 싶었다. 하지만 되돌아보면 야망이 아닌 '존재에 대한 책임감'으로 살았던 것 같다. 어쩔 수 없는 철학적 기질이다. 이제야 이 책으로써 무거운 책임감을 조금이나마 덜어낸 셈이다.

'전략'이라는 말은 나에게 나름 친숙한 용어였다. 어린 시절 삼국지보다 정비석鄭飛石 1911~1991의 『손자병법』을 즐겨 읽은 덕분이다. 그래서 아마 전략실행에 관한 책을 저술하겠다는 무모한 용기가 있었는지 모른다. 하지만 책을 쓰는 동안 절실히 느낀 것은 내가 전략에 대해 아는 것이 생각보다 많지 않다는 사실이었다. 솔직하게 표현하자면, 전략에 통달해서 책을 쓴 것이 아니라, 쓰면서 많은 것을 배웠다고 해야 할 것 같다. 어쩌면 다들 그렇게 성장하는지도 모른다.

2017년 2월

검을 든 철학자, 신재규

PS.

특별히 뛰어난 것도 아닌데, 시골에서 공부 좀 한다는 이유로 친구들보다 과도한 혜택을 받으며 학교를 마쳤다. 대학원까지 졸업하는 동안 남들이 흔히 한다는 아르바이트와도 별로 인연이 없었다. 대학입시 고배, 회계사 시험 포기 등 많은 실패에도 불구하고 부모님께서는 언제나 나를 묵묵히 인정해주셨다. 커서 되돌아보니 부모님의 희생이 만만치 않았다. 이 책은 부모님의 헌신적인 노력이 있었기에 세상에 나올 수 있었다. 그저 감사할 뿐이다.

프롤로그: 변화의 시대, 전략실행의 '균형'을 생각하다

> "로마가 왜 멸망했느냐고 묻기보다는
> 어떻게 그렇게 그토록 오랫동안 존속할 수 있었는지를 물어야 한다."
>
> – 에드워드 기번Edward Gibbon, 1737~1794[01]

전략실행의 '균형'이 중요한 시대이다

전략 자체로는 어떤 경쟁우위도 확보할 수 없다. 짐 콜린스Jim Collins
는 전략 그 자체만으로는 위대한 회사로 도약한 기업들을 구별해 주
지 못함을 명확히 강조했다. 전략은 실행을 통해 차별화된 성과로 이
어져야 존재의 의미가 있다. 더구나 오늘날 비즈니스의 빠른 변화는 완
벽한 전략기획을 불가능하게 한다. 오랜 시간을 투입해 전략을 완성하
고 나면, 그 사이 예기치 않은 사건이 발생하여 전략의 모든 가정을 바
꾸어 버릴 수 있다. 이는 전략은 완전하지 않은 상태로 시작하여, 실행
을 통해 완성해 나갈 수밖에 없음을 의미한다. 즉, 전략은 빠르게 실행
되어야 하며, 실행의 경험은 다시 전략으로 표현되어야 한다. 바야흐로
전략실행이 중요한 시대이다.

---

01 에드워드 기번은 로마제국의 몰락 과정을 상세하게 그린 『로마제국 쇠망사』를 저술하였다. 쇠퇴와
    멸망이라는 자칫 감성적으로 치우치기 쉬운 역사적 사건 앞에서, 최대한 냉정함을 유지하며 균형
    적인 시각으로 방대한 시대를 다루었다. 그것이 설사 그가 속한 기독교 세계의 반감을 품게 했을
    지라도 말이다.

전략을 효과적으로 실행하는 것은 쉬운 일이 아니다. 전략과 실행 사이에는 넓은 간극이 존재하기 때문이다. 이 간극 사이에서 극단적인 치우침은 전략적 성과를 창출하기 어렵게 만든다. 전략에 치우치면 계획대로 실행하는 것에 집착하고, 실행에 치우치면 즉흥적으로 행동할 뿐이다. 『위대한 개츠비』의 작가 F. 스콧 피츠제럴드F. Scott Fitzgerald는 "최고의 지성은 두 개의 상반된 사고를 동시에 마음에 품으면서 정상적인 기능을 계속할 수 있는 능력이다."라고 했다. 전략실행에도 이와 같은 역설적인 능력이 요구된다. '계획'과 '실행'이라는 본연적으로 다른 상반된 개념을 갖고 성과를 창출해야 하기 때문이다.

결국, 우리는 간극 사이에서 '균형均衡'이 필요한 것이다. 여기서 균형이라 함은 간극의 중간에 자리 잡은 안정적인 상태인 정靜적인 균형을 의미하지 않는다. 때로는 일시적으로 한쪽 극단에 치우칠 수 있지만, 시간이 지나면 다른 쪽을 바라보며 문제 해결을 위해 이동하는 동動적인 균형을 뜻한다.

다양한 전략 이론보다 프레임이 먼저다

최근 비즈니스의 빠른 변화는 전략실행에 많은 변화를 요구하고 있다. 기존의 많은 전략 이론은 이러한 상황에서 이미 오래전 한계에 봉착했다. 최근 이를 극복하기 위한 많은 노력들이 존재했다. 랄프 쇼이스Ralph Scheuss는 이러한 전략 이론들을 묶어서 '동적 전략dynamic strategy'이라 분류하였다. 동적 전략의 주요 특징은 변화에 적응하기 위해 새로운 '전략적 사고'와 동적 역량을 위한 '학습'을 중시하고 있다. 쉽게 말해, 변화에 대해 새롭게 생각하고 끊임없이 배워야 한다는 것이다. 하지만 새로운 전략적 사고와 학습이 필요하다는 의견에는 누구나 공감하지만, 막상 현장에서 직면하게 되면 어떻게 해야 할지 막막할 뿐이다.

어쨌든 모든 것의 시작은 상황 인식이다. 급변하는 비즈니스에서 변화 상황을 신속하게 인식하는 것이 우선이다. 그래야 적합한 해결책을 찾으려는 노력을 시작할 수 있다. 하지만 어떻게 상황을 효과적으로 인식할 수 있을까? 기존 전략 이론들은 이에 대해 구체적인 방안을 제공하지 않았다. 단지 신속하게 변화를 인식하라는 원칙만을 이야기할 뿐이다.

이 책에서는 변화 상황을 인식하기 위해 무엇보다 전략과 실행을 바라보는 균형적인 시각이 중요하다고 생각했다. 그래서 전략실행을 바라보는 '프레임frame'에 주목하였다. 어떤 프레임을 가지고 전략실행에 접근하느냐에 따라, 전략적 성과는 결정적으로 달라질 수 있다. 또한, 변화의 상황은 일방적으로 주어지지만, 그 상황에 대한 프레임은 철저하게 우리 자신이 선택할 수 있다.

우리는 프레임이 역동적인 비즈니스 환경에서 전략실행을 위한 효과적인 수단이 될 수 있다고 생각한다. 그것은 전략과 실행의 간극 사이에서 치우침이 없고, 민첩하게 연계하려는 '전략적 사고'를 효과적으로 지원하여, 이를 통해 궁극적으로 '균형 잡힌 전략실행'이 가능하기 때문이다.

새로운 프레임을 탐색하다

우리는 오랜 컨설턴트 경험을 통해 전략실행을 효과적으로 수행하는 기업은 다음과 같은 나름의 특성을 보이고 있음을 발견하였다.

⚙ 발견1 전략과 실행의 간극을 이해한다

많은 기업들은 계획된 전략이 삐그덕거리면, 전략대로 실행하기 위해 더욱 통제를 강화한다. 스스로는 일관성이라 믿지만 아마도 초기 의도했던 전략에 집착하는 것이다. 다른 한편으로, 전략을 무용지물로 치부하고 계획 없이 행동만을 강조하는 기업들도 존재한다. 결국에는 방향성 없이 이리저리 헤매다 시간과 역량을 낭비할 뿐이다.

이에 반해 전략실행을 효과적으로 수행하는 기업은 성과가 지지부진하면, 전략과 실행 양쪽을 냉철하게 되돌아본다. 이를 통해 전략을 수정하거나 실행을 강화하는 등 유연한 선택을 통해 전략실행의 균형을 잡아 나간다.

우리는 전략실행을 효과적으로 수행하는 기업은 전략과 실행의 간극을 이해하고 있다고 생각한다. 이는 전략과 실행의 개념적 차이를 인식하는 것이다. 차이를 인식하는 것은 양자의 필요성을 이해하게 되고, 이를 통해 균형적인 시각을 가질 수 있다. 나아가 효과적인 연계를 고민하는 사고가 가능해진다. 이는 우리가 전략실행의 기본적 개념구조를 어떻게 바라봐야 하는지를 말해준다.

✿ 발견2 작은 조직처럼 민첩한 전략실행을 수행한다

　전략실행 관점에서 보면, 애플의 스티브 잡스Steve Jobs와 교세라 그룹의 이나모리 가즈오Inamori Kazuo는 둘 다 작은 조직을 지향한다. 스티브 잡스는 창의적인 인재들로 구성된 작은 집단들이 애플의 놀라운 성공을 견인한 원동력이라고 판단했고 그 생각을 고수했다. 흔히 대기업에서 보이는 행동양식을 적극적으로 거부했다. 그는 회의를 소집하거나 회의 결과를 보고받을 때도 꼭 필요한 사람들만 참석하기를 바랐다.

　이나모리 가즈오는 이익센터 조직을 5~10명 정도의 작은 단위로 세분화한 후, 각 단위가 마치 하나의 회사처럼 독립사업단위로 운영하는 아메바 경영기법을 고안했다. 아메바 조직원들은 자신들이 노력한 결과를 바로 수치로 보면서 목표달성을 위해 다양한 창의적인 생각을 할 수 있다.

　작은 기업은 큰 기업에 비해 사람도 부족하고 역량도 부족하지만, 대신 집중력이 뛰어나고 동기부여가 원활하기 때문에 야무지게 일해낼 수 있다. 더욱이 작은 조직은 전략과 실행을 효과적으로 통합할 수 있어, 민첩한 전략실행이 가능하다. 하지만 대개 기업 규모가 커짐에 따라 역할이 분화되고 CEO는 전략과 숫자만을 챙기고 점점 실행에서 멀어진다. 우리는 전략실행에 있어 작은 조직처럼 전략과 실행을 효과적으로 통합하는 것이 매우 중요하다고 생각한다.

✿ 발견3 공급망supply chain을 전략적으로 활용한다

　경영혁신 기법으로 공급망 관리가 국내에 도입되기 시작한 지도

20여 년이 흘렀지만, 아직도 많은 기업은 전략과 연계되지 않은 채 공급망 개선에만 집중하고 있다. 변화가 빠른 시대에는 공급망을 전략적으로 활용하는 것이 중요하지만, 여전히 비용 절감 목적으로 공급망을 관리하고 있다. 이에 반해 월마트, 자라, 아마존, 애플 같은 글로벌 기업들은 전략에 맞게 공급망을 적극적으로 활용하고 있다.

우리는 전략실행에 있어 공급망 활용이 매우 중요하다고 생각한다. 그 이유는 공급망은 전략실행이 이루어지는 장場으로, 전략과 실행의 연계가 실질적으로 이루어지는 곳이기 때문이다. 그렇기에 우리는 공급망의 움직임을 면밀하게 관찰하면, 전략실행의 적절성을 판단할 수 있다. 이것은 공급망이 전략실행의 관리 대상으로서 중요함을 의미한다.

세 가지 발견이 주는 의미를 정리하여 보면, 다음과 같다(그림1). 그것은 전략실행의 개념구조, 수행 방식, 그리고 관리 대상에 해당하는 시사점을 제공하고 있다.

[그림1] 세 가지 발견의 의미

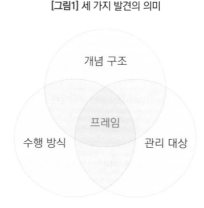

발견1은 전략실행의 기본적인 개념구조를 의미한다. 이는 전략과 실행은 다른 개념으로 분리될 수밖에 없으며, 양자 사이에는 본연적으로 간극이 존재함을 의미한다. 간극은 제거가 아닌 관리할 수밖에 없으므로, 이를 효과적으로 연계하는 매개체가 필요하다. 따라서 효과적인 전략실행이란 매개체에 의해 양자가 연계되어 민첩하게 움직이는 것을 뜻한다.

발견2는 작은 조직처럼 민첩한 전략실행을 위해서는 전략과 실행을 균형적으로 통합하는 방식이 돼야 함을 의미한다. 다만, 둘은 본래 개념적으로 다르기 때문에, 균형을 위해서는 변증법적인 과정이 요구된다.

발견3은 전략실행을 위해 관리해야 할 대상을 의미한다. 우리는 전략실행이 이루어지는 장은 공급망이므로, 관리의 중심은 공급망이 되어야 한다고 생각한다.

새로운 프레임은 세 가지 발견의 공통에 해당하는 부분, 즉 시사점을 포괄하는 영역에서 정립될 것이며, 그것은 다음의 근본적인 질문에 답을 할 수 있어야 한다.

- 전략과 실행을 연계하는 효과적인 수단이 될 수 있는가?
- 역동적인 환경에서 균형 잡힌 전략실행을 지원할 수 있는가?
- 전략실행을 위한 분석도구로 활용할 수 있는가?

그 어떤 것도 변화의 가속화를 멈출 수는 없다. 그로 인한 비즈니스 역동성은 전략실행 자체를 흔들어 버린다. 아마도 우리는 혼돈과 불확실성을 빨리 끝내고자, 목표를 향해 엄청난 속도로 전진해 가는지도 모른다. 그래서 전략실행은 속도와 부단한 활동만을 강조하는 것 같다. 하지만 바쁘고 분주하게 노력했음에도 성과가 형편없다면, 이제 당신의 눈을 의심해 보아야 한다. 아마도 당신은 달을 바라보는 것이 아니라 손가락 끝을 보고 있을지도 모른다. 지금 우리에게 필요한 것은 전략실행의 균형을 되살리는 일이다. 이 책에서 제안한 새로운 프레임은 혼돈과 불확실성 속에서 당신을 '균형 잡힌 전략실행'으로 인도하는 데 효과적인 도움이 될 것이다.

아무쪼록 이 책을 통해 모든 독자가 전략실행을 위한 '균형 감각'을 찾는 계기가 되었으면 하는 바람이다.

이 책은 다음과 같이 크게 3부로 구성이 되어 있다.

1부_ 전략과 실행의 간극을 이해하라

먼저 전략이 의도한 대로 실행되지 않는 다양한 이유에 대해 살펴볼 것이다. 이를 통해 전략과 실행 사이에는 간극이 존재하며, 이 간극을 관리하기 위해 매개체mediator 媒介體가 필요함을 언급할 것이다.

이를 좀 더 명확히 이해하기 위해 전략과 실행에 관한 이론 및 개념을 간략하게 살펴보고, 간극을 발생시키는 다양한 원인을 고찰할 것이다. 흔히 말하는 전략 부재나 역량 미흡이 아니라, 계획과 실행 주체의 차이, 사전분석의 한계 등 구조적인 원인을 다룰 것이다. 마지막으로, 간극이 존재하는 상황에서 전략실행의 본질은 무엇인지를 두루 고민할 것이다.

2부_ 전략과 실행의 간극을 줄여라

전략과 실행의 간극을 줄이기 위한 기존의 노력을 살펴볼 것이다. 기존의 노력을 매개체 관점으로 재해석하며, 이를 통해 새로운 매개체에 요구되는 조건을 정의할 것이다. 그리고 나서 새로운 매개체를 찾기 위한 다양한 아이디어를 탐색할 것이다. 먼저 전략적 성과를 위한 축적 과정, 실행에서 리듬의 중요성, 공급망의 전략적 활용 등을 살펴본 후에 새로운 매개체로서 '균형 잡힌 실행리듬'을 정립할 것이다.

여기서 단지 새로운 매개체의 개념적 제안에 그치지 않고 가능한 한 구체적으로 체계화할 예정이며, 더불어 경영 현장에서 실제 활용하기 위한 관리 프레임워크 및 관리 원칙 등도 제안할 것이다.

3부_ 프레임 너머로 시야를 확장하라

이 책에서 제안한 '균형 잡힌 실행리듬'이라는 프레임이 갖는 한계점을 이해하고, 프레임 너머로 고려해야 하는 다양한 외부 변수들을 살펴볼 것이다. 더불어 전략이 사회과학 모델로서 갖는 한계를 고찰하며, 그럼에도 전략을 배워야 하는 이유를 언급하자고 한다. 마지막으로, 프레임을 떠나 전략실행을 수행하는 마음가짐을 살펴볼 것이다. 어쩌면 다양한 전략 이론들보다 전략실행에 대처하는 마음가짐이 더 중요할 수 있다.

용어 이해

1. **'전략**strategy'이라는 용어는 상당이 포괄적으로 다양한 의미를 지닌다. 이 책에서 언급하는 전략은 개별 사업단위에서 경쟁우위 달성을 위한 사업전략[02]business strategy을 의미한다. 기업이 전체적으로 참여할 사업영역을 결정하는 기업전략corporate strategy은 해당 범위가 아니다.

2. **'전략과 실행'**이라 표현은 일반적으로 이해하는 '전략계획'과 '전략실행'을 의미한다. 다만 문장상 어색한 동어 반복을 피하고 흔히 일컬어지는 표현을 따랐다.

3. **'전략실행**strategy execution'이라는 용어는 단지 전략대로 실행하는 것을 의미하지 않는다. 전략을 실행하는 과정에서 전략을 업데이트 또는 수정하거나 실행을 강화하는 과정을 포함한다. 즉, 기존의 계획과 실행이 상호작용하며 학습하는 프로세스를 담고 있다. 실행execution이라는 용어와 사실상 차이가 없지만, 전략과 실행이 상호작용하는 과정을 강조하기 위해 주로 사용하였다.

4. **'운영**operations'은 기능별 프로세스에서 이루어지는 단기적 성과와 관련된 활동이다. 즉 고객에게 제품과 서비스를 생산해 전달하고, 이를 지원하는 기능에서 일상적으로 발생하는 활동들이다. 전략실행 역시 기능별 프로세스에서 이루어지므로, 운영과 밀접한 관련이 있다. 하지만 모든 운영 활동이 전략과 관계되어 있는 것은 아니므로 실행과 일치한다고 볼 수는 없다. 예를 들면 임금 지급, 보안 업무 등은 운영에 해당하지만, 전략적 주제와 관련이 없어 실행에 해당하지 않는다.

---

02 사업전략과 기업전략, 기능전략의 상세한 정의를 이해하고자 한다면 부록3을 참조하기 바란다.

contents

PART 1

전략과 실행의 간극을 이해하라

PART 2
전략과 실행의 간극을 줄여라

PART 3

프레임 너머로 시야를 확장하라

부록

전략과 실행의 간극을 이해하라

01

왜 전략을
실행하기 어려운가

내 생각에는 전투도 오케스트라 연주회와 비슷한 게 아닌가 싶다. 무대에 오르기 전에 70%는 이미 결정되어 있고, 나머지 30%는 무대에 올라간 뒤의 성과로 정해진다는 점에서 그렇다. 무대에 오르기 전에 100%가 결정되지 않으면 안심하지 못하는 사람은 평범한 지휘자에 불과하다.

- 시오노 나니미塩野七生, 1937~

01
▌왜 전략을 실행하기 어려운가

✎ 오늘날 '전략'이라는 용어는 다양한 분야에서 널리 활용되고 있다. 하지만 놀라울 정도로 전략을 의도한 대로 실현한 경우는 드물어 보인다. 많은 사람이 의욕적으로 '전략'이라는 주제에 도전하지만, 그 결과는 실망스러울 뿐이다.

문제의 핵심은 전략실행이다. 대부분 전략 수립하는 데 많은 시간과 노력을 투자하지만, 정작 실행에는 관심이 적다. 심지어 유수의 혁신기업이나 글로벌 기업도 전략을 실행하기가 쉽지 않은데도 말이다. 더구나 많은 사람들은 전략실행에 대한 잘못된 통념을 갖고 있으며, 이는 전략실행을 더욱 어렵게 한다.

우리는 먼저 전략과 실행 사이에 넓은 간극이 있음을 인식해야 한다. 이런 간극은 대개 본연적인 것으로, 완전히 제거할 수 있는 대상이 아니다. 그 때문에 우리에겐 간극을 효과적으로 관리할 수 있는 '무엇'이 필요하다. 게다가 최근 비즈니스 역동성의 증가로 인해 이런 필요성은 점점 높아지고 있다. 이제 우리는 전략과 실행의 간극을 관리할 수 있는 그 '무엇'을 찾아가는 여정을 시작하고자 한다.

1.1 전략은 의도한 대로 실행되지 않을까

에피소드

남들이 희망하는 전략부서로 발령이 나던 날, 신 대리는 잠을 이룰 수 없었다. 회사의 중요한 경영 방향을 결정하는 전략부서의 일원이 되었다는 사실이 흥분을 감출 수 없게 만들었던 것이다. 하지만 전략을 수립하는 작업은 생각보다 만만하지 않았다. 엄청난 자료를 준비하고 검토했으며, 온종일 회의실에 모여 논의하고 날을 새며 많은 양의 보고서를 만들었다. 거기에 다수 경영진을 대상으로 차례대로 보고를 거치면서 스토리라인을 조정하고 심지어 문구 하나, 단어 하나까지 점검하였다. 그럴수록 보고서의 버전은 산더미처럼 쌓여 갔다. 한마디로, 수정을 거듭하는 고된 작업이었다.

하지만 전략부서에서 오랫동안 근무한 박 차장은 이러한 열띤 논의 과정을 별로 달갑지 않게 생각하기만 했다. 그는 이러한 일들을 무척이나 피곤하게만 여겼다. 심지어 그는 전략계획에 엄청난 에너지를 쓰는 것은 쓸모없는 짓이라고까지 말했다. 대학원에서 전략의 중요성을 귀 닳도록 들어온 신 대리로서는 박 차장의 태도를 이해할 수 없었다. 많은 경영학

책의 사례를 보더라도 전략 때문에 많은 기업이 흥하고 망하지 않는가?

얼마 지나지 않아 신 대리는 박 차장이 말한 의미를 이해할 수 있었다. 회사 전체의 전략보고 시즌이 마무리되자마자, 그렇게 오랫동안 공들여 작성했던 보고서를 약속이나 한 것처럼 아무도 관심을 두지 않았기 때문이다. 도대체 그렇게 공들여 수립한 전략은 어디로 사라져 버린 것일까? 그동안 열정을 다해 전략을 만들었다고 스스로 뿌듯해하던 신 대리의 자부심이 머쓱해지는 순간이었다.

하지만 그것이 끝은 아니었다. 다음 해가 되자 어김없이 전략을 수립하는 데 몇 개월을 소비했고, 역시 문서로 남은 채 누구도 거들떠보지 않았다. 이제는 신 대리도 의문을 갖지 않은 채 보고서를 만들 뿐이다.

이러한 현상은 단지 예시가 아니라 오늘날 경영 현장에서 빈번하게 발생하고 있다. 전략이 중요하다는 것은 누구나 알고 있지만, 정작 전략을 실행으로 연계하려는 노력은 미흡해 보인다. 투자한 시간이 아까워서라도 쉽게 포기하지 않은 것이 일반적이지만 전략은 예외처럼 느껴진다. 그렇게 공들여 작성했음에도 불구하고 아무도 모르는 사이 서랍 속으로 사라져 버린다.

성공한 기업의 조건으로 경영혁신을 강조한 게리 하멜[01]Garry P. Hamel 역시 기업에서 전략은 의례적인 행사로 전락해버렸다고 강하게 비판하였다. 그가 비판하는 것은 이론 자체가 아니라 정기적으로 시행하고 있는 전략수립 과정이었다. 과연 전략은 누군가의 말처럼 '의례적으로 기

---

01 세계적으로 손꼽히는 경영전략가로서, 현재 런던 비즈니스스쿨의 객원교수이며 컨설팅회사 스트라테고스의 설립자이다. 그는 현대 기업경영에서 잘 알려져 있는 개념인 '전략적 의도strategic intent'와 '핵심역량core competence' 등의 용어를 창시하였다.

우제를 지내기 위해 추는 춤'에 불과한 것일까.

관료적인 보고 문화는 전략을 형식적으로 만들어 버린다. 특히, 대기업의 경우 전사적인 전략보고는 대개 정해진 시기에 이루어진다. 불확실성이 높아지고 불연속적인 변화가 일어나는 경영 환경에서 전략을 유연하게 수립하는 것이 필요하지만, 오히려 많은 기업들의 전략보고는 정해진 시기와 절차를 따를 뿐이다. 그것은 보고받는 경영진들의 편의를 위한 뿐 전략 자체를 위한 것은 아니다. 그래서 전사의 전략보고가 마무리되면 고된 전략수립 업무는 끝나버린다. 조직의 누군가는 실행을 할 것이라는 막연한 기대와 함께 말이다.

전략 수립이 형식적인 행사로 전락하면 전략 자체의 질도 떨어지지만, 실행과는 완전히 멀어져 버린다. 왜 경영 현장에서는 전략을 기획하는 것에 비해 실행에는 관심이 없는 것일까? 경영진들은 전략기획에 대해서는 많은 훈련을 받지만, 실행작업에 대해서는 훈련이 부족하기 때문이다. MBA 과정을 이수한 경영진들은 풍부한 개념적 지식과 분석 능력을 갖추고 있지만 뭔가를 제대로 실행하지 못한다.

대부분의 MBA 프로그램은 전략수립과 분석에 많은 시간을 할애하고 있다. 프로그램의 핵심 교과 과정은 일반적으로 경영전략, 마케팅전략, 재무전략 등을 가르치며, 전략 수업은 주로 사례 중심으로 구성되어 있다. 사례는 대개 전략 분석 및 기획과 같은 개념 차원에서 다루어지며, 구체적인 행동과 관련된 부분은 내용이 적은 편이다. 조금씩 개선은 되고 있지만, 여전히 실행보다는 전략수립이 강조되고 있다. 교실에서 전략을 배우고 나면, 날카로운 분석을 통해 좋은 전략을 수립할 수 있고, 실행은 손쉽게 이루어질 것 같은 착각에 빠지기 쉽다. 하지만 현실의 비즈니스 세계에서는 개념적 지식 이상의 많은 것을 요구한다.

또한, 많은 경영자들은 전략실행은 중간 관리층의 과제라고 잘못 생각하고 있다. 경영자의 실행에 대한 무관심은 조직 전체의 실행에 대한 관심을 떨어뜨린다. 더욱이 단기성과 평가 위주의 경영 문화는 지속적인 실행을 어렵게 만든다. 실행은 전략보다 훨씬 더 많은 노력이 지속적으로 투여되어야 한다. 전략적 성과는 보통 하나의 일시적인 행동으로 실현될 수 없기 때문이다. 하지만 단기적 성과 평가는 지속적으로 실행할 시간을 부여하지 않는다. 전략을 수립하자마자 평가를 위한 보고서를 만들어야 할 뿐이다.

전략실행에 대한 무관심은 경영학계에서도 다르지 않다. 전략실행에 관한 연구는 빈약한 편이다. 전략을 주제로 한 책이나 각종 글을 보더라도 실행을 다룬 내용보다 10배 이상 많다. 전략실행을 다룬 글조차도 주로 전술에 초점을 맞추거나 단일 사례를 일반화하는 경향을 보이고 있다.

뛰어난 비즈니스 성공 사례 가운데 상당수는 뛰어난 실행 능력에 힘입어 성공했다. 잡지 『Inc』가 선정한 500대 기업 조사에 따르면 CEO의 88%가 아이디어 실행 능력을 가장 큰 성공 요인으로 꼽았다. 이에 비해 아이디어 자체를 성공 요인으로 보는 경우는 12%에 그쳤다. 아무리 좋은 아이디어나 전략이라도 실질적인 행동이 뒷받침되지 않으면 성과를 창출하기 어렵다. 전략을 수립하는 데 많은 시간과 에너지를 소비하지만, 그것이 제품에 직접적으로 가치를 부여하지 않는다. 결국, 오랜 시간에 걸친 전략의 결과물은 계획의 세부 내용을 기록한 보고서일 뿐이다. 전략 보고서만으로 변하는 것은 아무것도 없다.

1.2 전략을 실행하는 것은 생각만큼 쉽지 않다

전략 보고서를 마무리하는 순간, 의도한 대로 실행이 순조롭게 진행될 것 같지만, 전략을 실행하는 것은 생각보다 쉬운 일이 아니다. 이는 글로벌 기업이나 혁신으로 유명한 기업도 예외가 아니다. 이들 기업도 관성처럼 전략을 수립하고 실행하면 언제든 위기에 봉착하게 된다. 이 위기의 순간을 들여다보면, 어김없이 '전략과 실행의 불일치' 현상을 발견할 수 있다. 이것은 전략수립이 잘못되어 발생할 수 있거나 전략 자체보다는 실행역량 부족으로 인해 발생할 수도 있다. 또는 양쪽 모두가 원인이 될 수 있다. 원인이 무엇이든지 간에 전략과 실행의 간극이 악화되면 기업의 성과는 저조할 수밖에 없다.

혁신기업 '러버메이드'의 몰락

한때 혁신기업으로 유명했던 러버메이드Rubbermaid[02]의 극적인 사례는 전략실행이 쉽지 않음을 여실히 보여준다. 러버메이드는 무명의 회사에서 일약 포천지의 '미국이 가장 칭송하는 기업' 연간 리스트 1순위까지 올랐다가, 순식간에 초라한 모양새로 허물어진 뒤 뉴엘에 인수되어 겨우 목숨을 부지하게 되었다.

1994년 러버메이드의 CEO는 발 빠른 성장을 목표로 내세웠다. 러버

---

02 러버메이드는 미국의 생활용품 제조회사로서, "살림을 실용적으로 꾸려나가는 방법"에 대한 독창적인 방식을 선보이는 새로운 제품들을 개발하여 생활용품 시장의 트렌드를 이끌어 왔다. 1999년, 러버메이드사는 뉴엘 러버메이드 그룹으로 조직을 재정비하고, 2,000여 제품군을 통한 70억 달러 판매 실적을 기록하였다.

메이드는 매우 혁신적인 기업이었다. 3년간 거의 1,000개에 달하는 제품을 숨 막히게 쏟아냈다. 하지만 18개월간 원재료 비용이 2배 올라간 데다가, 다른 한편으로 야심적인 성장 목표로 인해 비용을 통제하고 주문을 적기 대응하는 등의 기본적인 활동마저 제대로 해내지 못하면서 점점 벼랑 끝으로 내몰렸다. 1995년 4분기에 러버메이드는 10년 만에 처음으로 적자를 기록하였다. 그들은 6,000개에 가까운 유사한 제품을 없애고 9개 공장을 폐쇄하였다. 그러나 혼란은 끝날 줄 모르고 계속되었다. 그리고 마침내 1998년 10월 러버메이드는 뉴엘에 매각되었다. 혁신기업으로 이름 높던 러버메이드는 무슨 이유로 몰락의 길을 걷게 되었을까? 흔히 말하는 전략의 부재로 단정하기는 적절치 않아 보인다.

러버메이드는 스탠리 골트Stanley Gault라는 탁월한 리더와 성공을 함께했다. 그는 시종일관 맹렬하게 돌진하는 자기중심적인 경영자였다. 하지만 단순히 목표만 부과하며 강하게 질책하는 리더가 아니라 몸소 제품의 품질까지 점검하는 야전사령관 같은 스타일의 리더였다. 도전적인 목표임에도 성공할 수 있었던 이유는 CEO가 직접 현장까지 챙기는 노력을 통해 전략과 실행이 적절하게 맞물려 돌아갔기 때문이다. 하지만 그가 은퇴한 이후 회사는 서서히 무능력 상태에 빠지게 되었다. 계속해서 도전적인 목표를 세워 제품을 늘려나갔지만, 기본적인 운영 능력이 한계에 다다르고 말았다.

이러한 흥미진진한 사례를 『좋은 기업을 넘어 위대한 기업으로』에서 짐 콜린스Jim Collins는 규율 강제자 증후군으로 묘사했다. 이는 폭군 같은 규율 강제자의 지휘하에 극적인 성장을 기록했지만, 오래 지속되는 규율의 문화를 남겨 놓지 못한 채 그가 떠나 버리면 극적으로 몰락하는 상황을 의미한다. 물론, 러버메이드의 몰락은 무분별한 확장을 제어할 수 있는 규율 문화가 부재했던 것도 주요한 원인이 될 수 있다. 이외에 전략의 특성상 복잡한 요소들이 영향을 미쳤을 것이다.

어쨌든 강제적이지만 스탠리 골트가 경영하던 시대에는 전략과 실행이 적절하게 맞물려서 돌아갔다. 하지만 그가 은퇴한 후 전략과 실행의 간극이 악화되었으며, 이를 개선하지 못한 채 몰락하고 말았다. 아무리 혁신적인 기업이라도 전략과 실행의 간극을 관리하지 못하면 결국 몰락의 길을 걸을 수밖에 없다.

[그림1-1] 러버메이드 주가 추이

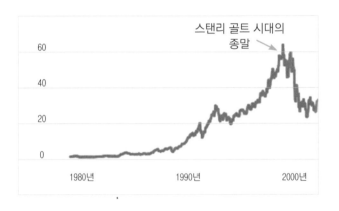

숫자 경영으로 인한 GM의 혼란

미국의 대표적인 자동차 회사 GM은 2009년에 파산보호신청을 할 정도로 어려운 상황에 처했었다. 그러나 3년 후 극적으로 재기할 수 있었다. 이러한 극적인 재기의 반전 뒤에는 '카 가이Car Guy'라는 밥 루츠

Bob Lutz가 있었기에 가능했다.

그는 당시 GM이 겪고 있는 문제점의 근본 원인을 '빈 카운터Bean counter[03]'라는 숫자 노름꾼의 과도한 의사결정이라고 판단을 하고 이를 바로 잡아갔다. 당시 빈카운터의 구체적인 폐해를 살펴보면, 재무, 회계, 법무팀 출신으로 이루어진 제품기획 부서에서 시장분석 결과 보고서를 토대로 자동차의 내·외부 크기를 mm 단위까지 명시하여 디자인 부서에 지시할 뿐만 아니라, 원가절감이라는 미명하에 단일모양의 지붕과 도어의 부품을 사용하는 것을 요구하였다. 심지어 필요 이상으로 차를 잘 만들었으니 차기 모델은 중간 정도 수준으로 만들자는 주장을 펼치기도 했다.

이처럼 빈카운터들이 득세를 하면서 비용 절감과 이윤 극대화에만 신경 썼을 뿐, 고객들이 어떤 상품을 원하는지는 크게 염두에 두지 않게 되었다. 그들은 숫자만 만지작거리면서 온갖 대안 시나리오를 쏟아내는 것을 전략으로 생각하고 있었다. 하지만 그것은 분석적 경영기법의 하나일 뿐이지, 그 자체가 가치를 창조하는 전략은 아니다. 전략은 정교한 분석으로 답을 낼 수 있는 단순한 문제가 아니라, 차별적 성과를 위해서는 시장에 대한 통찰력과 문제 해결을 위한 창의적인 사고가 필요하기 때문이다. 빈카운터들은 사업계획을 짜기 편해졌다고 좋아했을지 모르지만, 그 대신 기업의 경쟁력은 사라졌다.

재무적 관리에만 집중하는 것은 결국 기업이 진정으로 나가야 하는 전략적 방향과 실제 성과 간의 괴리를 발생시킨다. 숫자를 통한 관리는

---

03 숫자 노름꾼. 숫자와 데이터로 문제를 바라보고 위험을 회피해 제품과 서비스 혁신을 어렵게 만드는 재무, 회계 담당자를 냉소적으로 일컫는 말이다.

기업경영에 질서를 부여하는 데 도움이 될 수 있다. 시장조사분석, 판매량 예측, 비용 절감 등 다양한 과정들이 숫자와 그래프로 보여지고, 이를 열심히 실행하기만 하면 되는 것이다. 하지만 숫자를 만들어내는 과정에서 창의적인 사고는 사라지고 평범한 사고에 수렴했다는 사실을 간과하고 있다. 그저 그런 제품은 아무리 잘 만들어 보아야 차별적 경쟁력을 제공하지 못한다.

전략을 실행했음에도 불구하고 차별적 성과가 아니라 현상 유지 정도의 성과만 창출한다면, 이것은 적절한 전략실행이 부족한 것이다. 정확한 진단을 통해 전략을 수정하거나 실행의 방향을 바꾸었어야 했다. 밥 루츠가 다시 고객과 제품에 집중하도록 개혁한 것은 그동안 과도한 숫자 관리에 의해 멀어졌던 전략과 실행의 어긋남을 개선한 것이다. 즉, 전략과 실행의 간극을 적절히 관리한 셈이다.

전략실행에 관한 잘못된 생각들

앞의 사례에서 보았듯이 대기업이나 혁신기업이라 하더라도 전략을 실행하기는 쉽지 않다. 그럼에도 우리는 전략실행에 대해 잘못된 생각들을 갖고 있다. 이것이 전략실행을 더욱 어렵게 만든다. 경영 현장에서 빈번하게 발생하는 전략실행에 관한 잘못된 주요 통념을 살펴보면 다음과 같다.

첫째, 전략실행을 목표관리와 동일하게 생각한다.

공격적인 목표를 전략이라 착각하고 높은 매출 성장률을 제시하는 기업이 많다. 전략 보고서에는 향후 몇 년간의 화려한 매출 목표만이 제시되어 있을 뿐이다. 그리고 실행 과정에서는 목표를 달성하기 위한 불굴의 투지를 강조한다. 경영진은 매출 목표만을 챙기고 실적이 부진한 부서를 강하게 질책할 뿐이다. 이런 기업은 대개 전략실행을 목표관리와 동일하게 생각하고 있는 것이다.

이러한 경향은 과거 식스시그마와 도요타의 현장 경영을 도입하면서 "3%는 불가능해도 30%는 가능하다."라는 문구가 회자하면서 널리 받아들여져 왔다. 엄밀히 말해 높은 목표 자체가 근본적인 문제는 아니다. 문제의 핵심은 구체적인 실행 방안에 대한 고민 없이 매출지표만 관리하고, 목표달성에만 관심 있는 단기지향적인 모습을 보이기 때문이다.

이런 통념의 가장 큰 문제점은 전략과 실행의 분리를 촉진하게 된다. 즉, 경영층은 매출지표 관리할 뿐 실행에서 발생하는 역동적인 상황에 대한 대응에는 무관심하게 된다. 또한, 실적이 부진할 때는 통제를 강화하는 미시적 관리로 변질될 수 있다. 예를 들어, 더 많은 성과지표를 확인하거나 회의를 더 자주 열어 진척 상황을 점검하고 무엇을 해야 할지 시시콜콜한 부분까지 직접 지시하는 것이다. 이러한 미시적 관리는 조직원의 개선하고자 하는 자발적인 의지를 꺾을 뿐만 아니라 스스로 생각하는 능력을 저해하여 조직의 실행력을 약화시킨다.

그뿐만 아니라 급격한 상황변화에도 불구하고 쓸데없이 목표를 고수하게 한다. 이는 전략실행의 유연성을 저하시킨다. 일반적으로 투입한 많은 시간과 노력으로 인해 심리적으로 기존 전략을 고수하게 되는데, 목표관리는 여기에 속 좁은 일관성을 더해 실행의 경직성을 심화시킨다. 오늘날 불확실하고 급격하게 변하는 경영 환경에서 전략실행은 단지 목표관리만으로는 부족하며 변화에 대응하는 조율, 피드백 등 유연성이 반드시 필요하다.

둘째, 완벽한 전략만이 좋은 결과를 가져올 것이라 생각한다.

일반적인 전략실행에 대한 오해 중 하나는 완벽한 전략만이 좋은 결과를 낳을 수 있다는 믿음이다. 그래서 완벽한 전략을 짜기 위해 지나치게 많은 시간을 허비하고 있는지도 모른다. 이는 세부적인 실행 요소까지 살피기 위해서는 다소 불가피한 측면도 있지만, 그렇다고 지나치게 많은 시간을 투입하는 것은 전략과 실행의 관계를 잘못 알고 있는 것이다.

현실적으로 모든 변수를 고려하여 사전에 완벽한 전략을 짜는 것은 불가능하다. 사실 완벽하다고 받아들여지는 전략도 주어진 정보에 대한 자기만족일 뿐이다. 또한, 전략의 성공을 위해서는 좋은 계획뿐만 아니라 실행을 위한 타이밍, 피드백 등 실행단계에서만 파악할 수 있는 요소들도 많이 고려해야 한다.

완벽한 전략은 자발적인 실행을 위한 충분한 동기부여가 될 수 있을 것 같지만, 현실은 전략 방향이 아닌 해당 조직의 이해관계와 각자의 관심사에 따라 움직인다. 따라서 전략이 아무리 뛰어나더라도 실행 과정에서 발생하는 다양한 문제에 적절하게 대응하지 못한다면 그냥 좋은 아이디어로 끝나버리게 된다. 결국, 완벽한 전략은 뛰어난 성과를 위한 충분조건은 아니며, 반드시 효과적인 실행이 뒷받침되어야 한다.

셋째, 전략실행은 하위관리자들의 몫이라 생각한다.

전략과 실행을 철저히 분리하여 생각하는 기업은 실행을 전적으로 비즈니스의 전술적 측면으로 이해할 뿐만 아니라, 리더는 더 중요한 이슈에 집중하고 실행은 아랫사람에게 위임하는 경향이 많다. 예를 들면, 경영자는 산의 정상에 앉아 전략을 구상하고 구성원들에게 비전을 심어주는 일을 해야 하며, 나머지 잡다한 일들은 하위관리자들이 알아서 해야 한다는 것이다. 이런 유형의 리더는 스스로 고차원적인 전략가로 생각하여 체계적인 전략수립에 몰두하고 그 이유를 설명하는 데 능숙하다. 하지만 정작 전략을 실행하고 성과를 창출하는 방법에 대해서는 관심이 적은 경우가 많다.

경영 환경이 복잡하고 변화가 빠른 오늘날 리더는 세부적인 사항을 관리할 시간적 여유가 현실적으로 부족한 편이다. 그렇기에 권한을 최대한 위임하여 동기부여하고, 미시적 관리를 피하기 위해 지나치게 간섭하지 않는 것이 바람직해 보일 수 있다. 하지만 그렇다고 중요한 실행에 관여하지 않는다면, 그것은 유효한 리더십이라 할 수 없다.

리더는 전략적 방향을 설정하고 이를 실천하여 전략적 성과를 이끌어낼 책임이 있다. 이는 실행력 있는 리더의 모습이며, 조직의 규모가 크든 작든지 간에 그 역할을 타인에게 위임해서는 안 된다. 이런 실행 문화에 익숙한 리더는 두꺼운 계획 지침서에 실린 경직된 전략이 아니라, 전체를 두루 조망하며 가장 효과적인 전략을 수립한다. 그리고 예상하지 못한 문제가 발생하더라도 신속하게 대응할 수 있는 여유를 갖고 있다.

1.3 전략과 실행에는 간극이 존재한다

머릿속에 떠오르는 생각을 글로 쓰려고 할 때 막상 쉽게 쓸 것 같았지만, 시작조차도 못한 경험을 누구나 가지고 있을 것이다. 이것은 생각하는 것과 글로 쓰는 것 사이에 무엇인가 간극이 있기 때문이다. 이처럼 삶에는 다양한 간극間隙이란 것이 존재한다. 일상적인 경험만 돌아보아도 이상과 현실, 이론과 실천 사이에는 넓은 간극이 있다는 것을 쉽게 확인할 수 있다.

간극은 단지 틈으로 그치지 않고 간극이 발생하는 현상을 이해하려는 사유가 시작되는 출발점이다. 즉, 서로의 간극을 직시할 때 차이를 이해하게 되고, 이를 통해 간극을 줄이려는 노력을 시작하는 것이다.

이제 간극을 인식하고 이를 줄이려 노력했던 기존의 다양한 사례를 살펴볼 예정이다. 이를 통해 간극이 주는 의미와 이를 해결하기 위한 매개체 개념을 이해하고, 이것이 전략실행에 있어 의미하는 시사점을 살펴보고자 한다.

간극에 관한 다양한 사유들

철학, 종교, 경영 등 인간 삶의 다양한 분야에서 간극에 대한 고민이 존재해왔다. 여기서 간극은 분야에 따라 표현 방식이 다를 뿐 머릿속에 있는 관념적 형태와 이를 실현하는 과정에서 발생하는 차이를 뜻한다. 대개 생각의 나래를 펼칠 수 있는 관념적 형태는 완전하고 무한하지만,

이를 실현하는 인간의 능력은 불완전하고 유한할 수밖에 없다. 간극은 이러한 상황에서 비롯된다. 그 주요한 사례를 살펴보면 다음과 같다.

그리스 철학자로서 다양한 학문의 체계를 완성한 아리스토텔레스 Aristoteles는 이론과 실천의 간극에 관한 매개체를 사유하였다. 그는 이론과 실천의 관계가 불안정하다는 점에 대해 고민하였다. 실천은 항상 이론 수준에 미치지 못하기 때문이다. 이론은 언제나 완벽하지만, 이론대로 100%로 실천되는 경우는 거의 없다. 즉, 이론과 실천 사이에는 간극이 존재한다.

그래서 아리스토텔레스는 이론과 실천을 연결해줄 수 있는 매개 능력 개념을 생각해냈다. 그것이 대부분의 경우 신중함으로 번역되는 '프로네시스phronesis'이다. 행동가의 신중함은 우발적 상황이 발생했을 때, 심사숙고하여 이론과 실천의 거리를 메워줄 수 있다.

고려 시대 조계종의 사상적 기초를 수립한 지눌知訥 1158~1210은 돈오점수頓悟漸修를 통해 깨우침과 실천의 간극을 설명하였다. 그는 지적인 통찰만으로, 바로 해탈로 이어지지 않는다고 보았다. 즉 수행자가 이론적 전망을 획득했다고 해서 그것이 바로 실천되어 부처가 되지는 않는다고 본 것이다. 왜 그렇게 생각한 것일까? 인간은 마음뿐만이 아닌 몸도 가지고 있는 존재이기 때문이다. 즉, 머릿속의 개념적인 통찰만으로는 몸에 내재한 해묵은 습관이 하루아침에 없어지지 않는다. 그래서 이론적으로 깨달았다고 하더라도 온전한 실천이 어려운 것이다. 이렇듯 종교적인 깨달음에도 실천 사이에서 넓은 간극이 존재한다.

이러한 간극을 줄이기 위한 매개체로 지눌은 돈오점수를 주장하였다. 즉, 돈오로써 마음이 곧 부처임을 깨닫고 나더라도 이전의 나쁜 버룻들이 일시에 제거되기 어려우므로 점수로써 점차 수행하여 온전한 경지에 이르러야 한다.

경영학을 하나의 통일된 이론 체계로 정립하기 위해 노력한 윤석철 교수는 소망과 현실 사이의 간극을 사유하였다. 그는 소망과 현실의 간극을 줄이기 위한 인간의 노력을 '목적함수'와 '수단매체'라는 개념으로 설명하였다. 인간은 자기 삶의 질을 높이고, 더 나은 미래를 창조하려는 소망을 가진다. 이는 현실 속에서 인간이 원하는 어떤 목적을 달성하려는 의지의 세계이다. 하지만 눈앞의 현실은 주어진 환경과 조건에서 오는 제약으로 가득하다. 결국, 소망과 현실 사이에는 간극이 존재할 수밖에 없다.

소망과 현실의 간극을 줄이기 위해서는 '목적함수'와 '수단매체'를 활용해야 한다. 목적함수란 인간의 삶의 질을 높이기 위한 노력의 방향이며, 수단매체란 목적함수를 달성하기 위해서 필요한 수단적 도구이다. 일반적인 수단매체는 언어와 수학이지만, 윤석철은 감수성, 상상력, 탐색시행을 목적함수를 달성할 수 있는 중요한 수단매체로 사유하였다.

[그림1-2] 매개체 사례

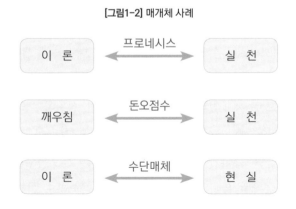

이상으로 다양한 분야의 간극에 관한 사유들을 살펴보았다. 여기서 중요한 점은 간극을 인식했다고 해서 간극 자체를 제거할 수 있는 것은 아니라는 것이다. 앞의 사례들에서 볼 수 있듯이 간극을 이해하는 목적은 간극의 제거가 아니라 줄이기 위한 다양한 매개체mediator, 媒介體를 생각해내기 위함이다.

여기서 매개체는 일반적으로 생각하는 양쪽 대상의 사이를 연결하는 물리적 실체만을 의미하지 않는다. 서로 다른 양쪽 개념의 간극을 좁힐 수 있는 지혜, 이론, 프레임frame 등 물리적인 실체가 없는 정신적, 지적 요소를 포괄한다. 이러한 매개체를 통해 우리는 간극 자체를 제거할 수 없더라도 더 나은 성과를 유도할 수 있다.

이미 많은 경험을 통해 전략과 실행에도 넓은 간극이 존재함을 알고 있다. 경영 현장에서 전략대로 실행되는 경우를 거의 보지 못했기 때문이다. 완벽한 전략을 갖고 강력하게 계획대로 추진한다고 이러한 간극이 사라지는 것은 아니다. 그렇기에 전략과 실행의 간극을 효과적으로 관리할 수 있는 새로운 매개체가 필요하며, 우리는 이를 고민해야 한다.

전략과 실행에도 간극이 존재한다

자연은 본래 효율성을 추구한다. 즉, 가능한 힘은 최소화하고, 효과는 최대화하고자 한다. 이는 프랑스 과학자 모페르튀Pierre-Louis Moreau de Maupertuis 1698~1759에 의해 "자연은 가능한 한 편한 길을 선택한다."라는 최소 작용의 원리로 제기되었다. 자연뿐만 아니라 우리의 삶도 효율성의 추구에서 벗어날 수 없다. 우리는 행복이라는 포괄적인 이익을 추구하는 시도에서 효율적인 방법을 추구하기 때문이다. 더욱이 비즈니스 같은 영리를 추구하는 분야에서는 효율성을 높이고자 하는 욕구가 클 수밖에 없다.

프랑스 철학자 프랑수아 줄리앙Francois Julien은 효율성을 추구하기 위해서는 '모델화'를 해야 한다고 말했다. 모델화는 관념적인 형태[04]를 구성하고 이를 근거로 계획을 세우며 그것을 달성할 목적을 설정한다. 그 후에 계획과 목적을 근거로 행동에 착수한다. 이것은 '이성'과 '의지'라는 두 능력의 결합을 필요로 한다. 이성을 통해 최선의 계획을 세워 목적으로 구상하고, 의지는 관념적으로 투영된 목적을 현실화하기 위해 투입된다. 계획과 실행, 이론과 실천의 이분법적 구도는 모델화라는 과정에서 파생되는 것이다.

[그림1-3] 모델화

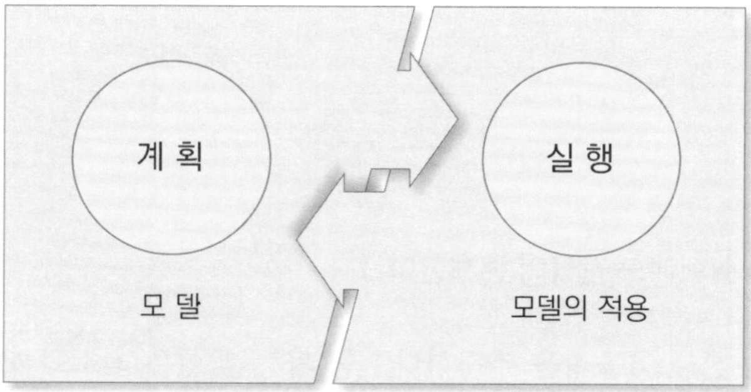

계획 → 실행

모 델　　　　모델의 적용

04　콘셉트concept라 생각하면 이해하기 쉽다.

전략은 비즈니스에서 원하는 목적을 효율적으로 달성할 수 있게 도와주는 효과적인 수단이다. 그러므로 전략 역시 효율성 추구를 위한 모델화 작업의 하나이다. 즉, 전략도 이성에 의해 최선의 계획을 수립한 후에, 그것을 달성하고자 실행하는 이분법적 구도로 나눌 수 있다.

때로는 전략을 실행 과정까지 포함하여 포괄적으로 정의하기도 하지만, 이 책에서는 전략과 실행을 구분하는 일반적인 관점을 따른다[05]. 그렇다고 전략과 실행을 완전하게 분리하여 수행하자고 주장하는 것은 아니다. 우리는 전략과 실행이 본연적으로 다름을 인식하는 것이 자연스럽다고 생각한다. 이는 마치 우리 몸이 겉에서 보면 사고와 행동이 하나처럼 보이지만, 서로 다른 사고와 행동이 공존하는 것과 같다. 우리 몸의 사고와 행동이 구분되어 존재하지만 상호 밀접하게 움직여야 좋은 결과를 낼 수 있듯이, 전략과 실행 역시 이와 같아야 한다. 결국, 본질적으로 다르지만, 상호 연계되어 민첩하게 작용해야만 차별적인 성과가 가능한 셈이다.

오히려 전략과 실행이 다름을 인정하지 않는, 즉 간극 자체를 인정하지 않는 관점이 성과를 저해할 수 있다. 이러한 간극을 인정하지 않는 관점은 전략이나 실행 한쪽으로 치우침을 만들기 쉽기 때문이다. 전략에 치우친 사고는 전략대로만 실행하는 경직성을 유발하기 쉽다. 이런 경직성은 변화에 적절이 대응하지 못하므로 성과 창출을 어렵게 한다. 실행에 치우친 사고는 급변하는 환경에서 빠르게 대응하는 듯 보이지만 분석 및 고민할 시간을 없애 버려 체계적인 학습 과정이 무시될 수 있다. 이는 일상적인 간단한 문제는 신속히 해결할 수 있지만, 창의적

05 여기서 전략은 '전략계획', 실행은 '전략실행'을 의미한다.

사고를 저해하므로 차별적 성과 창출을 어렵게 만든다.

결론적으로, 전략과 실행 사이에 간극이 있음을 인식하고, 양측의 다름을 이해하며 대응하는 균형적인 관점을 갖는 것이 바람직하다. 그리고 나아가 단지 이해에만 머무르지 말고 효과적으로 상호 연계할 수 있는 매개체를 고민해야 한다.

[그림1-4] 전략과 실행의 간극

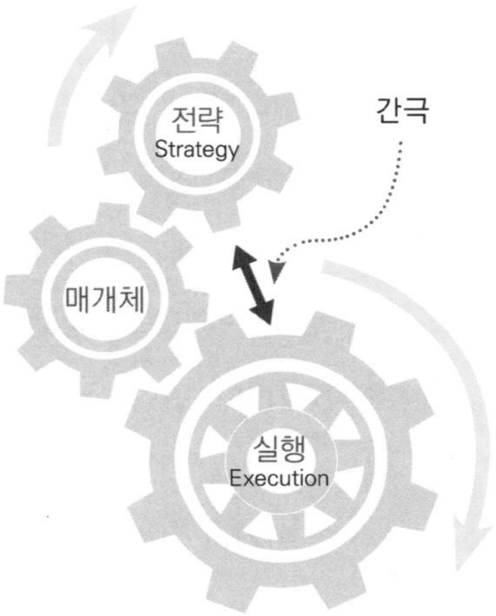

1.4 비즈니스 역동성의 증가, 새로운 매개체를 요구하다

지금의 시대를 '신경제' 또는 '디지털 경제' 등 어떠한 명칭으로 부르든 간에 본질은 변화에 있다. 20세기까지만 해도 제품의 수명주기가 길었고 파괴적 변화가 드물게 일어났기 때문에 전략의 목표는 지속 가능한 경쟁우위를 창출하는 것이었다. 하지만 파괴적 혁신이 빈번해

지고 정보혁명에 의해서 전 세계가 하나로 연결되면서 불확실성이 높아졌다. 오늘날은 오랜 기간 막대한 투자를 통해 원가우위나 제품 차별화로 확고한 진입 장벽을 구축한 경쟁우위마저도 오래 지속되지 않는다.

기업의 경영혁신을 강조하는 게리 하멜Garry P. Hamel은 변화 자체가 변했음을 강조했다. 이제 변화는 점진적이지 않고 불연속적이고 돌발적이다. 이러한 환경에서 적응하기 위해서는 자사의 비즈니스 모델을 스스로 파괴해야 하고, 동시에 기술 개발에 지속적인 투자를 해야 하는 등 피 말리는 고통과 노력이 필요하다. 결국, 변화가 빠른 오늘날에는 전략과 실행은 좀 더 민첩하게 연계되어 움직여야 한다. 하지만 속도만을 중시한 단순한 연계는 바람직하지 않다. 이는 자칫 지나친 통제로 흘러 전략실행의 경직성을 유발할 뿐이다. 이제 변화에 따른 비즈니스 역동성을 효과적으로 대응할 수 있는 새로운 매개체를 고민해야 할 시점이다.

비즈니스 역동성의 증가

최근 기업이 직면한 경영 환경은 훨씬 더 역동적이 되었다. 이러한 역동성의 가속화는 글로벌화, 정보화, 치열한 경쟁 등 다양한 환경적 변화가 가져온 결과이다. 이러한 환경적 변화는 서로 영향을 주고받으며 비즈니스를 더욱 역동적으로 변모시킨다.

■ 글로벌화

국가 간의 경제 활동의 증가는 상호 간 의존도를 높였고, 세계적으로 통합된 경제 시스템을 만들었다. 시장이 글로벌화 되어 감에 따라 기존에는 기업이 국가 단위로 각각 다른 전략을 취하는 것에서 벗어나 전 세계를 하나의 시장으로 보고 동일한 전략을 수행할 수 있게 되었다. 즉, 국경에 따른 시장 구분이 의미가 없어졌다. 글로벌화된 시장에서는 제품, 서비스, 자본, 그리고 인적자원의 이동이 자유롭게 된다. 이는 글로벌 기업이 성장하기에 좋은 환경을 제공한다.

좋은 예는 에어버스 컨소시엄이다. 항공기 날개는 영국에서 생산되고 기체와 꼬리 부분은 독일에서 생산된다. 스페인 기업이 문과 조종석 제작을 맡고 최종 조립은 프랑스에서 한다. 이외에도 30여 개 이상의 국가에 위치한 200개 기업들이 부품을 공급하거나 서비스를 제공한다. 이제 이러한 생산방식은 오늘날 다양한 산업에서 찾아볼 수 있다.

글로벌화가 가속화됨에 따라 효율적인 네트워크 관리의 중요성이 높아졌다. 글로벌 시장에서의 성과 창출을 위해는 점점 다양한 이해관계자들로 구성된 네트워크에 크게 의존할 수밖에 없기 때문이다. 따라서 기업이 지속적인 경쟁우위를 확보하기 위해서는 자신이 가진 네트워크 역량을 전략적으로 활용할 필요가 있고, 정교한 정보기술을 통해 신속하게 접근할 수 있어야 한다.

■ 정보화

1990년대 후반 인터넷의 폭발적인 성장과 벤처 기업들의 약진에 의해 혁명의 시대가 도래할 듯했지만 버블은 붕괴되었다. 그럼에도 인터넷을 비롯한 정보화는 비즈니스 환경과 전략에 중대한 영향을 미쳤다.

먼저 정보화는 산업 진입 장벽을 낮추고 그 매력도를 저하시킨다. 기존의 유통망 장벽으로 진출할 수 없었던 기업들이 인터넷과 모바일을 통한 거래를 이용하여 시장에 진출할 수 있게 된다. 온라인 유통기업의 등장에 이어 최근에는 인터넷 전문은행까지 등장하여 산업의 진입 장벽을 낮추고 있다. 또한, 신속한 가격정보의 공유로 인해 고객의 구매영향력이 증가하고 이것은 산업의 수익성을 감소시킨다. 더욱이 지식과 정보의 빠른 공유는 지속적인 경쟁우위를 확보하기 어렵게 만든다. 경쟁자의 신속한 진입과 제품 성능이 엄청나게 빠른 속도로 향상되어, 오랜 시간에 걸쳐 구축한 경쟁우위마저도 순식간에 사라질 위험성이 높아진다.

마지막으로 정보화는 네트워크 경제성을 촉진시킨다. 디지털 정보를 통한 네트워크화는 기업이 전략을 고려할 때 관련 활동 범위를 자사 내부만이 아니라 외부를 폭넓게 고려해야 함을 뜻한다. 즉, 전략 수립 시 고려해야 할 공간적 요소가 확대된다.

■ 초경쟁 시대

'초경쟁hypercompetition[06]'이란 기업의 경쟁우위가 지속되는 시간이 점점 짧아지는 상황을 뜻한다. 고전적인 전략 이론에서 말하는 경쟁우위는 말 그대로 상당 기간 지속되다가 경쟁자로부터 점차적인 반격을 받게 되고, 이에 따라 시간이 지나면서 줄어든다.

---

06 초경쟁은 다트머스 대학의 리처드 다베니Richard A.D'Aveni 교수가 1994년 그의 저서 『Hypercompetition: Managing the Dynamics of Strategic Maneuvering』에서 주장한 개념이다.

하지만 초경쟁 상황에서는 기술이 급격하게 변하고, 제품수명은 점점 짧아지고, 혁신은 점점 더 빠르게 일어난다. 더욱이 최근 급격한 기술융합 추세는 세계 최고 수준의 혁신능력을 한순간에 무력화시켜 버린다. 모토로라, 노키아, 소니, 코닥 등 많은 기업이 세계 최고 기술력을 보유하고도 한순간에 쇠락해 버렸다.

이러한 상황에서 기존 경쟁우위를 유지하려 노력하는 것은 현재 상태에 안주하려는 것으로, 결국 경쟁에서 남들보다 뒤쳐져 스스로의 역량을 갉아 먹는 결과를 초래할 뿐이다. 초경쟁 상황에서 살아남을 수 있는 방법은 경쟁을 피하는 게 아니라 적극적으로 대응하는 것이다. 변화를 통제할 수 없다면 스스로 폭풍의 눈이 되어야 한다.

즉, 경쟁압력을 줄이려는 노력 대신에 자신의 기술과 전략을 활용해 창조적 파괴를 실행하고, 현재 상황을 깨뜨려 단기적인 경쟁우위를 지속적으로 확보해야 한다. 이를 위해 언제나 새로운 가치를 제안하고 유연하게 가치사슬을 바꾸어야 한다. 이를 효과적으로 수행하려면 무엇보다 민첩한 전략실행 역량이 요구된다.

역동적인 비즈니스에서 요구되는 역량

비즈니스 역동성이 증가하는 추세는 기존과 다른 전략실행 역량을 요구하고 있다. 안정적인 시대에는 계획대로 실행을 유도하기 위해 명확한 실행지침, 동기부여, 변화관리 등이 전략실행에 있어 중심이었다면, 이제는 역동적인 환경에 대응하기 위해 가치혁신, 공급망 관리, 시행착오를 활용한 실행 등 다른 역량을 확보하는 것이 중요해졌다. 이에 대한 주요한 내용을 살펴보면 다음과 같다.

첫째, 비즈니스 역동성이 증가함에 따라 가치혁신value innovation의 중요성이 높아졌다. 비즈니스 모델 자체가 자주 변동하여 가치적인 변화가 많아졌기 때문이다. 가치혁신에서는 고객과의 관계와 고객에게 어떻게 가치를 부여할 것인가에 초점을 맞추는 기업들이 더 빨리 성장하고 이익을 낸다. 경쟁사와 치열한 경쟁을 통해 우위를 확보하기보다 고객에게 부여하는 가치를 혁신하는 것이다. 전략의 상대적인 초점이 경쟁에서 고객으로 옮겨진다. 이를 위해 고객경험을 효과적으로 관리하고, 기회를 포착하여 신속하게 비즈니스 모델을 정립하고 실행하는 역량이 필요하다.

둘째, 글로벌화가 꾸준히 진행됨에 따라 네트워크 경제성 향상을 위한 공급망 관리의 중요성이 높아졌다. 더욱이 최근에는 경영 성과의 결정 요인으로 기업 생태계 개념이 부각되고 있다. 월마트, 애플, 자라 등 성공적인 기업들을 살펴보면, 기업 생태계에 대한 효과적인 관리가 있음을 알 수 있다.

기업은 전략 수립 시 자신만의 기회와 역량만을 고려하는 것이 아니라, 그 기업을 둘러싼 생태계의 전반적인 건강상태를 증진시켜야 한다. 이는 공급업자, 유통업자, 위탁 제조업자, 기술 제공자 등 자사의 제품과 서비스를 창출하고 배송하는 네트워크를 효율적으로 관리해야 함을 의미한다. 이를 위해 무엇보다 공급망 관리에 대한 관심이 증가하고 있다.

셋째, 빠른 변화속도에 따른 불확실성 증가로 인해 시행착오를 통한 실행의 중요성이 높아졌다. 경영 환경의 불확실성이 높아지고 장래의 방향성을 파악하는 것이 불가능한 경우에는 특정 사업에서 집중적으로 자원을 축적하는 것은 위험할 수 있다. 어렵게 시간을 들여서 모방하기 힘든 자원이나 역량을 축적한다고 해도, 그 순간 이미 진부화되어 버리는 일이 일어날 수 있기 때문이다.

이런 환경에서는 사업영역을 일단 확대한 후, 유망 사업으로 좁혀가는 전략이 유용할 수 있다. 이는 유망한 것을 발견하기까지 많은 실험과 시행착오를 겪어야 함을 의미한다. 더불어 의도대로 되지 않는 상황을 실패로 간주하지 말고, 적극적으로 활용하여 새로운 기회를 창출하는 실패를 통해 배우는 학습을 중시해야 한다.

새로운 매개체를 위한 여정의 시작

비즈니스 역동성의 증가는 기업들에 기존과 다른 전략실행을 강요하고 있다. 예전의 기업들은 비즈니스 모델보다는 제품과 기술 개발이 중심이었다. 한발 앞서 우수한 제품을 출시하기만 한다면 쉽게 경쟁에서 우위를 점할 수 있었다. 하지만 비즈니스 역동성이 증가하면서 비즈니스 모델을 통한 가치 창조가 더욱 중요해졌다.

비즈니스 모델 자체는 전략이 아니지만, 경쟁우위 확보, 차별화, 포지셔닝 등을 위해 비즈니스 모델 자체를 변경하는 것은 전략적이다. 또한, 비즈니스 모델의 혁신은 기존의 경쟁 규칙을 변화시키므로 '파괴적 혁신[07]disruptive innovation'이라 말할 수 있다. 비즈니스 모델을 혁신하고 실현하는 데 있어 무엇보다 신속한 전략실행 능력이 요구되고 있다.

기존의 고전적인 전략 이론들은 이러한 역동적인 상황에서 그 효력을 잃어버렸다. 고전적인 전략은 변화가 아닌 안정성에 뿌리를 둔 개념이기 때문이다. 고전적인 전략 방법론을 통해 계획을 수립하고 통제와 질서를 부여하는 데 시간과 비용을 허비하는 동안, 이미 문제 자체가 바뀔 수 있다. 더구나 기존 계획을 달성하기 위해 세세하게 통제를 강화하는 것은 전체 시스템의 경직성을 유발할 뿐이다. 그렇다고 무턱대고 변화를 좇아 행동해야 하는 것은 아니다.

이런 역동성이 증가하는 비즈니스 환경에서 전략과 실행은 어떤 의미를 가질 수 있을까? 매력적인 비즈니스 트렌드를 발굴하는 데 뛰어난 능력을 발휘하고 있는 랄프 쇼이스Ralph Scheuss는 변화와 혼돈에 대응하기 위한 최근의 전략 이론들을 묶어 '동적 전략dynamic strategy'으로 언급하고 있다. 다양한 이론을 담고 있어 한마디로 요약하기 쉽지 않지만, 주요한 내용을 언급하면 다음과 같다.

먼저 변화에 적응하기 위해서 전략 방법론보다는 '전략적 사고'가 중요하다는 것이다. 낡은 사고방식으로는 새로운 변화 자체를 받아들이기 어렵기 때문이다. 그리고 변화 상황을 인식하기 위한 '전략적 조기 탐지'가 필요하며, 질서와 혼돈 사이에서 '전략적 균형'을 유지해야 한다는 것이다. 다양한 이론들을 언급하고 있지만 결국 본질은 변화를 흡수할 수 있는 '동적인 학습 역량'이다. 이를 위해 변화에 대한 신속한

---

07 미국의 클레이튼 크리스텐슨Clayton M. Christensen 교수가 창시한 용어로 그가 1997년에 쓴 저서 『혁신기업의 딜레마』를 통해 이 개념을 소개했다.

인식능력과 다양한 정보를 빠르게 수집하고 분석하는 정보 시스템을 요구하고 있다.

위의 전략 이론들은 변화를 대응하기 위한 다양한 문제 인식과 그에 따른 다양한 질문, 그리고 실전에서 활용하기 위한 몇 가치 실천 원칙을 제시하고 있다. 하지만 막상 경영 현장에서 적용하기에는 막막해 보였다. 신속하게 변화 상황을 인식하고 학습하라는 원칙은 동의하지만, 도대체 어떻게 하라는 것인가? 결국, 현장에서 활용하기에는 구체적인 방법론이 미흡해 보였다. 직면한 현실은 변화뿐만 아니라 전략과 실행 자체도 혼재되어 혼란스러운데 말이다.

우리는 신속한 변화 인식과 전략적 사고를 위해 전략실행을 바라보는 '프레임frame'이 중요하다고 생각한다. 변화의 상황은 마냥 오래 들여다본다고 정확하게 인식할 수 있는 것은 아니다. 비즈니스 역동성을 담을 수 있는 사고틀을 통해 바라봐야 한다. 그래야만 변화 속에서 본질을 이해하고 전략과 실행의 간극 사이에서 균형을 유지할 수 있다. 이러한 프레임은 궁극적으로 새로운 매개체로서 역할을 기대할 수 있다.

비즈니스의 역동성이 증가하는 시대에서 효과적인 전략실행을 지원할 수 있는 새로운 프레임을 찾아가는 여정, 그것이 바로 이 책을 쓴 동기이다.

천재적 계획가의 판단 착오, 세키가하라 전투 이야기

히데요시豊臣秀吉가 죽은 후에 일본의 영주가 두 세력으로 나뉘어 큰 싸움을 벌였다. 천하를 건 결전으로 이후 도쿠가와 가문이 이백 년 이상 일본을 지배하게 된다. 대규모 전투였음에도 단 하루 만에 승패가 결정되어 군사적 의미는 그리 크지 않다. 하지만 많은 병력을 모으는 전략을 수립하고 이를 실행한 대규모 전투였다는 점에서 보자면, 전략실행 관점에서 그 의미를 살펴볼 필요가 있다.

세키가하라 전투關が原の戦い는 실질적인 총대장인 서군 미쓰나리石田三成와 동군 이에야스德川家康의 싸움이었다. 미쓰나리는 히데요시 시절에 병참, 행정 분야에서 뛰어난 솜씨를 발휘하여 출세한 인물로 무력보다는 지략과 계획이 뛰어났다. 이에 비해, 이에야스는 야전 경험이 풍부한 백전노장이었다.

미쓰나리는 치밀한 성격답게 완벽한 전략을 구상하였다. 먼저 이에야스를 견제하기 위해 가게카쓰上杉景勝와 비밀리에 거병 계획을 모의했다. 그리고 친구인 요시쓰구大谷吉継의 충고에 따라 서군의 총대장 자리를 명망이 높은 데루모토毛利輝元에게 양보하였다. 더구나 지형적인 이점을 선점하였다. 서군은 학익진을 형성하여 동군을 골짜기에 가두어 버렸다. 군사고문으로 일본을 찾았던 독일의 클레멘스 메켈 소령은 양군의 포진을 보고 나서 서군의 승리를 장담했다고 한다.

서군 8만, 동군 7만, 도합 15만이 넘는 병력이 좁은 세키가하라의 분지에서 전투를 시작하였다. 초기에는 미쓰나리의 의도대로 진행되는 듯했다. 하지만 서군 내부의 히데아키小早川秀秋의 배반으로 전세가 결정적으로 역전되었다. 사실 히데아키는 양쪽을 저울질하고 있었다. 그래서 전투 초기 관망하면서 싸움터에서 좀처럼 움직이지 않았다. 이야에스는 과감하게 히데아키의 진지에 포를 쏴대며 약속대로 빨리 돌아서라고 과감하게 종용한 데 반해, 미쓰나리는 움직이지 않은 서군 장수들에게 우유부단하게 대처하였다. 결국, 이에야스의 과감성에 놀란 히데아키가 배신에 가담하자 승패는 싱겁게 결판이 났다.

미쓰나리의 전략은 뛰어났지만, 전투는 그가 의도한 대로 전개되지는 않았다. 전장은 살아 움직이는 생명체이므로 계획대로 전투가 이루어지는 경우는 드물다. 그는 뛰어난 전략을 세우면 서군의 장군들이 의도대로 움직여 줄 것으로 생각했는지 모른다. 그러나 현실은 상대할 적들뿐만이 아니라 서군 내부의 장군들도 전략이 아니라 각자의 이해관계에 따라 행동하고 판단했다.

미쓰나리는 전략실행에 좀 더 세심하고 과감한 주의를 기울여야만 했다. 뛰어난 전략을 세울 수 있어도 사람을 마음대로 움직일 수 없는 입장이었던 그에겐 전략과 실행을 연계하는 효과적인 매개체가 필요했다. 그것은 '강력한 현장의 리더십'이다. 이를 통해 최대한 계획했던 결과를 가져올 수 있도록 과감하게 서군 장군들을 독려하고 앞장서서 이끄는 한편, 불확실한 상황을 인정하고 예측하지 못한 변수에 대해 유연하게 대처했어야 했다.

[그림1-5] 세키가하라 전투 참전 무장

	동군	서군
총대장	도쿠가와 이에야스	모리 데루모토
무 장	• 후쿠시마 마사노리 • 호소카와 타다오키 • 이케다 테루마사 • 구로다 나가마사 • 가토 기요마사 • 도도 다카토라 • 야마우치 가즈토요 • 혼다 타다카츠 • 이이 나오마사 • 아사노 요시나가 • 다나카 요시마사 • 데라자와 히데타카 • 이코마 가즈마사 • 마쓰다이라 다다요시 • 쓰쓰이 사다쓰구 • 교코쿠 다카모토	• 시마즈 요시히로 • 우키타 히데이에 • 이시나 미쓰나리 • 고니시 유키나카 • 오타니 요시쓰구 • 안코쿠지 에케이 • 조소카베 모리치카 • 나카쓰카 마사이에 • 모리 히데모토 • 도다 가쓰시게 • 고바야카와 히데아키 ✓ • 와키자카 야스하루 ✓ • 깃카와 히로이에 ✓ • 오가와 스케타다 ✓ • 구쓰기 모토쓰나 ✓ • 아카자 나오야쓰 ✓
참전 병력	• 70,000 명	• 80,000 명

✓ 전투 중 배신한 무장

* 출처: Wikipedia 수정 인용

02

전략과 실행의
간극을
이해하라

02
▮전략과 실행의
간극을 이해하라

✎ 전략과 실행의 간극을 정확히 인식하기 위해서는, 먼저 전략과 실행이 갖는 의미를 이해할 필요가 있다. 전략은 다양한 측면을 갖고 있어 이해하기 쉽지 않다. 더구나 요즘처럼 전략이라는 말을 남발하는 상황에서 전략 자체의 의미도 혼란스러워졌다. 전략을 성공이나 야심과 동일시함으로써 혼란이 더욱 가중되었다. "이길 때까지 포기하지 않는 것이 전략이에요."라는 말은 이런 맥락에서 나온 것이다.

이와 달리 실행은 중요성에 비해 다뤄진 문헌이 그리 많지 않다. 아마도 변화 과정 속에 담긴 복잡한 상호작용으로 인해 전략보다 개념적으로 구조화가 어렵기 때문인지 모른다. 하지만 그저 목표에 따라 행동하는 것이 실행의 전부는 아니다.

이 책의 목적은 이런 비대칭적 현상을 논의하려는 것은 아니다. 사실 이러한 난제들은 명쾌하게 정의하기 어렵다. 다만, 여기서는 기존의 다양한 이론들을 살펴봄으로써, 전략과 실행 사이에 존재하는 간극의 의미를 명확히 이해하고자 한다. 나아가 간극이 존재하는 상황에서 전략실행이 갖는 본질적 의미에 대해 생각해 볼 것이다.

2.1 전략, 그 다양함의 이해가 시작이다

　전략이라는 주제는 인류 역사만큼이나 오래된 것이다. 원시시대부터 인간은 치열한 경쟁에서 살아남아야 했으며 다른 종족과 먹이를 두고 다투어야 했다. 그 시대에도 손도끼나 창을 활용하는 도구적 역량보다 집단을 활용하는 전략적인 지혜가 더 효과적이었다. 인류가 일정 규모를 갖춘 조직화된 전쟁을 시작하면서 이러한 전략의 기술은 다듬어지고 발전되었다. 전쟁이라는 불가피한 사태를 다루는 군사적 지혜가 승리 가능성을 높이는 일련의 패턴으로 자리 잡으면서 전략의 다양한 원칙들이 생겨났다. 오늘날 전략은 군사 영역에서 확대되어 경영, 정치, 경제 등 삶의 전반적인 분야에서 발전해 가고 있다.

　이렇듯 전략이 인류 역사와 함께 오랜 시간 발전해 오면서, 전략이 갖는 의미가 혼란스러울 정도로 다양해졌다. 사람들마다 다른 의미로 전략을 이야기하다 보니, 전략을 한마디로 정의하기는 쉽지 않은 일이다. 전략이 본질적으로 문제를 해결하기 위한 효율적인 수단이라면, 그 문제에 어떻게 접근하느냐에 따라 전략은 다양한 의미를 가질 수밖에 없다. 왜냐하면, 각자 직면한 환경과 시대에 따라 문제 해결하는 관점이 다양하게 존재하기 때문이다.

이제 전략의 발전 과정을 간략하게 살펴봄으로써 전략이 갖는 다양성을 이해하고자 한다. 어쩌면 인류 역사에서 전개되어 온 전략의 다양함 속에서, 지금 눈앞에 있는 문제를 해결하는 데 필요한 지혜를 얻을 수 있을지 모른다.

전략은 전쟁에서 시작되었다

불행하게도 전쟁은 인류의 역사와 함께 해왔다. 전쟁은 인간의 삶과 동떨어진 영역이 아니라 극단적인 충돌을 통해 사회 갈등을 해결하는 방식으로서 존재해 왔다. 마오쩌둥毛澤東 1893~1979의 말을 빌리면 전쟁은 피를 흘리는 정치인 셈이다. 전쟁에서는 승리를 위해 상대와 치열한 두뇌 싸움을 펼친다. 그래서 전략이라는 용어08도 원래 병법이나 군사학에 근원을 두고 있으며, 세상에 존재하는 많은 전략은 대부분 전쟁에서 탄생했다.

군사와 비즈니스는 본질적으로 다른 세계임에도 불구하고 이론 차원에서 배울 점이 많다. 인류 역사상 대표적인 군사 전략가를 꼽자면 손자, 클라우제비츠, 나폴레옹을 선정할 수 있다.

중국 춘추시대의 병법가인 손자孫子 B.C544~496는 『손자병법』을 저술하였으며 군사전략의 효시로 알려졌다. 그가 저술한 지 2,500년이 지

---

08 전략戰略, strategy이란 단어의 어원은 고대 그리스어 'strategos'에 있다. 이 단어는 군대를 의미하는 'strastos'와 이끌다는 의미를 가진 'agein'이 합쳐져 형성되었다.

났지만, 오늘날에도 가장 중요한 전략 이론으로 평가받고 있다. 손자는 피를 흘리지 않고 승리한다는 이상을 추구하였다. 이런 그의 사상은 가장 유명한 문장인 "백 번 싸워서 백 번 모두 이기는 것이 최상의 전략이 아니라 싸우지 않고 적의 군대를 굴복시키는 것이다.不戰而屈人之兵"에도 잘 드러나 있다. 그는 전쟁하여 이기는 것보다 전쟁하지 않고 이기는 것을 최선으로 여겼다. 어떻게 전쟁을 하지 않고 이길 수 있을까?

여기서 손자가 제시한 형세形勢라는 개념에 주목할 필요가 있다. '형'은 눈앞에 전개되고 형태를 취하는 상황이며, '세勢'는 이 상황 속에 함축되어 있는 잠재력이다. 그는 세를 "급류의 물살이 빠르고 거세어 바위조차 떠내려가게 하는 것이다."라고 비유하였다. 세는 주도권이고 군사들의 사기이며, 아군에게 매우 유리한 상황이다. 세는 한 번 시작되면 막을 수 없으며, 세가 드러나면 누가 승자가 되고, 패자가 될지 미리 결정이 난다.

세를 형성하기 위해서는 상황에서 비롯된 객관적인 조건을 충분히 활용하는 것이 중요하기 때문에, 손자의 전략은 조건-귀결의 논리 구조를 따른다. 즉 필요한 조건을 확보하는 것은 세를 형성할 확률을 높이는 것이다. 마찬가지로 오늘날 경영 현장에서 '핵심역량'을 중요하게 여기는 이유는 핵심역량이 세를 형성할 확률이 높기 때문이다.

『전쟁론』이라는 명저를 남긴 클라우제비츠Carl von Clausewitz 1780~1831는 나폴레옹 전쟁에서의 전투경험과 통찰을 바탕으로 전쟁이론을 체계화하였다. 그는 '전쟁은 정치적 수단과는 다른 수단으로 계속되는 정치에 불과하다'는 전쟁의 본질을 정의한 유명한 말을 남겼으며, 레닌, 엥겔스 등 수많은 인물에게 깊은 영향을 주었다.

그는 전쟁의 고유성을 미리 예견하고 계획한 대로 결코 진행되는 법이 없음을 강조하였다. 마찰friction이라는 개념을 통해 전쟁의 진행 과정 중 계획에서 벗어나는 현상을 설명하였다. 즉, 실제로 계획을 실행하면 사방에서 '마찰'이 생긴다. 그래서 그는 특별한 전략 원칙을 제시하지 않았다. 그보다 전쟁과 같은 불확실한 시기에는 전략 원칙들을 경직된 방식이 아니라 상황에 맞게 유연하게 적용하는 것이 중요함을 강조하였다. 오늘날 비즈니스 역동성과 불확실성이 증가하는 상황을 보자면, 그가 강조한 전략실행의 유연성은 더욱 중요해졌다.

프랑스혁명이라는 사회 격동기에 유럽을 평정한 황제로 유명한 나폴레옹Napoléon Bonaparte 1769~1821은 사실 그가 살았던 시대의 위대한 전략가이다. 그는 전격적인 기동전으로 유명하였다. 그는 언제나 전투를 세밀하게 관찰했으며, 지속적으로 적의 약점을 찾아내고 기회라고 생각되면 조금도 망설이지 않았다. 그는 자신의 군대를 빠르고 집중적으로 몰아가서 전투의 전환점을 만들었다. 이를 효율적으로 실행하기 위해 대규모 군대를 비교적 독립적으로 조직하여 각 부대가 유연하게 의사결정을 내리고 행동할 수 있도록 했다.

나폴레옹의 본질적인 전략 원칙은 신속한 병력집중이다. 부대를 끊임없이 기민하게 이동시키면서 한번에 많은 병력으로 적의 병력이 적은 지점을 공격하는 것이다. 그렇게 되면 상대방이 전체적인 병력이 많더라도 분산된 지점을 공격하는 것이기 때문에 결과적으로 우세한 병력으로 소수의 적을 격파하게 된다. 이것은 경영 분야에서 특정 시장을 중점적으로 관리하는 '집중화 전략'과 같은 메커니즘이다. 힘이 열세인 소규모 기업은 '집중화 전략'을 통해 시장에서 돌파구를 찾아야 한다.

전략은 시대에 따라 다양하게 전개되어왔다

전략이 군사 영역에서 확장되어 기업경영을 위한 중요한 부분으로 자리 잡게 된 것은 1950~1960년대에 미국의 거대기업들이 다양한 사업분야를 어떻게 효율적으로 운영할지를 고민하면서부터이다. 이후 1980년대까지 '포지셔닝 어프로치'가 우세했지만, 이후는 '자원 어프로치'가 주류를 형성하였다. 그리고 1990년대 말 상황에 따라 전략 이론을 조합해야 한다는 '전략구성 어프로치'가 등장하는 등 시대에 따라 다양하게 발전해왔다.

'포지셔닝 어프로치positioning approach'에서는 좋은 외부 환경에서 입지를 구축하는 것을 중시한다. 즉, 전략이란 이익을 낼 수 있는 시장을 선택하고 그곳에서 유리한 위치를 차지하는 것이며, 여기에 맞춰 조직과 자원을 강화해야 한다는 것이다. 여기서 말하는 좋은 외부 환경은 경쟁 상대가 적거나 경쟁이 느슨한 산업, 법이나 규제로 보호되는 산업, 고객이나 공급업자가 우호적인 시장영역 등이 해당한다. 이러한 좋은 환경은 자사의 장점을 발휘하기 쉽고 약점을 자연스럽게 보완할 수 있다.

포지셔닝 어프로치는 외부 환경과 내부 능력에 대한 합리적 분석을 통해 미리 설계할 수 있는 의도된 계획으로서 전략의 의미를 중요시했다. 때문에 SWOT 분석, BCG 매트릭스, 5 Force 분석[09] 등 전략을 분석하고 관리할 수 있는 다양한 프레임워크를 고안했다. BCG 컨설팅 회사와 하버드의 마이클 포터Michael E. Porter가 포지셔닝 어프로치의 성장에 많은 기여를 했다.

---

09 위의 용어에 간단한 이해를 원한다면 부록을 참조하기 바란다.

1990년대 초반부터 산업과 같은 외부 환경 분석에서, 기업 내부의 경영자원과 핵심역량을 분석하는 것으로 관점이 바뀌기 시작하였다. 즉, 기업의 경쟁우위는 포지셔닝 보다는 오히려 기업이 보유하고 있는 자원이나 핵심역량에 기반을 두어야 한다는 자원 어프로치resource approach 사고가 확산하기 시작했다. 이것은 기업 내부에 탁월한 역량을 축적한 기업이 경쟁에서 승리할 수 있다는 관점이다.

가령 절호의 사업기회를 발견해서 자사의 사업을 거기에 포지셔닝 하려고 해도 사업전개에 필요한 자원이나 역량을 확보할 수 없다면 어쩔 도리가 없다. 그렇다면 경쟁우위의 원천은 기회에 대한 포지션보다는 타사가 확보할 수 없는 독보적인 능력을 확보하는 것이 중요한 것이다. 여기서 독보적인 능력은 대부분 보이지 않는 자산으로 구성되어 있어, 기업이 외부에서 조달하는 것이 극히 어렵다.

기업이 보유한 자원 혹은 역량은 매우 다양하다. 이것을 표현한 것 중의 하나가 맥킨지의 '7S'(공유가치, 구조, 전략, 시스템, 스킬, 스태프, 스타일)[10]이다. 따라서 자원 어프로치는 비전, 기업가 정신, 학습, 창발적 전략 수립, 협상 등 다양한 그룹으로 구분할 수 있으며, 이를 학문적으로 정리한 개념이 자원기반 전략resource based view이다. 『초우량 기업의 조건』의 톰 피터스Tom Peters와 『미래시대의 경영전략』을 저술한 게리 하멜, 『타임베이스 경쟁전략』[11]의 조지 스토크George Stalk 등이 자원 어프로치에 많은 기여를 하였다.

---

10 위의 용어에 대한 간단한 이해를 원한다면 부록을 참조하기 바란다.
11 1980년대 보스턴컨설팅그룹의 조지 스토크가 일본기업을 연구하면서 생산에 걸리는 시간을 단축하여 다품종 저비용생산을 실현하고 있는 것을 발견하였다. 그는 시간 단축에 초점을 맞추어 경쟁하는 전략을 타임베이스 경쟁전략이라고 칭했다.

위와 달리 포지셔닝과 자원 중 어느 것을 중시해야 하는가에 대한 논쟁보다 양자를 상황에 맞게 조합해야 한다는 주장이 등장하였다. 대표적인 인물은 '경영학의 파괴적 선구자'라 불리는 캐나다 맥길대의 헨리 민츠버그Henry Mintzberg이다. 그는 계획과 행동의 양자가 모두 필요하다는 주장을 통해 전략의 조합을 추구하였다. 앞을 내다보는 계획이 전혀 없다면 사소하고 간단한 행동이라도 하기 어렵다. 또한, 행동은 경험을 통해 미흡한 계획을 보완할 수 있다. 따라서 상황에 맞는 양자의 조합이 중요한 것이다.

21세기에 들어 변화와 기술 발전의 속도가 비약적으로 빨라져 포지셔닝과 핵심역량이 순식간에 진부해지는 시대가 되었다. 바야흐로 이노베이션의 시대가 도래한 것이다. 그래서 등장한 것이 '적응 전략 adaptive strategy'이다. 이것은 어떤 포지셔닝에서 어떤 자원으로 싸워야 할지를 미리 사전에 결정하기보다는 빠르게 시행착오를 통해 결정하자는 방식이다.

여기서 적응이란 단순히 순응하는 것을 의미하는 것이 아니라 기업의 진화를 의미한다. 이러한 진화는 연속적으로 발생하는 것이 아니라 변이와 도태를 통해 비연속적으로 발생한다. 그래서 적응 전략에서는 무엇보다 '실험하는 능력'이 중요하다.

대표적인 인물은 『린 스타트업』을 저술한 에릭 리스Eric Ries이다. 그는 Pivot(궤도수정) 개념을 매니지먼트에 도입하였다. 비전을 실행하기 위한 전략은 유연하게 바꿔도 상관없다고 강조했다. 다만, 축을 유지하면서 상품이나 판매방식 등을 하나씩 바꾸면서 지속적으로 개선하고, 확정되기 전까지는 큰 승부를 하지 않는다는 것이다.

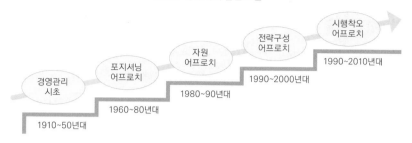

[그림2-1] 전략의 발전 흐름

시행착오
어프로치

전략구성
어프로치

자원
어프로치

포지셔닝
어프로치

경영관리
시초

1990~2010년대

1990~2000년대

1980~90년대

1960~80년대

1910~50년대

* 출처: 미타니 고지, 경영전략 논쟁사, 2013, 수정인용

전략이 갖는 다양한 의미

경영 용어 중에서 전략만큼 매력적인 동시에 논쟁적인 개념도 없다. 전략이 중요하다는 사실에는 대부분 동의한다. 하지만 전략을 바라보는 관점은 사람마다 다르다. 다양한 관점을 하나로 통합하는 것은 용어의 혼선을 줄일지는 몰라도, 복잡한 경영 현실을 해결하는 데 도움이 되지 않는다. 전략이 갖는 다양한 의미는 혼선이기보다는, 그것을 이해한다면 전략이 제공하는 풍부함을 누리는 것이다. 이제 유명한 경영학자들이 정의한 전략의 의미를 통해 그 안에 담긴 다양한 관점을 살펴보자.

경쟁전략의 대가인 마이클 포터Michael E. Porter는 전략을 차별화된 활동의 결합을 통해 독특하고 가치 있는 포지션을 만들어 내는 것으로 정의하였다. 이는 전략을 차별적 경쟁우위를 위한 '전략적 포지셔닝'을 창출하는 관점으로 바라본 것이다. 산업에서 유리한 포지션을 선점하는 것은 경쟁에 있어 대단히 중요하다. 하지만 오늘날 격동적인 시장과 변화하는 기술을 대처하기에는 포지셔닝은 너무 정적이라는 비판이 있다. 그럼에도 분석의 유용성으로 여전히 널리 받아들여지고 있다.

최근 널리 알려진 하버드대의 신시아 몽고메리Cynthia A. Montgomery 교수는 전략을 목적에 기반을 둔 '가치창출 시스템'으로 바라보았다. 즉, 전략은 기업의 개별 활동들을 결합해 목적을 향해 강력하게 실행할 수 있는, 정교하게 다듬어진 시스템이라는 것이다. 이러한 시스템은 기업의 가장 중요한 자원이며, 경쟁우위를 창출하는 데 중요한 역할을 할 수 있다.

이에 비해 『좋은 기업을 넘어 위대한 기업으로』으로 유명한 짐 콜린스Jim C. Collins는 전략은 기업이 사명을 완수하기 위한 기본적인 방법론으로 바라보았다. 이는 전략을 비전을 실현하는 포괄적인 방법론으로 바라본 것이다. 그는 비즈니스란 인생과 마찬가지로 완벽한 계획을 세울 수 없을 뿐만 아니라 그렇게 해서도 안 된다고 생각했다. 비즈니스를 하다 보면 헤아릴 수 없이 많은 불확실성과 만나게 되고 예기치 않은 기회도 수없이 접하게 된다. 그러므로 사명 달성에 필요한, 명확하고 사려 깊으며 복잡하지 않은 방법론만 간략하게 제시하는 것이 바람직하다는 것이다.

전략가의 전략가로 불리는 리처드 루멜트Richard P. Rumelt도 전략을 문제 해결 방법론의 하나로 보았다. 그는 전략을 야심, 리더십, 비전, 기획, 경제적 논리와 동일시하는 관점들이 아니라고 명확한 선을 그었다. 전략적 작업의 핵심은 주어진 상황에서 결정적인 요소들을 찾아내고 거기에 대응하는 행동계획을 수립하는 것이라고 주장했다. 이는 전략은 중요한 문제에 대해 일관된 대응을 뜻한다. 즉, 개별적인 결정이나 목표와 달리 전략은 큰 대가가 걸린 문제에 대응하는 일관된 분석, 방침, 행동을 가리킨다. 짐 콜린스보다는 다소 구체적인 문제 해결 방법론을 지향한다.

이와는 달리 전략의 의미를 간략하게 정의하기보다는 전체적으로 살펴야 할 여러 가지 관점을 제시한 경영학자가 있다. 바로 '경영학의 파괴적 선구자'라 불리는 헨리 민츠버그Henry Mintzberg이다. 그는 전략은 계획이자, 또는 시간에 따른 행동의 일관성을 보여주는 패턴이라 볼 수 있고, 계획적으로 실현되는 '계획적 전략'이기도 하지만 분명한 의도가 없더라도 어떤 패턴이 실현되는 '창발적 전략'으로의 관점을 가지며. 또한 전략은 어떤 사람에게는 '포지션'이며, 어떤 사람에게는 '전망perspective'이 될 수 있다고 했다. 게다가 전략은 경쟁자를 속이기 위한 책략적 측면을 갖고 있다고 했다. 이를 좀 더 명확하게 세분화하여 10가지 학파로 분류하여 제시하였다[12].

앞에서 살펴보았듯이 유명한 경영학자들도 전략의 의미를 다르게 정의하고 있음을 알 수 있다. 이는 궁극적으로 전략을 바라보는 관점의 차이에서 비롯된다. 하지만 모든 전략의 관점을 포괄적으로 수용하면서, 전략과 실행의 간극을 줄일 수 있는 매개체를 생각하는 것은 사실상 불가능하다.

이 책에서는 리처드 루멜트의 '문제 해결 기법' 관점과 신시아 몽고메리의 '가치창출 시스템' 견해를 중심으로 논의를 전개하고자 한다.

---

12 헨리 민츠버그가 분류한 10가지 전략의 학파를 통해 전략이 갖는 다양한 관점을 이해하고자 한다면 **부록2**를 살펴보기 바란다.

우리는 전략을 넓게 보면, 원하는 것을 효율적으로 얻고자 하는 방법론의 연장선상에 있으며, 이는 어쨌든 당면한 문제를 해결하지 않으면 무엇도 얻을 수 없는 셈이다. 결국, 전략의 핵심은 문제 해결이다. 그리고 궁극적으로는 지속적인 경쟁우위를 유지하기 위해 체계적인 시스템으로 자리 잡아야 한다고 생각한다.

2.2 실행은 체계적인 시스템이다

대개 사람들은 기업이 목표를 달성하지 못하면 전략을 문제 삼는다. 그러나 모니터 그룹의 2006년 조사 결과를 보면 기업 임원들은 '전략실행'을 최우선 과제로 선정하였다.[13] 이는 기업들이 전략실행 과정에서 많은 어려움을 겪고 있음을 반증하는 셈이다. 사실 전략이 실패하는 주요한 원인은 효과적인 실행이 부족했기 때문이다. 전략은 사전에 완벽할 수 없으며, 계획상으로 미흡하더라도 실행에서 충분히 보완하거나 수정할 수 있다. 이 때문에 행동을 강조하고 실행력을 높이려는 주장이 기업에서 끊이질 않는 것이다.

하지만 실행에 대한 논의가 많은 데 비해, 실행을 이해할 수 있는 개념적인 구조를 다룬 문헌은 그리 많지 않다. 그래서 대부분 사람들은 전략실행은 대개 계획대로 행동하는 것을 의미한다고 생각한다. 하지만 그것은 실행의 한 부분일 뿐이다. 우리는 무엇보다도 실행은 체계적

---

13 출처: Robert S. Kaplan, David P. Norton: 'The Execution Premium', 21세기북스, 2009

으로 이루어져야 한다고 생각한다. 그래야 원하는 성과 창출이 가능하다. 이제 실행이 전략과 어떻게 다른지 그리고 실행을 체계적으로 수행한다는 것은 무엇을 의미하는지 살펴보자.

실행은 전략과 다르다

전략이 '사고 중심'의 프로세스인 데 비해 실행은 '행동 중심'의 프로세스이다. 전략은 목표와 자원을 가지고 무엇을 해야 할지 미리 생각해볼 때 가장 적합한 용어이다. 이는 단순히 계획을 세우는 것이 아니라 주어진 상황에서 효율적으로 결과를 얻고자 하는 생각이 담겨 있다. 그래서 전략을 수립할 때는 분석가와 같은 객관성을 필요로 한다. 즉, 외부 기회와 자사 역량을 파악하고 평가하는 하는 것, 그리고 여러 개의 대안 중 최적안을 선택하는 작업은 합리적이고 객관적인 사고를 요구한다. 하지만 객관적인 사고가 전부는 아니다. 창조적인 전략을 계획하는 과정은 다소 합리성과 거리가 있는 직관에 의존하는 경우가 많기 때문이다.

이와 달리 실행은 경영 현장에서 당면한 문제를 해결하고 성과를 창출하는 행위이다. 이는 대개 지루하고 고통스러운 작업에 해당할 수 있다. 전략은 문서화된 개념적 구상이며, 이를 현실의 결과로 바꾸는 과정은 철저한 문제 해결과 지속적인 행동에 의존할 수밖에 없다.

실행의 가장 결정적인 특징은 현장성現場性이다. 그리고 모든 현장은 구체적이고 조건적이며 우연적으로, 특수한 것이다. 대개 실행 과정에서 직면하는 문제는 '왜'뿐만 아니라 '어떻게'와 관련이 되며, 이는 설명 가능하고 분명한 해결책을 얻기 위해 현장성을 철저하게 파고들어야 함을 뜻한다. 단지 숫자만으로 특수한 문제의 본질을 파악하기 어렵고 다양한 질문을 통해 숨겨진 의미를 찾아야 한다. 불행하게도 교실에서 사례를 분석하는 것과 달리 경영 현장의 문제들은 쉽게 답을 찾을 수 없는 경우가 많다. 따라서 실행은 무엇보다 문제를 해결하려는 지속적인 의지가 중요하다.

[그림2-2] 전략과 실행의 개념적 차이

위에서 언급한 것처럼 실행은 전략과 개념적으로 확연히 다르다. 이를 좀 더 구체적으로 이해하기 위해 주요한 특징을 살펴보면 다음과 같다.

첫째, 실행은 전략에 비해 역량과 직접적인 관련이 있다.

전략을 수립할 때도 분석을 통해 자사 역량을 적절하게 고려하지만, 여기서는 현재 가진 역량뿐만 아니라, 목표달성을 위해 확보해야 할 역량도 포함한다. 하지만 실행에서는 문제 해결을 위해 즉시 행동을 취할 수 있는 역량이 요구되므로, 전략보다 직접적이다. 전략은 필요한 역량을 평가하고 정의하지만, 실행 과정에서는 필요한 역량이 분명해진다.

대개 전략은 학습을 통해 필요한 역량을 확보하라고 제시하지만, 역량을 확보하기란 그리 쉽지 않다. 그래서 흔히 현실성 없는 전략이라 일컬어지는 대부분은 역량을 제대로 고려하지 않고 수립한 전략을 의미한다. 역량이 부족하거나 확보가 어려우면, 실행에서 문제 해결을 기피할 수 있다. 힘들고 지루한 과정을 인내하는 대신 희망 사항만을 제시할 뿐이다.

둘째, 실행은 전략보다 더 많은 시간을 필요로 한다.

예컨대 사업전략을 수립하기 위해 3개월을 투자했다면, 실행은 그것보다 몇 배의 시간을 요구한다. 왜냐면 실행은 대개 다수의 세부 목표를 추구해야 하며, 결과도 즉시 나타나지 않기 때문이다. 짐 콜린스Jim Collins가 언급한 플라이휠을 돌리는 과정처럼, 실행은 화려한 것이 아니라 축적과 돌파를 위한 힘들고 지루한 과정이다. 그래서 실행에서 일관성 없는 행동은 위험하다. 이는 별개의 목표를 추구하면서 상승효과를 일으키지 못해 결국 시간과 힘을 허비하게 한다.

셋째, 실행은 전략보다 동動적인 프로세스이다.

계획 시점과 달리 실행에는 예상하지 못한 우발적 사건이 발생한다. 아무리 정교한 전략적 정렬을 통해 실행 주체와 책임 소재, 자원 확보에 대해 명확히 정의하더라도, 우발적 사건이 발생하면 이를 다시 검토하고 조정해야 한다. 때론 업무 범위를 넘어서는 협력이 요구되며, 애매한 사건에 대한 처리 주체 및 부서 간 갈등을 명확하게 조율해야 한다. 이러한 우발적 상황에서 계획을 적극적으로 추진하기 위해서는 협업 및 헌신적인 노력이 필요하다.

넷째, 실행은 조직문화의 강한 영향을 받는다.

전략은 이해가 상충하는 조직의 희생을 요구하므로, 실행 과정에서 저항을 수반하게 된다. 이는 변화관리를 통해 적극적인 참여를 유도해야 함을 의미한다. 계획대로 행동하는 것을 강제하는 지시만으로는 변화관리에 한계가 있으며, 반드시 자율적인 조직문화가 필요하다. 아무리 세부적인 행동 지침을 작성하더라도 실행 과정에서 발생하는 모든 상황을 대처할 수는 없기 때문이다. 명시적인 권한과 책임이 없어도 조직원들이 적극적으로 문제 해결에 참여하는 자율적인 조직문화야말로 실행을 움직이는 윤활유와 같다.

결론적으로 전략과 실행은 이성적으로 분석할 때, 두 측면은 개념적으로 분리할 수밖에 없다. 그러나 실전에서는 사실상 상호 긴밀하게 연관되어 있다. 이는 계획이 수립되면 전략이 완성되는 것이 아니라, 실행을 통해 사후적으로 완성되기 때문이다. 그렇기에 이 책에서는 단지 실행이라는 표현보다는 '전략실행'이라는 용어를 강조하고 있다.

실행은 체계적인 시스템을 의미한다

최근 경영진에서 실행에 관한 관심이 증가하고 논의가 활발하게 이루어지고 있지만, 실행의 의미를 정확하게 이해하는 사람은 많지 않다. 대부분 맡은 일을 끝까지 완수하는 것, 즉 목표를 달성하는 과정을 실행의 전부로 생각한다. 하지만 실행은 목표달성을 위해 단순히 실행지침에 따라 행동하는 과정만을 뜻하지 않는다. 실행이란 전략의 목적과 방향성을 기억하고 행동 과제를 지속적으로 추진하는 것이며, 이를 위해 책임관계를 명확히 하고 현장에 대응하는 '체계적인 시스템'을 의미한다.

실행이 체계적인 시스템으로 작용하기 위해서는 네 가지 행동 과정을 포함해야 한다. 첫째, 동적으로 성과를 창출하기 위한 행동 과정이다. 흔히 일컬어지는 계획이나 지침에 따라 행동하는 것을 의미한다. 둘째, 계획이나 목표대로 행동을 요구하는 통제 과정이다. 그리고 우발적인 사건이 발생할 경우 학습을 통한 적응 과정과 계획과 목표의 불일치에 대한 피드백 반응을 포함한다. 아울러 실천을 위한 세부 과제, 일정계획, 변화관리, 우발사전계획contingency plan 등을 포괄하고 있다. 또한, 이를 효과적으로 지원하기 위한 인력, 프로세스, IT 등 핵심 조건을 갖추어야 한다.

여기서 유의해야 할 점은 눈에 보이는 것만을 시스템 전부로 간주하지 말아야 하는 것이다. 효율성을 추구하는 시스템 성격상, 프로세스를 담당하는 인원들은 기계적으로 움직이며, 가능한 한 빨리 일을 처리하는 것만이 유익하다고 생각할 수 있다. 하지만 실행은 실행지침 그대로 수행하는 것이 아니다. 오히려 다양한 문제 제기를 통해 직면한 비즈니스 현실을 더 정확히 이해할 필요가 있고 미흡한 실행지침을 구체화할 필요가 있다.

따라서 실행은 조직구성원들의 지속적이고 자발적인 참여와 실천 없이는 불가능하다. 아무리 구체적인 실행지침을 작성하더라도 현장에서 재량적으로 판단할 요소가 많기 때문이다. 결론적으로 실행을 위한 체계적인 시스템에는 동기부여를 위한 적절한 보상뿐만 아니라 행동규범과 같은 조직문화도 반영되어야 한다.

『실행에 집중하라』에서 래리 보시디Larry Bossidy도 이와 유사하게 실행의 의미를 언급하고 있다. 그에 의하면 실행은 전략의 일부분으로서 하나의 시스템으로 간주해야 하고, 비즈니스 리더가 맡은 중요한 책임으로서 기업의 핵심 문화로 자리해야 한다.

[그림2-3] 체계적인 시스템으로의 실행

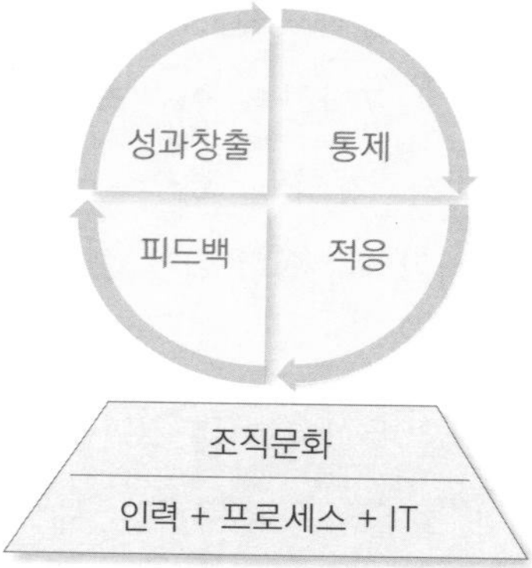

이상으로 체계적인 실행의 의미와 필요조건들을 살펴보았다. 하지만 어떻게 시스템적으로 구체화할 수 있을까? 일반적으로 기업의 전략과 운영 프로세스를 통합적으로 연계하여 체계적인 전략실행 시스템을 실현한다. 대표적으로 균형성과지표BSC를 제안한 로버트 캐플란Robert S. Kaplan은 이를 활용하여 전략과 운영 프로세스를 연계하는 '통합적 전략실행 관리 체계14'을 구체화하였다. 또한, 래리 보시디Larry Bossidy 역시 전략, 인력, 운영 프로세스의 연계를 통해 실행력 향상을 강조하였다.

---

14 로버트 캐플란이 제안한 통합적 전략실행 관리 체계를 이해하고자 한다면 5장의 그림5-12를 참조하기 바란다.

2.3 간극은 제거가 아닌 관리의 대상이다

전략과 실행은 개념적으로 다르므로 간극은 본연적인 셈이다. 따라서 우리는 간극을 제거할 수 있는 것이 아니라 성과 창출을 위해 관리해야 할 대상으로 바라봐야 한다. 전략과 실행의 간극을 발생시키는 원인은 무엇일까? 그런 원인을 제거하면 간극은 사라지는 것일까? 흔히 성과가 지지부진하면 전략이 잘못되었거나 실행력이 미흡했기 때문이라 탓하곤 한다. 하지만 그렇게 단순하게 치부하는 것은 전략실행에 도움이 될 수 없다. 잘못된 전략은 실행을 통해 수정할 수 있으며, 부족한 역량도 학습을 통해 확보할 수도 있다.

우리는 간극을 발생시키는 구조적인 원인을 이해할 필요가 있다. 다만 여기서 구조적인 원인은 잘못된 전략 또는 실행력 부족 등 흔히 일컬어지는 것, 전략과 실행 자체에 내재하여 있는 것을 의미하지 않는다. 이런 내재적 원인은 현실적으로 존재할 수밖에 없으며, 이를 전략실행 과정에서 해소해 나가야 한다. 이보다는 간극을 관리하는 데 있어, 외부에서 오는 구조적인 원인을 이야기하고자 한다. 물론 이러한 원인 중에는 전략과 실행의 한계에 연관되어 발생하는 것들이 있으며, 또한 현실적으로 직접 해결이 어려운 것들이 혼재되어 있다.

다행스럽게도 전략적 성과를 창출하기 위해 간극을 발생시키는 모든 원인을 100%를 해결할 필요는 없다. 지금까지 그렇듯이 간극은 항상 존재했지만, 전략적 성과는 나름 창출해왔다. 우리에게 필요한 것은 간극의 원인을 이해하고 성과 창출을 위해 적절하게 관리하는 것이다.

[그림2-4] 간극을 악화시키는 원인들

주체	• 계획과 실행 주체의 분리
인식	• 냉철한 현실인식의 어려움
시간	• 사전 분석의 한계
통제	• 통제 변수의 모호함
예측	• 우발성
조정	• 리더십 부재

계획과 실행 주체의 분리

일반적으로 기업의 규모가 클수록 기능의 전문화가 이루어져 전략을 수립하는 부서와 실행하는 부서가 나누어진다. 게다가 관료제 문화는 기능의 위계뿐만 아니라 상호 업무 간에 경직성을 유발한다. 전략을 수립하는 주체와 실행하는 주체가 분리되고 상호작용이 경직되면 전략과 실행의 간극은 악화된다.

전략을 수립한 부서가 다른 부서에 실행을 위임하는 것은 구조적으로 실행의 '대리인 문제agent problem'을 발생시킨다. 전략 수립에 참여하지 않은 실행 주체는 전략의 의도를 정확하게 이해할 수 없으며, 스스로 부여한 목표가 아니므로 동기부여가 떨어질 수밖에 없다. 더욱이 높은 전략 목표는 전략의 현실성 자체를 의심하게 한다. 이런저런 이유로 전략의 목적이나 방향성에 맞게 일하기보다는 자신의 이익이나 이해관계에 따라 행동할 수 있다. 심지어 보상을 위해 실적을 과대 포장하거나 허위보고 할 수 있으며, 변화 방향에 강력하게 저항할 수도 있다.

실행의 대리인 문제를 해결하는 가장 좋은 방법은 전략을 수립한 주체가 실행하는 것이다. 하지만 기업이 커지고 복잡해지는 상황에서 현실적으로 쉽지 않다. 그렇다고 전략을 수립한 주체가 일일이 실행하는 주체의 상황을 파악하는 것도 불가능하다.

어쨌든, 전략과 실행의 간극을 줄이기 위해서 대리인 문제를 관리해야 한다. 무엇보다 먼저 상호간의 원활한 의사소통이 가능한 커뮤니케이션 체계를 조성해야 한다. 이를 통해 전략부서의 일방적인 지시로 인한 컨센서스 부족, 정보의 불균형, 참여 의지 저하 등 실행 과정에서 직면하는 다양한 문제를 해결할 수 있다.

더불어 리더는 실행 주체에 대한 적절한 동기부여 방안을 고민해야 한다. 현실적인 대안은 실행 주체가 전략 의도대로 행동하기 위한 유인 incentive을 제공하는 것이다. 이것은 금전적 보상이나, 성취감이나 명예 같은 심리적 보상도 될 수 있다. 유의할 점은 사람마다 동기부여를 받는 요소가 다르므로, 개인별로 행동변화를 이끌어 낼 수 있는 적절한 방안을 고민해야 한다.

냉철한 현실 인식의 어려움

사람들은 자신은 냉정하게 현실을 인식하고 있고, 앞일을 고려하면서 계획을 세우고 있다고 믿는다. 그러나 그것은 착각이다. 사실은 자신의 욕망에 굴복하고 있으며, 원하는 미래상을 그리고 있다. 현실이 아닌 상상에 의존하여 막연하고 모호한 계획만을 갖고 있는 것이다. 이것은 자신이 보고 싶은 것만을 보는 인식의 오류에 빠져 있기 때문이다.

왜 자신이 보고 싶은 것 만을 보게 되는 것일까? 그것은 욕망이라는 거대한 감정이 냉철한 현실 인식을 어렵게 하기 때문이다. 더구나 자신이 원하는 욕망 자체가 잘못되어 있을 수도 있다. 자신의 욕망이라 생각하지만, 사실은 남들이 추구하는 욕망에 대한 동경이기 때문이다[15]. 따라서 현실을 있는 그대로 인식한다는 것은 말처럼 쉽지 않다.

전략 역시 자신과 경쟁자에 대한 냉철한 현실 인식이 출발점이지만, 생각만큼 쉽지 않다. 짐 콜린스Jim Collins는 위대한 회사로 도약한 기업들은 현실적인 이해를 바탕으로 목표와 전략을 세우지만, 그렇지 않은 기업은 허세를 바탕으로 자신들의 목표와 전략을 세운다는 점을 비판했다. 현실성이 부족한 전략은 간극을 심화시킬 뿐이다.

또한, 이러한 현실 인식 부재는 기업의 위험과 위기 가능성을 제대로 인식할 수 없게 만든다. 특히 경영 성과가 견실한 경우 부정적인 징후를 과소평가하는 경향이 나타난다. 즉, 어려움이 일시적이거나 그다지

---

15 이것은 생각과 존재가 불일치 하는 것으로, 철학자 라캉Jacques Lacan, 1901~1981은 "나는 내가 존재하지 않는 곳에서 생각한다. 그러므로 나는 내가 생각하지 않는 곳에서 존재한다"고 말했다.

나쁜 정도가 아니라고 치부하게 된다. 경영진은 부정적인 데이터는 축소하고 긍정적인 데이터는 부풀리며 모호한 데이터는 긍정적으로 채색한다. 또한, 자신의 책임으로 받아들이는 대신 외부 요인에 의한 어쩔 수 없는 차질로 변명해 버린다. 결국, 실행 과정에서 피드백을 차단하여 간극을 심화시킨다.

냉철하게 현실 인식을 하는 가장 좋은 방법은 무엇일까? 오직 스스로 자신을 돌아보는 성찰만이 욕망이라는 안개를 걷어 내고 선입견 없는 현실을 바라보게 한다. 이나모리 가즈오Inamori Kazuo 1932~ 는 항상 새로운 사업을 시작할 때, 스스로에게 근본적인 질문을 던졌다. '이렇게 생각하는 것은 내게 딴마음이 있어서는 아닐까? 더 많은 욕심과 국민적인 인기를 얻고 싶다는 허황한 생각은 아닐까? 일본 전화산업을 독점해온 일본전신전화공사(현 NTT)와 경쟁하겠다고 했을 때, 그리고 재생불능 진단을 받고 추락하던 JAL의 회장으로 취임했을 때, 그는 화려한 전략이 아닌 스스로의 성찰로부터 시작하였다. 그것은 욕망에서 벗어나 냉철한 현실 인식을 위해 스스로 마음을 다잡는 과정이었다.

사전 분석의 한계

나중에 생각해보면 당연한 것, 자명하다고 생각되는 것도 사전에 이를 모두 예상하기는 쉽지 않다. 전략과 실행도 시간에 따른 사전·사후

[16]라는 구조적인 문제를 갖고 있다. 전략을 수립하는 것은 사전적 행위이며, 이를 실행하는 것은 사후적 행위이기 때문이다. 사후적으로 해석하면 잘못된 전략을 수립하는 것이 이상해 보이지만, 사전에 계획할 시점에는 사람이 저지르는 많은 실수와 오류를 걸러낼 수는 없다.

더욱이 전략은 사전 분석으로 인해 많은 사람들의 합의를 얻기 힘들다. 특히 독창적이고 창의적인 전략은 과거 사례가 없어 더욱 어렵다. 존 케네스 갈브레이스John Kenneth Galbraith 1908~2006는 정보는 언제나 완전하지 않으며, 미래를 전혀 예견할 수 없는 상황에서 사람들이 의지하는 것은 '기대'라고 했다. 전략을 수립하는 것은 미래에 대한 건전한 기대를 만드는 셈이다. 정보가 미흡한 상황에서 기대는 현실적으로 추론에 의존할 수밖에 없다. 이때 똑같은 정보를 분석하더라도 사람마다 다른 관점으로 다른 기대를 형성한다. 이로 인해 사전에는 합의된 의견을 모으기 어렵고, 실행은 더욱 어려워진다.

전략은 사전적 계획으로 미래 발생할 요소를 고려할 수 있지만, 사후에 발행할 다양한 문제를 구조화할 수는 없다. 미래는 어떤 방법론이나 기술로도 완벽하게 예측할 수 없다. 따라서 사전 계획을 수립할 때 불확실한 요소를 고려할 수는 있지만, 그것이 완전한 해결책이 아님을 인지해야 한다. 이를 보완하기 위해 대개 시나리오 플랜을 작성하지만, 결국 시나리오도 계획의 한 형태일 뿐이다. 불확실성은 결국 전략을 실행하는 단계에서 서서히 그 실체를 드러나게 된다. 따라서 실행 과정에서 다양한 경험에 의존할 수밖에 없다.

---

16 사전·사후라는 표현은 뮈르달Myrdal, K.G.이 처음 사용했는데, 사전적이란 개념은 예상된, 기대된, 의도된, 전망된, 희망적이란 의미이며, 사후적이란 개념은 뒤를 향한, 실제의, 실현된, 회고적인 등의 의미이다.

심지어 우발적 사건이 의도하였던 사전 계획과 완전히 다른 방향으로 전개된다면, 사전에 수립한 전략을 용도폐기하고 새로운 전략을 수립해야 하는 상황에 직면할 수도 있다. 이는 전략을 완전한 사전 분석의 결과물이 아닌 검증해야 할 가설로 보아야 하는 이유이다. 시간에 따른 사전·사후 한계를 극복하는 것은 쉽지 않다. 다만 전략을 사전·사후를 구분해 분석하는 것은 사전 분석 시 간과하는 요소에 대한 검증이 되므로, 향후 나은 전략을 수립하는 데 도움을 줄 수 있다.

통제 변수의 모호함

'통제할 수 있다'는 말은 변수에 대한 예측이나 조작이 가능하다는 의미다. 통계학에서는 총변동 중에서 회귀식에 의해 설명이 가능한 변동과 설명할 수 없는 변동으로 나눈다. 회귀식에 의해 설명이 가능하다는 것은 변수로서 통제 가능하다는 것이다. 이것이 중요한 이유는 통제 가능한 변수 조작을 통해 의도한 대로 상황을 변화시킬 수 있기 때문이다.

전략에서도 '통제할 수 있는 것'과 '통제할 수 없는 것'을 구별하는 것은 중요하다. 통제할 수 없는 것을 전략에 반영해 봐야 실행하기 어려운 것은 분명하며, 실행 과정에서 통제할 수 없는 변수에 지나치게 매달리는 것은 성과 창출을 어렵게 만든다. 이렇게 통제 가능 여부를 판단하는 것은 중요한 일이지만 이를 명확히 구분하기는 쉽지 않다.

흔히 전략을 수립하는 경영진은 '통제에 대한 환상'이라는 인지적 편견에 빠지기 쉽다. 과거의 성공을 과신하거나 현장과 멀어진 경영진은 기업의 실제 능력을 과대평가하게 된다. 이로 인해 상황을 인식하지 못한 채 무리한 전략을 수립하고 실행을 독려하게 된다. 더구나 MBA 출신의 경영진들은 사례 연구에서 공부한 것처럼, 간단한 변수를 조작하면 상황이 쉽게 바뀌는 것으로 착각하기 쉽다. 그러나 현실은 그리 녹록지 않다.

또한, 통제 여부를 판단하기 어려운 이유 중 하나는 시간과 상황 변화에 따라서 통제 여부가 달라진다. 현재 시점에는 통제할 수 없는 변수도 시간이 흘러 역량이 확보되거나 유리한 상황이 조성되면 통제 가능할 수 있다. 이러한 통제 가능을 구분하는 모호함이 전략과 실행의 간극을 만든다.

전략을 세울 때 통제할 수 없는 모든 것을 고려하여 계획을 만드는 것은 쉽지 않다. 그렇다면 실행에서 이러한 간극을 극복하려고 노력할 수밖에 없다. 실행 과정에는 모든 상황을 통제하려 하지 말고 흐름을 타는 것이 중요하다. 오히려 많은 상황을 통제하려 할수록 깊은 수렁에 빠질 수 있다.

따라서 실행 과정에서도 먼저 무엇이 통제 범위 안에 있고, 무엇이 그렇지 않은지를 명확히 분별해야 한다. 그런 다음 '통제할 수 있는 것' 중에서 '통제할 수 없는 것'을 해결해 줄 수 있는 생각과 행동을 찾아야 한다. 이는 실행은 우리가 원하는 것이 아니라 할 수 있는 것을 중심으로 이루어져야 함을 뜻한다. 그런 이후에는 상황에 따라 적절한 통제 변수를 점검하고 조절해 나가야 한다.

우발성

군사전략의 기원은 어떤 대상을 통제하고자 하는 충동에 있다. 그러나 모든 것을 완벽하게 통제한다는 것은 환상이며, 이러한 환상은 우발적인 사건이 나타나면 곧바로 사라져 버린다. 이처럼 초기 의도한 대로 실행되는 듯 보이던 전략도 우발적 사건이 발생하면, 전략과 실행의 간극은 악화된다.

예상하지 못한 우발적 변수는 간극을 심화시키는 원인임에는 분명하지만, 우발성 자체를 통제하기 어렵다. 우발성을 통제하려면 사전 예측이 가능해야 하고, 발생 시 대응할 방안을 갖고 있어야 한다. 하지만 역사적으로 보면 우발적 사건을 예측하여 제대로 대응한 사례를 찾기란 쉽지 않다.

그렇다고 전략이 전적으로 우발성에 의한 결과물이 되어서는 곤란하다. 전략이 우발성에 의해 좌우되어버린다면, 전략은 실행해야만 알 수 있는 것으로, 계획으로서 갖는 의미가 사라지기 때문이다. 결국, 우발적 사건 자체를 통제할 수는 없지만, 이를 적절히 활용하지 않는다면 성과를 보장할 수 없다. 이는 전략실행의 관점에서 보면 우발성이 주는 의미를 깨닫고 빠르게 전략을 수정하여 다시 적용해야 함을 의미한다.

또한, 우발성이 의미하는 것은 사건을 정확히 예측하려 많은 시간을 투입하기보다 발생을 염두에 둔 내부 역량 강화에 중점을 두는 것이 효과적이라는 것이다. 이는 많은 질병을 예측하여 대응하기보다는 평소 기초 체력을 향상하는 것과 같다. 하지만 무엇보다 우선해야 할 일은 기존 전략에 집착하지 않는 것이다. 우발적 사건이 발생하여 기존 전략의 의미가 상실되었음에도 불구하고, 일관성이라는 명목으로 더욱 통제를 강화하는 것은 흐름을 타지 않고 통제에 집착하는 것이다.

바람직한 전략실행이란 것은 불확실한 상황이나 우발적인 사건에 맞춰 유연하게 적응할 수 있어야 한다. 해결해야 할 문제점들을 선명하게 인식하면서도, 각각의 연속적인 단계에서 기존의 가능성이 닫히고 새로운 가능성이 열릴 때마다 매번 상황을 새롭게 반영할 수 있어야 한다. 또한, 완벽하지는 않지만, 시나리오 플랜을 통해 우발적인 가능성을 사전 점검하는 것도 현실적인 방법이 될 수 있다.

리더십 부재

전략과 실행은 문제 해결을 위한 모델화 과정이다. 여기서 모델화는 이성에 의해 계획을 수립하고 의지와 행동을 통해 계획을 현실에 옮기는 프로세스이다. 처음에 세운 전략을 그대로 실행하는 것뿐이라면 특별한 역량이 필요 없다. 그러나 예정하지 못했던 상황에 직면했을 때 그것에 대응하고 극복하는 데는 특별한 역량이 필요하다. 그렇기 때문에 우발적인 상황이거나 위기의 순간일 때 리더십은 빛을 발휘한다. 역사적 사례를 통해 보더라도 실제 전쟁이 계획했던 전략으로부터 이탈되었을 때, 위대한 지휘관에게 기대되는 것은 천재적인 능력이다.

유효한 리더십의 부재는 전략과 실행의 간극을 악화시킨다. 하지만 전략실행에 있어 어떤 리더십이 유효한지 정의하는 것은 쉽지 않다. 리더십도 전략만큼이나 다양한 스타일을 갖고 있기 때문이다. 흔히 리더십을 이야기하면 카리스마를 가진 리더를 떠올리는 경향이 있다. 위기를 돌파하는 데 효과적인 이미지를 제공하기 때문이다.

카리스마는 분명히 사람을 움직이는 효과를 발휘하지만, 때론 엄청난 위험을 초래한다. 카리스마 있는 과감한 리더는 급격한 전환, 기존의 판을 뒤집을 히트 제품, M&A 등 사태를 한 방에 해결할 묘안을 선호하는 경향이 있다. 이러한 극약 처방은 초기에는 긍정적인 결과를 내보이지만 오래가지 못한다. 차별화된 경쟁우위를 창조하기 위한 점진적이고 힘든 축적 과정 대신에 거창한 한방을 찾다가 결국 위기에 빠진다.

이와는 달리 짐 콜린스는 카리스마나 화려한 명성의 리더보다 개인적 겸양과 직업적 의지의 역설적인 결합을 구현하는 리더가 위대한 기업으로 전환을 이끌었다고 언급하였다. 그가 예로 제시한 킴벌리 클라크의 다윈 스미스Darwin E. Smith나 질레트의 콜먼 모클러Colman Mockler는 전형적인 카리스마와 거리가 먼 인물이었다.

최근 비즈니스 역동성의 증가로 전략실행에 있어 집단적인 의지와 행동을 발휘할 수 있는 리더십의 역할이 더욱 중요해졌다. 이는 최근 동기부여가 강조되고 있는 이유이다. 우리는 이것도 중요하지만 리더십은 전략실행에 관계된 구조적인 문제를 해결하는 데 집중되어야 한다고 생각한다. 즉, 코앞에 있는 당장 해야 할 일에 집중하기보다는 효과적인 실행을 위한 구조적 개선에 힘써야 한다. 긴급하지만 일상적인 업무는 리더가 아니어도 처리할 수 있는 사람은 많다. 하지만 구조적인 문제는 리더가 아니면 곤란하다. 이를 위해 리더는 장기와 단기, 세부적인 일과 전체적인 청사진 사이에서 균형을 유지해야 한다.

참고로 전략실행에 있어 극단적으로 리더십에 의존하는 것은 바람직하지 않다. 전략이 계획으로서 의미가 퇴색되고, 갑작스럽게 벌어진 상황을 해결하는 비범한 리더만이 요청되기 때문이다.

2.4 전략실행의 본질을 생각하다

전략실행은 현실적인 제약하에서 많은 성과를 창출하기 위한 '모델화' 과정의 일부이다. 여기에는 외부 환경과 역량 분석을 통해 뛰어난 전략을 수립하고 실행하는 것뿐만 아니라, 실행에서 직면하는 다양한 문제를 해결하는 과정을 포함한다. 더욱이 이런 과정은 주어진 과제를 수행하는 것뿐 것 아니라 위협과 압박, 협상과 설득, 물리적이거나 심리적인 영향력 등 정치적인 기술까지 아우른다. 이는 상당히 포괄적이고 총체적인 과정이다.

전략실행은 총체적 과정임에는 분명하지만, 이 책에서는 '간극'의 관점으로 바라보고자 한다. 즉, 전략과 실행은 본연적으로 다른 개념으로, 그 사이에는 간극이 존재한다. 간극은 제거할 수 있는 대상이 아니므로, 전략실행은 이 간극을 관리하며 성과를 창출하는 과정인 셈이다.

이러한 관점으로 바라본 전략실행의 본질은 무엇일까? 간극을 관리하기 위해서는 먼저 당면한 문제를 효과적으로 해결해야 한다. 그러려면 무엇보다 전략실행은 체계적으로 이루어져야 한다. 이는 문제 해결을 위한 프로세스(또는 시스템) 관점에서 전반적으로 전략실행을 바라봐야 함을 의미한다. 부연 설명하면 외부와 내부의 다양한 원천에서 나오는 투입 정보input를 전략실행이라는 변환과정transformation을 통해 성과를 산출output하는 프로세스 과정으로서 전략실행의 본질을 바라보는 것이다.

이 책에서는 이러한 접근을 통해 궁극적으로 전략실행의 본질을 네 가지로 선정하고자 한다. 간단히 말하면 전략실행은 궁극적으로 차별적 경쟁우위를 만들 수 있는 '가치'를 창출하는 과정이며, 이를 위해 선택을 통해 집중하는 '힘'을 만드는 과정이다. 그리고 전략실행은 성과를 검증해 가는 일종의 '가설 검증 체계'이며, 불확실하고 제한적 상황 하에서 전략적 직관을 통한 '의사결정과정'이다.

[그림2-5] 전략실행의 본질

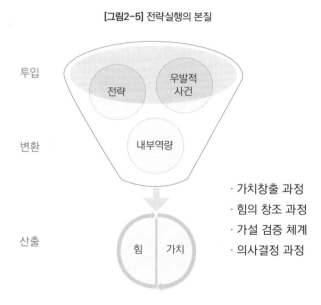

투입

변환

산출

전략
우발적 사건
내부역량

힘 가치

· 가치창출 과정
· 힘의 창조 과정
· 가설 검증 체계
· 의사결정 과정

가치를 창출하는 과정이다

'가치value'라는 말은 일반적으로 인간이 사물에 부여하는 값어치와 중요성을 의미한다. 경제적으로는 사용가치 또는 효용가치라는 용어를 많이 사용하는데, 재화 또는 서비스를 사용할 때 느끼는 만족감의 크기, 즉 유용성을 뜻하기도 한다.

비즈니스 모델의 근본이자 모든 전략의 목적은 '가치창출'이다. 어떤 제품이나 서비스를 고객에게 편리하게 제공하는 것은 고객에게 가치를 제안하고 전달하는 것이다. 하지만 단순한 가치를 창조하는 것은 탁월한 성과를 위한 필요조건일 뿐이다. 경쟁이 치열하기 때문에 고객들이 선택할 수 있는 다른 대안에 비해 월등하지 못하면 단순한 가치 창조도 소용없다. 즉, 남과 다르게 어떻게 잘할 것인가 하는 차별화를 고려하지 않을 수 없다. 때문에 마이클 포터와 신시아 몽고메리 등 다수 경영학자는 전략에 있어 차별적 경쟁우위를 만드는 가치창출의 중요성을 강조하였다.

특히, 마이클 포터는 '운영 효과operational effectiveness'와 '전략'의 구분을 통해 차별적 가치창출을 강조하였다. 그에 의하면 운영 효과는 경쟁자들도 하는 비슷한 활동을 더 잘 수행하는 것을 뜻한다. 이와 달리 전략은 경쟁자와 다른 활동을 다른 방식으로 수행하는 것을 뜻한다. 운영 효과는 단순한 가치창출이며, 전략만이 차별적 가치창출이 가능하다는 것이다. 하지만 우리는 차별적 가치창출을 위해서는 운영 효과도 필요하다고 본다. 효과적인 전략실행은 전략과 운영이 별개로 분리되는 것이 아니라 효과적으로 연계되어야만 시너지가 가능하기 때문이다.

전략의 궁극적인 목적은 차별적 가치창출이므로, 전략실행은 효율적으로 가치를 창출하는 과정인 셈이다. 다만, 가치창출에 초점을 두는 전략실행에서 다음과 같은 사항에 유의해야 한다.

첫째, 가치는 숫자 이상의 다른 것도 보아야 한다. 제품이 고객에게 주는 가치는 가격과 기능 등 실체적인 것뿐만 아니라 이미지, 즐거움, 행복감 등 수치로 표현할 수 없는 많은 주관적인 판단이 포함된다. 그렇기 때문에 숫자만으로 가치를 측정하면 고객가치를 제대로 파악할 수 없게 된다.

더욱이 고객이 기대하는 가치는 점점 상승한다. 처음에 고객은 제품의 가치에 만족하지만, 다음에는 이를 당연하게 여기고 더 높은 가치를 요구한다. 매출, 손익 등 재무적 숫자는 이러한 내용이 반영되지 않는다. 따라서 현재의 재무적 성과만 보고 안주할 경우, 갑작스러운 고객가치의 변화에 따른 위험에 노출되기 쉽다.

둘째, 가치는 시간에 따라 변화한다. 머서 매니지먼트 컨설팅의 슬라이워츠키Adrian J. Slywotzky는 『가치이동』에서 기업의 장래를 위해서는 이동하는 시장의 가치를 미리 파악하고, 가치가 이동함에 따라 적절히 대처해 새로운 기업의 가치를 실현해야 함을 강조했다. 이는 시장의 가치는 고착된 것이 아니라 기술혁신이나 고객의 욕구 등 시장환경의 변화에 따라 복잡하게 이동하므로, 기업은 이러한 가치이동에 대응하기 위한 전략실행이 중요함을 의미한다. 더욱이 오늘날 빠른 변화는 기존 비즈니스 모델을 빠르게 무력화시키고 있다. 이러한 환경 속에서 가치를 창출하기 위해서는 전략실행은 더욱 민첩하고 유연하게 변화해야 한다.

집중을 통해 힘을 창조하는 과정이다

근본적인 변화 이전에는 항상 위기가 존재한다. 위기는 살아남기 위해 문제에 집중할 수밖에 없는 비자발적인 선택을 강요하게 된다. 그리고 강요된 선택은 집중을 통해 예상하지 못한 결과를 발생시킨다. 결국, 선택은 본질적으로 집중을 통해 힘을 창조하기 위함이다.

복잡한 것은 스스로 복잡함에 얽매여 힘을 발휘할 수 없다. 그래서 복잡한 것은 선택과 집중을 통해 단순화해야 살아남는다. 집중을 통한 힘의 생성, 그 자체가 궁극적인 목적은 아니다. 하지만 전략실행 과정에서 힘을 생성하지 못한다면 목적지에 도달할 수 없다.

전략은 선택에 따른 의사결정이 필요하다. 희소한 자원을 배분하여 경쟁우위를 창출하려면 전략적인 의사결정을 통한 선택이 있어야 한다. 적절한 선택 없이 적절한 실행이 어렵다. 상충하는 다양한 목표를 어떻게 실행할 수 있을까? 하지만 그것은 단순히 주어진 선택지를 고른 것이 아니라 개인의 발전과 집단의 생존뿐만 아니라, 마음속 간직하고 있는 가치관에 관한 희생을 가져올 수 있다. 그래서 전략의 근본적인 어려움은 논리가 아니라 선택인지도 모른다. 하지만 모호한 희망이 아니라 전략을 가지려면 다른 길을 버리고 하나의 길을 선택해야 한다.

불확실한 상황에서 선택은 때로는 최적이 아닌 정치적 산물일 수 있다. 모호한 선택은 결과적으로 실행 단계에서 집중을 방해한다. 계획 수립 당시는 마지못해 합의했지만, 막상 실행을 시작되면 반발이 가시화되기 때문이다. 특히, 새로운 전략 변화는 반드시 기존 전략과 관계된 사람들의 손해를 가져와 강력한 반발에 부딪히기 마련이다. 이런저런 시도에 대한 논의는 이루어지지만 결국 누구도 현재 하는 일을 바꾸려고 하지 않는다. 이런 경우 대개 조직의 반발을 무마하기 위해 두루뭉술한 목표를 추가한다. 이것은 힘의 집중을 분산시켜 전략실행을 약화시킨다.

결론적으로 전략실행은 집중을 위해서 힘을 분산하려는 유혹에 부단히 저항하는 과정이다. 선택했다고 해서 저절로 집중되어 힘이 만들어지는 것은 아니다. 전략실행 과정에서 끊임없이 지속적으로 선택을 유지하고, 저항을 변화시켜야 가능한 것이다. 이것은 다른 수많은 꿈과 희망을 거부하는 일이므로 많은 심리적, 조직적, 정치적 노력을 요구한다.

가설을 검증하는 체계이다

리처드 루멜트는 전략은 '가설hypothesis'이라고 했다. 전략은 가설처럼 세상이 작동하는 방식을 예측한다. 다만 전략의 궁극적인 가치는 사실 여부가 아니라 성공 여부로 판가름난다. 즉, 전략은 실행을 통해 성과를 검증해야 하는 가설인 셈이다.

뛰어난 전략을 수립하는 것은 뛰어난 가설을 설정하는 것과 동일한 논리적 구조를 가진다. 가설과 전략 모두 현재의 문제점을 정확하게 파악하는 것에서 시작한다. 그리고 문제를 세분화하여 이론으로 전환하는 과정을 거친다. 이론적인 콘셉트를 만드는 과정으로 볼 수 있다. 가설은 대개 이론과 경험에서 나오는 추론에 의존하지만, 뛰어난 가설은 이를 뛰어넘는 창의성을 요구한다. 뛰어난 전략도 마찬가지로 창의성이 있어야 한다.

가설을 설정하는 것은 전략을 수립하는 것과 같다. 가설을 설정해야만 무의미한 연구에 시간과 에너지를 낭비하지 않는다. 전략을 수립해야만 집중할 방향이 결정되어 자원과 시간을 낭비하지 않게 된다. 가설을 설정하고 나면, 이를 검증하여 문제를 해결하는 과정은 전략실행을 통해 성과를 창출하는 과정이다. 가설은 검증 과정에서 언제나 수정할 수 있어야 한다. 전략 역시 실행의 조율과정에서 적합하지 않으면 수정할 수 있어야 한다.

전략을 가설로 보는 이유는 전략도 검증이 필요하다는 것을 의미한다. 무조건 참으로 증명되는 가설이 없듯이, 성공이 보장되는 전략도 존재할 수 없다. 결국, 가설 검증을 통해 입증하듯이, 전략실행을 통해 성과를 검증해야 한다.

이는 전략이 다양한 문제에 대해 사전에 구조화할 수 없어 실행 과정의 경험에 의존할 수밖에 없기 때문이다. 아무리 오랜 시간을 분석하더라도 전략적 정렬만으로는 복잡한 문제를 완벽하게 사전 조율하는 것은 불가능하며, 논리적으로도 명확하게 구분되지 않을 수 있다. 대개는 경험을 해봐야 문제의 본질이 명확해질 수 있다. 또한, 전략적 정렬을 통한 단순한 선택만으로 전략적 성과를 위한 힘을 창출할 수 없으며, 실행 과정에서 상호 기능의 유기적인 결합이 필요하다. 결국, 전략적 성과 창출을 위한 많은 부분은 전략실행을 해봐야 알 수 있다.

[그림2-6] 전략과 가설

전략계획 · 전략실행

문제 인식 → 문제 세분화 → 이론의 전환 → 가설 설정 → 가설 검증 → 문제 해결

* 출처: 한상설, 마케팅 마인드.툴.스킬, 2004, 수정 인용

전략적 직관이 필요한 의사결정 과정이다

MBA에서 제공하는 사례 수업에서는 충분한 자료에 근거하여 외부 환경을 분석하고 역량을 평가하며 최적의 전략을 생각해 낼 수 있다. 부족한 정보도 없고 논리적인 흐름도 자연스럽다. 하지만 교실을 떠나 기업 현장으로 돌아가면 확실한 정보를 신속하게 획득하여 의사 결정 하기란 쉽지 않다. 대부분 현실의 전략실행은 제한적인 상황에서 의사 결정이 이루어지고 있다. 주요한 원인을 살펴보면 다음과 같다.

먼저, 정보 자체의 불완전성 때문이다. 전략실행을 위해서는 온갖 종류의 정보 투입에 의존한다. 그중 많은 정보는 수량화할 수 없으며, 원하는 시점에 제공되지도 않는다. 우연한 사건들과 마주치면서 간헐적으로 일어나는 학습과 발견, 예기치 않은 패턴을 인지하는 것은 경험을 통해 인식해야 하는 것이다. 결국, MBA 교실과는 다르게 불완전 정보를 가진 제한적인 환경에서 전략을 수립하고 실행할 수밖에 없다.

다음으로, 인간의 정보처리 능력의 한계에 의해 발생한다. 허버트 사이먼Herbert Simon 1916~2001은 '제한적 합리성bounded rationality'이라는 개념을 통해 이를 명확히 언급하였다. 그는 인간은 합리적이려고 노력하지만, 복잡한 세상에서는 더욱 제한적일 수밖에 없다고 보았다. 따라서 의사결정을 하는 데 가장 큰 장애는 정보 부족이 아니라 정보를 처리할 수 있는 능력의 한계인 셈이다. 이러한 제한적 합리성으로 인해 정신적 능력을 경제적으로 사용하기 위해 '휴리스틱스heuristics'라는 것을 발달시킨다. 이것은 어림짐작, 상식, 전문가의 판단 등 여러 가지 형태로 나타난다.

이와는 달리 컬럼비아 대학의 윌리엄 더건William Duggan은 불확실하고 제한된 상황에서의 의사결정으로 직관의 역할을 강조하였다. 그는 직관의 유형을 평범한 직관, 전문가 직관 그리고 전략적 직관으로 구분하였다[17]. 그리고 뛰어난 아이디어가 담긴 전략을 수립하고 실행하기 위해 전략적 직관strategic intuition이 중요함을 강조하였다.

전략적 직관은 섬광 같은 통찰력을 통해 기존의 요소들을 조합하는 것이 본질이다. 섬광 같은 통찰력은 추구할 목표와 그것에 도달하기 위한 행동방침을 알려준다. 결국, 전략적 직관은 제한된 상황에서 의사결정을 마무리하지 못하고 있을 때, 무엇인가를 결정하게 만드는 역할을 한다.

전략적 직관 등 제한된 상황에서 의사결정을 도와주는 도구들을 보면, 패턴을 인식하는 능력이 자리 잡고 있어 많은 대안 중에서 유력한 몇 가지 가능성만을 고려하게 한다. 일부의 가능성에만 집중하는 것은 최상이 아닐 수는 있지만, 복잡하고 불확실한 세상을 헤쳐 나아갈

---

17 평범한 직관은 우리가 흔히 말하는 '육감'과 같은 것으로 일종의 감정이며 생각은 아니다. 전문가 직관은 익숙한 것을 인식할 때 순간적으로 패턴을 찾아 문제를 빨리 해결하는 것을 말한다. 이에 비해 전략적 직관은 좋은 아이디어가 필요한 새로운 상황에서 작동한다.

수 있게 해 준다. 사실 미래가 펼쳐지기 전까지는 아무도 정답을 알지 못한다. 펼쳐진 후에도 다른 선택이 더 나았을 것인지는 분간할 수 없다. 하지만 이러한 상황 속에서도 전략적 직관을 통해 결정적인 측면에 행동과 자원을 집중해야 한다. 그래야만 문제를 해결하고 성과 창출이 가능하다.

로마의 전략실행력은 로마 가도에서 나왔다

기원전 3세기는 우연히도 지구의 동쪽과 서쪽에서 대규모 토목사업이 시작된 시대이다. 동쪽은 만리장성, 서쪽에서는 로마 가도. 중국의 역대 왕조들은 북방민족의 침입을 막기 위해 만리장성의 축조에 힘을 쏟았지만, 노력과 비용에 비해 오랫동안 번영하지 못했다. 이에 비해 가도를 건설한 로마는 수 세기 동안 제국을 유지하였다.

『로마인 이야기』를 저술한 시오노 나나미塩野七生는 이는 로마 가도에 담긴 개방적인 정신이 중요한 역할을 했을 것이라고 했다. 방벽은 사람의 왕래를 차단하지만, 가도는 사람의 왕래를 촉진하기 때문이다. 하지만 우리는 로마 가도는 전략실행력을 높이는 데 많은 영향을 미쳤으며, 덕분에 수많은 위험과 실패를 극복할 수 있었다고 달리 바라본다. 로마 가도는 단지 평탄한 포장도로가 아니라 그 자체가 '전략실행을 위한 시스템'이며, 이것이 오랜 기간 제국을 유지하는 데 충분한 기반이 되었기 때문이다.

어떻게 로마 가도는 로마인의 전략실행력에 영향을 미쳤을까?

첫째, 로마 가도는 네트워크 효과를 통해 전략실행력을 높였다. 로마인은 몸 구석까지 피를 보내야만 살아가는 인간의 혈맥처럼 로마 가도를 네트워크화하였고, 그 관리를 게을리하지 않았다. 이렇게 네트워크화된 가도는 실행력을 발휘하는 데 많은 장점을 갖고 있다.

로마는 보통 제패한 지역에 군대를 상주시키지 않았기 때문에 신속하고 빠르게 군대를 이동시킬 필요성이 높았다. 그리고 로마의 지휘관들은 전통적으로 압도적인 병력을 집중 투입해 이른 시일 내에 전쟁을 종결짓는 방식을 주로 활용하였는데, 네트워크화된 가도는 병력집중을 용이하게 만들었다. 그래서 로마 가도는 가능한 평탄한 직선으로 건설되었다.

결국, 로마는 광대한 제국을 정치적·군사적으로 다스리기 위해 로마 가도를 네트워크화한 것이다. 요즘 글로벌 기업은 세계 시장을 효과적으로 관리하기 위해 공급망 관리에 힘을 기울이는데, 로마는 오래전에 가도를 통해 이를 실현했던 것이다.

둘째, 로마인은 가도를 만드는 데 그친 것이 아니라 철저하게 시스템화하였다. 로마인은 기존의 도로를 최대한 직선화하고 도로 폭을 넓히고, 교량을 놓고 배수를 좋게 하고 평탄해지도록 포장했다. 거기에 차도와 인도를 명확하게 구분하여 건설하였다. 그리고 도로망의 확대와 함께 정보 수집과 명령 전달을 목적으로 국영 우편제도도 시스템화하였다. 더불어 시스템의 기능 유지를 위해 철저하게 유지 보수를 수행하였다. 이러한 로마 가도의 시스템화는 당연히 전략실행력 향상에 많은 기여를 하였다.

로마 가도에 담긴 전략적 사고의 핵심은 '전략실행력을 위해 조건을 중시한다'는 것이다. 로마군은 병참으로 이긴다는 말이 있다. 로마군은 정신력이나 사기 같은 불확실한 요소보다는 병력의 규모, 무기, 군량 같은 확실한 요소를 정비한 후 전쟁을 시작하는 것을 중요

시하였다. 물리적 여건을 빠르게 갖추기 위해서는 무엇보다 로마 가

도가 필요했던 것이다.

좋은 전략이 반드시 실행을 답보하지 않는다. 좋은 계획과 기회도

중요하지만, 우선적으로 실행할 수 있는 역량이나 기반이 존재해야

한다. 손자병법에서 세를 형성하기 위해 객관적인 조건들을 충분히

계산하고, 최근 핵심역량을 강조하는 배경에는 조건을 중요시하는 사

고가 담겨 있다. '하면 된다'는 신념으로 정신력만 강조하는 리더는 전

략적 사고가 부족한 것이다. 2차대전의 일본군은 물리적인 조건을 무

시한 채 정신력만을 강조하고 무모한 남발을 감행하다 결국 패망하고

야 말았다.

[그림2-7] 로마 가도

* 출처: Wikipedia 인용

나폴레옹의 전략적 직관

툴롱 포위전은 나폴레옹이 군인으로서 특출한 재능을 보여주며, 권력과 명성을 얻기 위한 첫 번째 발판이 된 전투였다. 당시 그는 스물네 살이었다. 몇 가지 행운이 그를 돕기도 했지만, 무엇보다 결정적인 요소는 뛰어난 '전략적 직관'이었다.

1793년 중요 거점인 툴롱항Toulon을 둘러싸고 영국군과 프랑스 혁명군이 대치했다. 툴롱은 프랑스 해군에게 가장 중요한 남부해안의 항구였지만, 영국군이 침공해 이 항구를 차지해 버렸다. 프랑스 혁명군은 도시를 에워싸고 반격하고 있었다. 양쪽 모두 한발도 물러서지 않았고, 희생자만 계속 늘어나는 상황이었다.

그런데 이때 나폴레옹의 전략적 직관이 프랑스군을 승리로 이끌었다. 그것은 툴롱 요새를 습격하는 것이 아니라, 작은 언덕에 위치한 레기에트라는 작은 요새를 공격한다는 작전이었다. 처음 작전은 지원이 미비하여 실패했다. 하지만 지휘관이 바뀐 후 결국 프랑스군은 그 요새를 함락했고, 그곳에서 항구를 향해 대포를 발사해 영국 함대를 격침하고 항구를 차지했다. 원래 목표지점은 툴롱항이었지만, 중요하면서도 적의 수비가 약한 '결정타가 되는 장소'는 레기에트 요새였던 것이다. 나폴레옹은 그 사실을 꿰뚫어 봤기 때문에 승리할 수 있었던 것이다.

툴롱항을 목표지점으로 많은 사상자를 내고 있었던 것으로 추측해 보면, 초기 양군이 선택한 전략은 일치했던 것으로 보인다. 초기 전략 대로 실행하는 것을 양쪽 모두 고수했다면 전쟁은 장기전으로 돌입 했을지도 모른다. 하지만 프랑스군에는 나폴레옹이 있었다. 초기 목 표에 집착하지 않고 실행 가능하고 결정적인 목표로 전환하였기에, 우회적인 방법으로 성공할 수 있었던 것이다.

이미 역사적 사례로 정리된 내용으로 나폴레옹의 혜안이 매우 당 연하게 느껴질 수도 있다. 하지만 당시 현장으로 돌아가 보면, 완벽한 정보가 주어진 상황도 아니었고, 설사 주어졌다고 하더라도 그와 같 은 결론을 내리기는 쉽지 않다.

전략적 직관으로 유명한 윌리엄 더건William Duggan에 의하면 나폴 레옹은 등고선 지도와 경량포에 관한 전문적인 지식과 전투사 연구 를 통한 과거 전투의 정보, 그리고 과감한 결단의 결합을 통해 예리 한 전략적 직관을 얻을 수 있었다. 이렇게 보면 전략적 직관은 단지 주어진 데이터를 열심히 분석해서 얻을 수 있는 것은 아니다. 그것은 다양한 경험과 유연한 사고가 새로운 방식으로 결합하여 생성된다.

[그림2-8] 툴롱 포위전

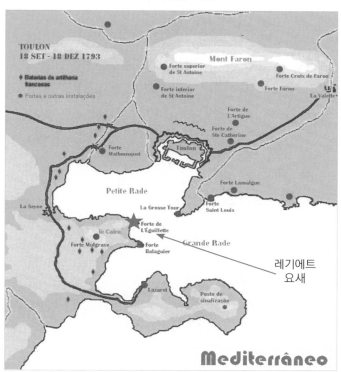

* 출처: Wikipedia 수정 인용

2
PART

전략과 실행의 간극을 줄여라

03

전략과 실행의
간극 줄이기
노력들

66

애매함은 삶의 법칙이지 예외가 아니다.

우리의 감각적 경험과 개개인의 지극히 사적인 판단들도 프레임의 영향력 아래 놓여 있다. 애매함으로 가득 찬 세상에 질서를 부여하는 것이 바로 프레임이다.

– 최인철 서울대 심리학과 교수

03
■전략과 실행의
간극 줄이기 노력들

      ✎ 경영 현장에는 전략과 실행의 연계를 통해 간극을 줄이려는 다양한 노력이 존재해왔다. 이를 크게 분류하자면 전략 관점에서 전개한 'Top down' 접근법과 운영 관점에서 전개한 'Bottom up' 접근법으로 볼 수 있다.

  전략은 조직의 방향성과 목표를 제공하고 구성원의 노력을 집중시킨다. 좋은 전략을 수립하면 저절로 성과로 이어질 것 같지만, 전략대로 실행하는 것은 생각만큼 쉽지 않다. 때문에 전략에 맞게 효율적으로 실행하는 방안에 대한 고민이 많았다. 이는 전략의 목적에 맞게 다양한 기능들을 정렬하고 통제하는 Top down 접근법으로 수렴되었다.

  다른 한편, 전략기획 부서가 아닌 기능별로 실무자들에 의해 업무가 수행되는 운영operations 측면에서는 다른 관점의 노력이 존재해왔다. 일상적이고 반복되는 업무 속에서 열심히 개선 활동에 노력했음에도 불구하고, 미흡한 성과에 대한 고민이 많았다. 이것은 전사 방향성과 맞추어 실행이 의미가 있는지를 지속적으로 점검하는, 즉 전략과 연계를 통해 미흡한 성과를 해소하려는 Bottom up 접근법을 만들었다. 이런 노력은 운영전략으로 체계화되었다.

[그림3-1] 전략과 실행의 간극을 줄이기 위한 접근법

3.1 전략 관점의 노력

전략을 수립하는 데 많은 자원과 시간을 투입했음에도 불구하고, 전략대로 실행되지 않는 것에 대한 고민이 많았다. 이러한 고민이 반복되면서 전략에 대한 불신과 회의론까지 이어졌다. 그래서 전략의 기획 단계에서 효율적인 실행을 위한 방안을 찾으려는 노력을 지속적으로 전개해 왔다. 이는 전략의 목적에 맞는 효과적인 시스템을 설계하여 실행에 필요한 조건들을 사전에 정렬하려는 노력과 목표관리를 통해 계획대로 통제하려는 노력으로 나누어 볼 수 있다.

가치창출 시스템 구상을 통해 실행을 연계하다

전략은 차별적 경쟁우위를 만들기 위해 궁극적으로 가치를 창출해야 한다. 그래서 전략이 어떻게 가치를 효과적으로 창출할 수 있는지에 대한 많은 이론이 존재한다. 이는 마이클 포터Michael Porter의 '가치사슬value chain'에서 시작하여 최근 '가치창출 시스템'으로 전개되었다. 이러한 흐름을 묶어 랄프 쇼이스Ralph Sheuss는 '가치전략'으로 언급하고 있다.

가치전략의 시작은 마이클 포터의 가치사슬이다. 가치사슬은 맥킨지컨설팅사가 개발한 비즈니스 시스템을 정교한 분석틀로 발전시킨 것이다. 가치사슬은 전략적 경쟁우위를 달성하기 위해 전략적으로 중요한 기업의 행위를 체계적으로 파악할 수 있는 유용한 수단이다. 즉, 기업의 전반적인 가치창출 활동을 주활동 부문primary activities과 지원활동 부문support activities으로 나누고 각각의 부문에서 비용이 얼마나 들고 고객들에게 얼마나 가치를 창출할 수 있는지 정교하게 분석할 수 있다.

이것은 경쟁사와 비교 분석을 통해 자사의 경쟁우위를 확인하는 분석으로 그치는 것이 아니라, 경쟁우위를 달성하기 위해 집중해야 하는 영역을 알려준다. 이에 따른 전략 방향성에 맞게 기능별 강약을 조절하게 되므로, 실행에 도움을 줄 수 있다. 하지만 가치사슬은 다소 포괄적인 방향성을 제시하므로 효과적인 실행을 위해서는 좀 더 세부적인 지침이 필요하다.

[그림3-2] 마이클 포터의 가치사슬

* 출처: Michael Porter, Competitive Advantage, 1985

마이클 포터의 가치사슬은 구매에서 시작해서 생산을 거쳐 판매로 이어지는 공급망을 기반으로 하는 직선적인 모델이다. 이에 비해 가치 창출 시스템은 고객의 요구에서 시작된 목적을 중심으로 순환구조로 정렬을 이루고 있다.

이는 전략의 목적을 효과적으로 실행에 옮기기 위해서는 기업 내부의 세부 기능과 활동까지 연계된 체계(또는 시스템)가 필요함을 의미한다. 즉, 가치사슬 하나의 기능만으로는 가치창출이 불가능하며, 여러 가지 기능들이 목적에 맞게 상호 작용해야만 가치를 창출할 수 있다고 보는 것이다. 이는 시스템 관점을 의미한다. 아무리 핵심역량이라 하더라도 독자 기능만으로 성과 창출이 힘들고, 상대적으로 중요성이 낮은 기능들도 목적에 맞는 정렬이 필요한 것이다.

신시아 몽고메리Cynthia A. Montgomery는 가치창출 시스템이 기업의 목적을 어떻게 뒷받침하는지 시각적으로 표현하고 기록하기 위해 '전략 바퀴'를 활용하였다. 그것은 기업의 목적을 중심으로 가장자리 부분에는 목적을 이룰 수 있도록 도와주는 활동과 자원을 나열한다.

그림3-3을 보면 제품과 표적시장, 조달, 제조, 판매와 유통, 마케팅
과 서비스, 인사, 재무, 정보 시스템, 연구개발 등 9개 요소를 바퀴 모
양으로 정렬하여 보여주고 있다. 하지만 이는 예시적일 뿐이며, 기업들
은 각자의 목적을 갖고 다양한 활동을 전개하므로 전략 바퀴로 보여지
는 가치창출 시스템은 기업마다 다를 수밖에 없다.

[그림3-3] 가치창출 시스템

* 출처: Cynthia A. Montgomery, The Strategist, 2012

이러한 가치창출 시스템은 구축되고 나면 누구나 쉽게 그 장점을 알
수 있다. 하지만 시스템을 구축하는 과정이 항상 수월하거나 아름답지
는 않다. 왜냐면 대담한 선택으로 인해 끊임없는 조직의 저항과 예상하

지 못한 다양한 이슈에 직면하기 때문이다. 이러한 시스템을 갖추기만 한다면 기업의 가장 중요한 자원이 될 것이며, 경쟁우위를 가지는 데 중요한 역할을 한다. 이것은 독특하게 만들어졌고 희소성도 있으며, 그 복잡성과 시간이 흐르면서 발전하는 방식 때문에 모방하기 쉽지 않다.

Top-down 접근법은 사업전략을 기능전략으로 하향 전개하며, 생산, 마케팅 등 운영을 위한 제반 기능들을 전략에 맞게 상호 연계되어 작용하도록 정렬한다. 이를 '전략적 정렬strategic alignment'이라 한다. 이는 전략 방향에 맞추어 각 기능을 정렬하므로 실행을 용이하게 한다. 이는 일종의 전략과 실행을 연계하는 매개체 역할을 수행한다.

참고로 2000년대 초반 국내에서 선풍적인 인기를 끌었던 '블루오션 전략[01]'은 전략의 방향이 기업 간의 경쟁보다 고객에 대한 가치혁신이 중요함을 강조한다. 즉, 경쟁자를 추월하거나 파멸시키는 것이 아니라 다른 제품에 비해 더 높은 가치를 고객에게 제공하는 것이 주요 관심 사항이다. 이는 비즈니스 모델의 핵심인 '가치제안'에 집중하는 것이다. 블루오션 전략은 좋은 전략을 수립하기 위해 가치에 초점을 두는 것이지, 전략과 실행을 연계하는 관점은 아니다.

목표관리를 통해 실행을 통제하다

전략이 의지와 문서에 머물지 않고 일상 업무로 쉽게 스며들게 하기

---

[01] 블루오션 전략Blue Ocean Strategy에 대해 좀 더 이해를 원한다면 부록의 용어 해설을 참조하기
      바란다.

위해서는, 전략이 지향하는 목표를 개인의 행동목표와 연결해야 한다. 이는 궁극적으로 전략적 목표를 실현시키는 것은 조직 내 사람이므로, 사람이 실행하도록 동기부여하고 관리하는 것이 중요하다는 사고에서 비롯되었다. 따라서 조직구성원의 개별 목표의 실현이 기업 전략의 실현으로 이어지도록 목표를 적절하게 설정하는 것은 매우 중요하다. 여기서 목표는 구체적으로 측정 가능하고 검증할 수 있도록 설정되어야 한다.

최근 목표관리에서는 KPI[02]라는 용어가 널리 쓰이고 있다. 이것의 기원은 피터 드러커Peter Ferdinand Drucker의 목표관리 시스템MBO[03]에 기반을 두고 있다. 그는 저서 『경영의 실제』에서 기업의 계획방식을 개선하기 위해 이를 제안하였다. 이것은 모든 조직구성원의 참여과정을 통해 조직단위와 구성원들의 단기적 목표를 명확하게 설정한 후, 재량권을 가지고 목표활동을 수행하며, 업무결과를 평가하고 피드백하여 조직 운영의 효율성을 높이는 방식이다. 이러한 목표관리 방식은 명확한 목표설정과 책임한계의 규정, 조직 참여자의 동기유발 등의 장점을 갖고 있다.

재무적 관점에만 의존하는 성과측정 방식의 대안으로 로버트 캐플란Robert S. Kaplan과 데이비드 노턴David P. Norton은 공동 연구를 통해 균형성과지표Balanced Scored Card를 제안하였다. 이후 다양한 연구를 통해 전략실행을 관리하는 시스템으로 발전되었다. 이는 재무제표뿐 아니라 고객, 프로세스, 학습 및 자원과 같은 비재무적 측면도 균형적으로

---

02 key performance indicators의 약자에 해당한다.
03 management by objectives의 약자에 해당한다.

고려하므로 기업의 실행 과정에서 발생하는 사건을 전체적으로 바라볼 수 있다. 그렇다고 목표관리의 본질을 벗어난 것은 아니다. 즉, 경영자는 균형성과지표를 통해 전략 목표를 명확히 하고, 실행을 위한 핵심적인 지침을 조직원에게 전달하며, 이를 관리함으로써 전략실행 여부를 통제하는 것이다. 이를 통해 전략과 실행의 간극을 줄이는 셈이다.

목표관리를 통해 실행을 통제하는 노력은 성과지표 점검을 통해 문제점을 개선해야 하지만, 관리에 치중할 경우 형식적인 통제로 변질되기 쉽다. 대개 목표를 관리하는 전략부서에서는 현장을 세세하게 알지 못하며, 지루한 개선 활동보다는 상대적으로 지표관리를 통한 통제가 편리하기 때문이다.

정렬만으로는 부족하다

'전략적 정렬'은 실행을 위해 전략의 초점을 유지하는 것이다. 전략실행의 주체인 사람은 의도와 달리 목적을 각자 다르게 인식할 수 있고, 각자의 이익을 위해 다르게 행동할 수 있다. 따라서 전략실행에 앞서 조직의 기능 및 활동들이 의도하는 대로 정렬이 되어 있는지 확인할 필요가 있다. 전략적 정렬을 통해 명확한 추진 방침을 확인하면 아무래도 실행을 착수하기 용이하다. 목표관리는 성과지표를 통해 전략과 하위 수준의 목표가 적절하게 정렬이 되도록 설정하고 관리하는 것이 중요하다. 결국, 모두 '정렬'을 통해 전략과 실행의 연계를 도모하는 셈이다.

전략적 정렬을 통한 체계적인 추진 방침은 실행을 위한 필요조건이긴 하지만 그 자체만으로는 부족해 보인다. 월마트나 아마존과 같이 이미 널리 알려진 기업의 가치창출 시스템을 전략 바퀴 형태로 작성하는 것은 어렵지 않다. 이미 많은 경영 서적에서 이들 기업의 전략을 가치사슬 형태로 상세하게 보여주고 있기 때문이다. 하지만 경쟁사가 단순히 모방한다고 해서 제대로 실행되지는 않는다. 현실적으로 자원의 한계로 동일하게 모방하기에도 어려움이 있지만, 자원의 한계가 없더라도 제대로 실행하기는 쉽지 않다. 왜 그런 것일까? 경쟁우위 기업들에는 지속적인 실행을 통해 이미 가치사슬 간에 상호 연계된 무엇인가 존재하기 때문이다. 이는 단지 시스템을 정렬하는 것 이상의 요소가 필요함을 의미한다.

대부분 기업은 전략적 정렬을 통한 추진 방침을 정하는 단계에서 멈춘다. 추진 방침을 전략으로 오해하기 때문이다. 그러나 전략은 반드시 행동을 수반해야 한다. 전략적 성과를 위해서는 연관성 없는 개별적인 행동의 정렬이 아니라 문제를 해결하기 위해 행동을 조율해야 한다. 이는 일시적이 아니라 기획에 따른 체계적인 조율이어야만 한다.

많은 경영자가 전략을 실행할 때 전략계획이나 프로세스를 개선하는 데 집중하기보다는 KPI를 도입해 지휘 체계의 정렬을 강화하는 데 주력하고 있다. 유용한 조치임에 분명하지만, 여기에만 의존할 경우 변화무쌍한 시장에 대응하기 위한 협력과 민첩한 행동을 간과하게 된다. 최악의 경우 기업들은 '정렬의 덫'이라 부르는 악순환에 휘말리게 된다. 실행이 지연되면 관리자들은 나사를 더 강하게 조이는 식으로 조직의 정렬을 강화하여 대응한다. 예를 들면, 더 많은 성과지표를 확인하거나 회의를 더 자주 열어 진척 상황을 점검하고 무엇을 해야 할지 직접 지시한다. 이런 식으로 철저하게 감독에 나설 경우 대개는 작은 일까지 세세하게 챙기는 미시 경영으로 변질된다. 그러면 결과는 어떻게 될까? 변화에 빠르게 대응하는 데 필요한 과감한 실험이나 협력을 도모하는 동료들끼리 교류도 제한된다. 유연하고 역동적이어야 할 전략실행이 오히려 경직되어 버린다. 결국, 기업들은 정렬을 강화하면 할수록 더 나쁜 결과를 가져오는 침체의 소용돌이에 빠져 버린다.

우리는 KPI 자체가 한계가 있다는 사실을 인지해야 한다. 현실적으로 전략에 맞게 완벽한 KPI를 설정하기는 쉽지 않다. 이 때문에 경영 현장에서는 대개 측정이 가능한 정량적 지표 위주로 설정한다. 더욱이 많은 KPI 목표를 설정하고 관리하는 것은 근본적인 것에 대한 시각을 흐릴 수 있다. 많은 KPI를 관리한다고 해서 전략이 적절하게 실행되고 있는지 쉽게 파악할 수 있는 것은 아니다. 따라서 실행의 적절성에 대한 의문을 해소하기 위해서는 다른 요소들도 함께 고려해야 한다.

결론적으로, KPI는 본질적으로 결과를 측정하는 것으로, 문제 해결을 위한 시작일 뿐이다. 그 자체로 문제 해결을 의미하지 않는다.

3.2 운영 관점의 노력

실행과 밀접한 운영 분야에서는 현장에서 당면하는 단기적 문제에 빠르게 대응하며, 한편으로 TQM, 6시그마, 리엔지니어링 기법 등을 활용하여 비용 절감, 품질 향상, 프로세스 리드 타임 감축 등 운영 효율성을 높이는 성과를 창출하고 있다.

하지만 전략과 연계 없는 운영적 개선 활동은 많은 노력에도 불구하고 지속적인 성과를 창출하지 못한다. 노력 대비 성과가 적은, 즉 의미 없는 개선 활동을 피하기 위해 전략과 연계하려는 노력을 전개해 왔다. 앞서 이를 Bottom up 접근법이라 했다. 이것은 구체적으로 운영관리의 역할을 확대하거나, 운영전략을 통해 고객가치와 연계하려는 노력으로 전개되었다.

운영관리의 의미 확장

운영관리operation management는 고객의 요구에 부합하는 최적의 제품이나 서비스를 적정한 비용으로 신속하게 개발하여 생산·공급할 수 있도록 관련된 활동을 계획, 조정, 통제하는 과정을 의미한다. 정의에서 볼 수 있듯이 초기 의미는 생산 중심이었으나, 점차 생산과 연관성이 높은 구매·물류 등으로 확대되었고, 최근에는 마케팅, 재무, 인사 등 비운영 분야까지 의미가 확장되었다(그림3-4).

『실행에 집중하라』를 저술한 래리 보시디Larry Bossidy는 효과적인 실행을 위해서는 전략, 인력, 운영 프로세스를 갖추어야 한다고 주장하였다. 여기서 운영 프로세스는 전략과 인사를 제외한 재무계획, 마케팅, 영업 등 비운영 분야까지 포괄하는 의미로 사용되고 있다. 때로는 전략을 실행할 때 '전략 운영strategy operations'이라는 표현을 사용하기도 한다. 이 경우의 운영은 사실상 실행과 동일한 의미로 사용되고 있다. 이렇듯 운영은 전략만큼 다양한 의미로 활용되고 있어, 때로는 단어 자체보다는 문맥을 통해 사용되는 의미를 이해할 필요가 있다.

이 책에서는 효과적인 실행을 위해 조직문화, 리더십 등 무형적인 요소들도 고려하므로, 실행은 운영보다 포괄적인 의미로 사용하고 있다. 어쨌든, 의미의 확장 여부와 상관없이 운영은 성과를 창출하기 위해 직접적인 활동을 수행하는 실행의 최전선이다.

[그림3-4] 운영관리[04]의 의미 확장

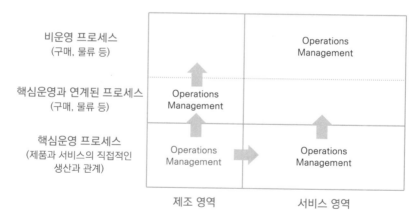

* 출처: Nigel Slack & Stuart chambers, Operations and Process Management, 2009

---

04 니겔 슬랙Nigel Slack은 비운영 프로세스까지 역할을 확장한 것을 '운영과 프로세스 관리 Operations And Process Management'라고 다르게 정의하였다.

왜 운영관리는 의미를 확장해 왔을까? 운영의 경영에 대한 공헌 발전단계를 살펴봄으로써 의미 확장에 대한 동기를 이해할 수 있다. 헤이즈Hayes와 휠라이트Wheelwright는 운영의 경영에 대한 공헌operation contribution 과정을 4단계 모델로 다음과 같이 정리하였다(그림3-5).

- **1단계:** 내부중심 단계이다. 운영의 업무들은 내부지향적이고, 기껏해야 반응적이다. 이 단계의 목표는 일상적으로 발생하는 문제를 신속히 해결하여 내부 효율성을 향상시키는 데 있다.
- **2단계:** 외부지향 단계이다. 시장에서 선도적인 단계가 아닌, 경쟁사와 비교하여 선진 사례를 적절하게 활용하는 단계이다. 다양한 경영기법을 통해 경쟁사를 따라 잡으려는 개선 활동이 중심이다.
- **3단계:** 내부지원 단계이다. 경쟁사보다 운영의 모든 면에서 우수한 성과를 달성한다고 볼 수는 없지만, 전반적으로 최고 수준이다. 시장에서 선도적인 기업의 경쟁력 또는 전략적 목표에 대한 명확한 관점을 갖고, 적절한 운영 자원을 개발할 수 있는 단계이다.
- **4단계:** 외부지원 단계로, 미래 시장 상황을 예측하고, 그러한 상황에서 경쟁하기 위해 필요한 운영 기반의 역량을 개발한다. 이 단계의 운영은 창의적이고 주도적이다. 흔히 말하는 '실행력'이 경쟁우위로 작용하는 단계이다.

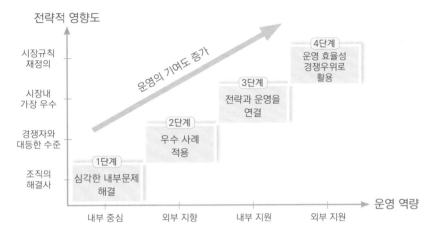

[그림 3-5] 운영의 공헌 모델

전략적 영향도

시장규칙
재정의

운영의 기여도 증가

시장내
가장 우수

4단계
운영 효율성
경쟁우위로
활용

3단계
전략과 운영을
연결

경쟁자와
대등한 수준

2단계
우수 사례
적용

조직의
해결사

1단계
심각한 내부문제
해결

운영 역량

내부 중심   외부 지향   내부 지원   외부 지원

* 출처: Nigel Slack & Stuart chambers, Operations and Process Management, 2009

순전히 운영에 속하는 기능만을 개선하여 지속적으로 성과를 창출하는 것은 한계에 봉착할 수밖에 없다. 가치창출에는 '시스템 효과'가 필요하기 때문이다. 즉, 임계점을 돌파하기 위해서는 운영만이 아니라 연관된 다양한 기능 간의 상호작용을 통한 시너지 효과가 필요하다. 그렇기 때문에 경영에 대한 기여도를 높이기 위해서는 운영은 연관된 다른 기능영역을 포함하는 역할로 의미를 확장할 수밖에 없다. 그래서 생산에서 SCM으로 그리고 마케팅, 재무 등 비운영적 기능을 포함하면서 의미를 확장해 간 것이다.

하지만 외형적으로 기능을 확장해가는 것만으로는 다시 한계에 직면하게 된다. 급변하는 시장변화에 대응하기 위해서는 전략과 연계한 운영이 중요해졌기 때문이다. 전략과 운영이 연계되어 효율적으로 실행이 되면, 흔히 말하는 '실행력'이라는 핵심역량이 만들어진다. 이 단계에 이르면 운영은 전략에 많은 도움을 줄 수 있다. 이렇게 보면 기업에서 운영의 기여도가 증가하는 것은 기업의 전략실행력이 증가함을 뜻한다.

여전히 대부분 경영 현장에서 이루어지는 운영 개선 활동은 비용 절감을 위한 효율성 향상에 머무르고 있다. 그래서 일반적으로 소비자 서비스 수준을 높이는 것보다 눈에 보이는 재고비용을 줄이는 데 관심이 많다. 또한, 경영 환경의 변화와 불확실성으로 기업의 전략 방향은 자주 변경되고 있지만, 실제 운영 부서의 KPI는 전략에 맞게 변경되지 않는 경우가 많다. 대개 운영 목표가 대부분 연간 목표로 정해져 있을 뿐, 전략의 변화에 맞추어 탄력적으로 조정되지 않는 것이다.

운영 효율성을 높이는 것은 그 자체로 좋은 것이라 생각할 수 있지만, 전략 방향과 부합하지 않을 경우 오히려 전략적 성과 창출에 방해가 될 수도 있다. 그렇다 보니 각자 담당하는 영역에서 열심히 개선 활동했음에도 불구하고 오히려 전략적 성과가 빈곤한 현실이 반복되고 있다. 물론 운영을 개선하는 것은 쉬운 일이 아니며 때론 시간이 오래 걸릴 수 있다. 하지만 열심히 노력했음에도 의미 있는 성과가 지속적으로 나오지 않는다면, 전략과 운영의 연계가 적절한지 의심해 봐야 한다.

가치와 연계한 운영전략 수립

운영전략은 시장의 요구와 운영 자원 간에 전략적 조화를 추구한다. 이를 위해 먼저 시장의 요구에 효과적으로 대응하기 위한 운영성과를 정의한다. 품질quality, 속도speed, 유연성flexibility, 가용성dependability, 비용cost 등 운영을 통해 달성해야 할 주요한 성과에 해당하며, 이를 '운영가치'라고 말할 수 있다. 이렇게 추구해야 할 운영가치에 따라 생산능력capacity, 공급망 설계, 프로세스 기술 등 운영에 관한 전략적 의사결정이 이루어진다.

[그림3-6] 운영전략

* 출처: Nigel Slack & Michael Lewis, Operations Strategy, 2011, 수정 인용

대개 운영전략의 의사결정은 3단계를 통해 이루어진다. 첫 번째는 운영과 프로세스의 설계에 관한 것이다. 두 번째는 제품과 서비스를 전달하기 위한 계획과 통제에 관한 것이다. 마지막은 성과측정을 위한 운영성과 지표의 개발이다. 이러한 의사결정과정을 거쳐 시장에서 요구하는 운영가치는 운영전략을 통해 기업 프로세스 및 자원과 적절한 조화가 이루어진다. 이것은 운영전략 매트릭스operation strategy matrix[05]를 통해 명확한 관계를 확인할 수 있다. 즉, 기업이 시장에서 필요로 하는

---

05 좀 더 상세한 이해를 원한다면 부록 용어 해설을 참조하기 바란다.

운영가치 what를 의사결정 단계에서 어떻게how 구현할지에 대한 상세한 내용을 매트릭스를 활용하여 일목요연하게 보여준다.

시장에서 요구하는 운영가치를 정의하고 운영전략을 수립하는 것은 실행에 많은 도움을 줄 수 있다. 하지만 시장을 이해하는 것이 반드시 전략과 일치한다고는 볼 수 없다. 시장의 이해를 통해 필요로 하는 운영가치를 명확히 정의하더라도, 현실적으로 자원의 한계로 인해 모든 운영가치를 동시에 추구할 수는 없다. 또한, 상충관계가 있는 운영가치 간에는 조율이 요구된다.

운영 효율성 추구만으로 부족하다

운영전략은 시장의 요구에 대응하기 위한 전략적 조화를 추구하지만, 운영가치를 살펴보면 고객가치보다 내부 운영 효율성에 초점을 두고 있음을 알 수 있다. 운영 효율성은 기업이 추구해야 하는 핵심역량임에는 틀림이 없지만, 전략 자체는 아니다.

운영 효율성과 전략 모두 기업이 궁극적으로 탁월한 성과 달성을 위해 필수적인 요건이지만, 운영 효율성이 개별 활동이나 기능에 있어 우월성을 달성하는 것에 관한 것이라면, 전략은 다양한 활동들의 결합에 관한 것이다. 운영 효율성의 강화는 치열한 경쟁환경에서 살아남기 위해 중요한 요건이지만, 그렇다고 해서 그것이 창의적인 전략적 사고를 대체할 수 없다. 특히, 오늘날 급변하는 시장에서 비즈니스 모델을 자주 변경해야 하는 경우, 기존 모델의 효율성 강화에만 집중하면 전략적 성과를 달성하는 데 한계에 직면하게 된다.

더구나 대부분 경영 현장에서는 운영 효율성을 위해 요구되는 가치를 모두 추구하는 경향이 있다. 품질, 속도, 유연성, 가용성, 비용 등 운영가치를 보면 어느 하나 중요하지 않은 것이 없다. 그러다 보니 현장에서는 전략과 상관없이 모든 가치를 달성하기 위해 노력하게 된다. 운영가치는 그 자체로는 의미가 있을지 모르지만, 전략적 성과를 위해서는 반드시 전략에 맞게 조율되어야 한다.

현실적으로 운영전략을 통해 시장의 요구사항을 신속하게 반영하기는 쉽지 않다. 운영전략은 전략 수준으로 보면 기능전략의 단계에 속하는데, 이는 사업전략에서 결정된 방침을 하위 기능단위로 전개하는 과정에 해당한다. 하지만 운영전략을 기능전략 단계에서만 고려하는 것은 실행을 어렵게 만들 수 있다. 생산역량capacity, 공급망 설계 등의 의사결정 항목들은 결정되었다고 해서 바로 실행할 수 있는 것은 아니다. 역량 확보를 위해 오랜 시간이 소요되는 구조적인 의사결정 항목들이다. 따라서 이러한 의사결정 항목들은 사업전략을 결정하고 하위 전개하는 과정에서 많은 시간을 허비한 후에 논의하는 것은 실행 가능성을 떨어뜨릴 수밖에 없다.

결론적으로 신속한 전략실행을 위해서는 사업전략 단계에서 중요한 운영가치에 대한 정렬이 함께 이루어져야 한다. 이를 통해 운영에 관한 전략적 의사결정, 중요한 자원 배치 문제의 수준이나 타이밍 등이 한 발 앞서 이루어질 수 있다. 시스코Cisco는 기능 통합팀이 자원 배치와 타이밍에 대해서 계획 단계에서 검토한다. 검토한 결과를 정기적으로 경영진에 전달하여, 이슈 사항에 대해 논의하고 협의하게 만든다. 이렇게 사업부 수준에서 자원 배치와 시기가 완료되면 전략에 이를 반영하고 모니터링을 수행한다. 운영에 관한 전략적 의사결정을 한발 앞서 수행함으로써 전략계획의 질을 높일 수 있고 그것을 더욱 실행 가능하게 한다.

3.3 새로운 매개체에 요구되는 조건

앞서 전략과 실행의 간극을 줄이기 위해 이를 연계하려는 기존 노력으로 두 가지 관점을 살펴보았다. 두 가지 관점은 서로 다른 동기에 의해 각자의 목적과 방향에 맞게 전개되어 왔지만, 궁극적으로 전략과 실행의 간극을 줄이기 위한 매개체를 만드는 노력으로 볼 수 있다.

이제 언급한 기존 노력들을 매개체 관점으로 재해석하고자 한다. 이를 통해 기존 관점들이 갖는 한계를 이해하고, 새로운 매개체에 요구되는 조건을 살펴보고자 한다. 여기서 유의할 점은 새로운 매개체는 두 가지 관점과 완전히 별개로 존재하는 것은 아니라는 점이다. 단지 새로운 관점에 의하여 기존 관점들을 통합하고 보완하여 재정의될 뿐이다.

기존 노력을 '매개체 관점'으로 해석

Top-down 접근법은 사업전략이 기능전략으로 하위 전개하는 과정에서 정렬을 통해 전략과 실행의 간극을 줄이려는 사고이다. 즉, 사업 전략을 기능전략으로 하위 전개하는 과정을 통해 조직의 자원과 역량을 전략 방향 및 목표와 일치하도록 정렬한다. 이러한 과정을 앞서 '전략적 정렬'이라고 언급하였다. 이는 기능별로 세부 추진방침을 정하고 자원을 배부하여 효과적인 실행을 도모하는 것이다.

궁극적 목적은 단지 방향성 일치로 머무르지 않고, 각각의 기능들이 상호작용하여 '가치창출 시스템'으로 구현되어야 한다. 이는 전략을 통해 비즈니스 모델을 가치창출 시스템으로 실현해 가는 과정으로 볼 수 있다. 여기서 전략과 실행의 간극을 줄이기 위한 매개체로서 중요한 역할을 수행하는 것이 '전략적 정렬'과 '목표관리'이다.

한편 Bottom up 접근법에서는 운영이 전통적인 생산 중심의 의미에서 점점 연관된 기능을 포괄하는 광의의 의미로 확장해 왔다. 이렇게 확장된 운영에서는 다양한 기능을 관리하기 위한 운영 모델[06]이 존재해야 하며, 이를 효과적으로 실행하기 위해서는 운영전략이 요구된다.

니겔 슬랙Nigel Slack은 운영전략이 비즈니스 모델과 운영 모델의 연결고리로서 역할을 수행한다고 언급하였다(그림3-8 참조). 이는 사업전략 이후 수립하는 각각의 기능전략을 통합하여 운영하는 전략의 의미로서 운영전략을 바라본 것이다. 이것은 사실상 실행 영역의 전반적인 기능을 아우르며, 전략과 실행의 간극을 줄이기 위한 매개체로서 중요한 역할을 수행할 수 있다.

분명히 운영전략은 전략과 실행의 간극을 줄이는 데 충분한 도움이

---

06 운영 모델operating model은 마케팅, 운영, 재무, 기술을 전반적으로 관리하는 모델을 의미하므로 전통적인 운영operations과 의미와 다르다. (그림 참조)

될 수 있다. 하지만 아쉽게도 니겔 슬랙은 이러한 가능성을 개념적으로 언급했을 뿐, 구체적인 설명은 제시하지 않았다. 그는 시장의 요구에 맞게 운영가치를 설정하고 프로세스를 설계하는 본연적인 의미로 한정하여 설명하였다. 어쩌면 그의 관심사는 전략과 실행의 연계가 아니었을 것이다.

[그림3-8] Top down과 Bottom up의 통합

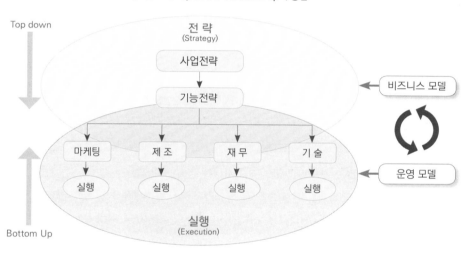

* 출처: Nigel Slack & Michael Lewis, Operations Strategy, 2011, 수정인용

이와는 달리 심치레비David Simchi-Levi는 운영가치보다는 기업이 고객에게 제공하는 가치제안value proposition에 근거하여 운영전략이 전개되어야 한다고 주장했다(표3-9 참조). 그는 고객가치를 제품혁신, 제품선택, 가격과 브랜드, 가치부가 서비스, 관계와 경험 등 5가지로 정의하였다. 이를 살펴보면 우리가 일반적으로 생각하는 운영가치와 다름을 알 수 있다.

고객가치를 반영한다는 것은 운영가치를 중심으로 전개한 기존 운영전략에 비해 마케팅 요소를 고려한 사업 전반으로 가치를 확장한 것이다. 이는 운영전략을 기능전략 수준의 하위전개가 아닌 사업전략 수준으로 끌어 올리려는 노력으로 볼 수 있다. 비즈니스 모델의 잦은 변경이 이루어지는 최근 시장환경을 고려한다면, 사업전략을 수립하는 시점에 운영적인 요소를 고려해야만 좀 더 빠른 실행이 이루어질 수 있다. 하지만 심치레비는 고객가치와 연계하는 운영전략을 강조했지만, 운영전략의 목적을 중심으로 간단하게 서술할 뿐, 구체적인 방안에 대해 언급은 하지 않았다.

[표3-9] 고객가치와 연계한 운영전략

기 업	고객가치 제안	운영전략
자라	• 합리적인 가격의 고품격 패션 제공	• 시장 침투 속도
델	• 고객 경험	• 맞춤형 주문 생산을 통한 대응력
애플	• 제품 혁신	• 외주 생산과 물류를 통한 효율성 추구
월마트	• 매일 최저가	• 비용 효율성
아마존	• 제품 선택과 이용가능성	• 효율적이며 신뢰할 수 있는 주문 충족

* 출처: David Simchi-Levi, Operations Rules, 2010

새로운 매개체는 세 가지 조건이 필요하다

앞서 살펴본 것처럼 전략과 실행의 간극을 줄이기 위해 매개체를 고민하는 다양한 노력이 존재해왔다. Top-down 흐름은 매개체로서 '전략적 정렬'을 중요시하였고 Bottom up 흐름은 '운영전략'을 통해 전략과 실행을 연계하려 노력하였다.

특히, 운영전략은 의미 확장을 통해 시장이 요구하는 운영가치를 반영하고, 이를 사업전략 단계에 포함하려는 시도를 했다. 이러한 노력에도 불구하고 전략과 실행의 간극을 줄이는 매개체로서 여전히 미흡해 보이는 것이 현실이다. 그것은 가능성만을 제시하였을 뿐 구체적인 방안에 대한 언급이 부족하기 때문이다. 아마도 그들은 운영전략에만 관심이 있었을 뿐, 전략과 실행의 연계 관점으로 바라보지 않았기 때문인지 모른다.

전략적 정렬과 운영전략은 전략과 실행의 간극을 줄이기 위한 매개체로서 많은 가능성을 보여 주었지만, 다음과 같은 사항을 추가로 고려해야 한다.

첫째, 전략과 실행의 간극을 줄이기 위해서는 실행의 역동성을 참작해야 한다. 전략은 수립 시점에 끝나는 것이 아니라 실행을 위해서는 일정한 기간의 시간이 필요하며, 그 과정에서 예기하지 않은 상황에 직면한다. 때로는 조율을 넘어서 전략을 전면적으로 재수정해야 하기도 한다. 그래서 전략과 실행의 상호작용은 정靜이 아닌 동動적인 성격을 강하게 내포하고 있다. 실제로 클라우제비츠는 마찰friction이라는 개념을 통해 전쟁의 불확실성과 전투 과정의 역동적인 상황을 강조하였다.

하지만 여전히 많은 기업은 전략에 적합한 정렬이 이루어지면 의도한 대로 가치창출 시스템이 구현될 것이라 기대한다. 하지만 현실은 전략보다 실행 과정에서 더 많고 복잡한 조율을 필요로 한다. 더구나 최근 비즈니스 모델이 자주 변경되는 급격한 경영 환경을 생각한다면, 전략실행의 역동성을 반영하는 것은 중요한 과제이다. 이제 전략실행의 역동적인 전개 과정을 담을 수 있는 매개체를 고려할 시점이다. 이러한 매개체여야만, 우리는 역동적인 환경에서 전략실행의 본질에 좀 더 다가갈 수 있다.

둘째, 효율적인 실행을 위해서는 단순한 나열이 아닌 '중심축'이 존재해야 한다. 가치창출 시스템에서 제시한 전략적 정렬은 실행을 위한 필요조건이 분명하지만, 목적에 맞추어 나열되어 있다는 느낌을 지울 수 없다. 단순한 나열만으로는 집중된 힘을 창출하기 어렵다.

전쟁에서 모든 부대가 주력 부대일 필요는 없다. 주력과 비주력의 구분은 자원제약상 필수불가분하며, 주력 부대를 효율적으로 잘 쓰는 것이 승리를 좌우한다. 그렇다고 주력 부대만 활용한다는 뜻이 아니다. 주력이 잘 활용되도록 비주력은 반드시 효과적으로 지원해야 한다. 즉, 주력을 중심으로 비주력이 원활히 상호작용을 이루는 시스템이 되어야 한다. 이처럼 전략실행에도 '중심'이 되는 축이 있어야 한다. 힘을 창출하기 위해서는 중심축을 기반으로 응집력을 만들어야 하며, 이는 단순한 나열로는 곤란하다.

셋째, 역동적인 상황에서 전략과 실행 간에 균형을 유지할 수 있어야 한다. 역동적인 비즈니스 환경에서 전략과 실행은 한쪽으로 치우치기 쉽다. 때로는 지나치게 기존 전략을 고수하며 계획대로 실행하기 위해 지시만 강화한다. 일관성이라 믿지만, 사실은 지나친 통제이다. 한편으로는 명확한 계획 없이 즉각적으로 반응하며 행동한다. 역동적 상황에서 민첩하게 행동하는 것으로 착각하기 쉽지만 사실 쓸데없이 힘을 낭비하는 활동 과잉일 뿐이다.

새로운 매개체는 전략과 실행의 균형을 이루는 데 효과적인 도움이 되어야 한다. 여기서 균형은 안정적 상태를 의미하는 정적인 것이 아니라, 일시적으로는 한쪽에 치우칠 수 있지만, 시간이 지나면 반대쪽을 바라보는 동적 균형을 의미한다.

[그림3-10] 새로운 매개체에 요구되는 조건들

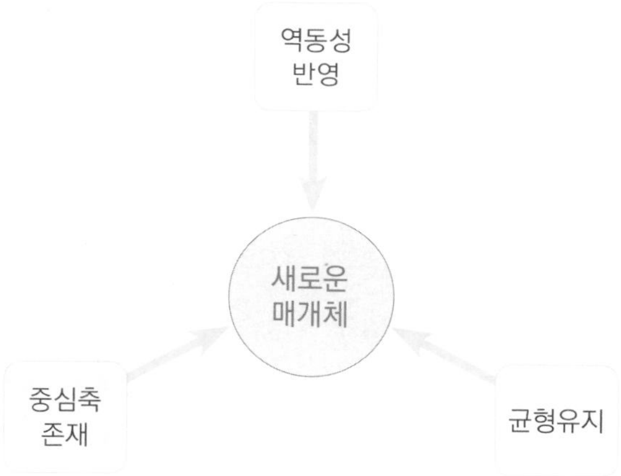

새로운 매개체를 비유하자면 알파인 스키를 타는 것과 같다. 알파인 스키는 가파른 경사면을 회전하며 활강하기 위해 고난도 기술과 유연성 그리고 순발력을 필요로 한다. 이러한 역량과 기술을 발휘하기 위해서는 무엇보다도 먼저 몸의 중심을 통해 균형을 유지할 수 있어야 한다. 전략실행도 이런 모습이 아닐까? 역동적인 비즈니스 상황에 유연하게 대응하기 위해 중심을 유지하며, 동시에 전략과 실행 사이에서 균형을 유지해야만 성과를 창출할 수 있지 않을까.

SCM 강자 '델'의 몰락

1990년 초반 컴퓨터업계가 어려울 때 애플을 비롯한 다른 제조 기업들은 기술투자를 늘리고 신제품을 개발하는 데 집중하여 고객의 기호변화에 대응하였다. 그러나 델Dell은 제품 자체 개발보다 SCM 혁신에 주력하였다. 당시는 인터넷이 활성화되지 않았던 시대임에도 불구하고 델은 고객에게 직접 다가가는 방법을 생각한 것이다. '맞춤형 주문생산CTO[07]'이라는 당시에는 혁신적인 비즈니스 모델을 통해 세계 1위의 컴퓨터업체로 도약하였다. 제품을 통한 고객가치 혁신이 아니라 공급망을 활용한 운영 효율을 혁신하여 성공한 대표적인 사례였다. 하지만 이제 델은 혁신기업에서 생존을 걱정해야 할 처지로 전락하였다. 드라마틱한 사례는 지나치게 운영 효율성에 집중하는, 즉 전략과 실행의 균형이 아닌 치우침의 위험성을 분명히 보여주고 있다.

델은 1990년대 후반 PC 시장에서 제조사와 고객을 직접 연결하는 주문생산 비즈니스 모델을 개척하였다. 저가와 직판 전략을 지원하기 위해 생산, 조달, 물류 시스템 등의 공급사슬을 혁신적으로 설계하여 20년간 전 세계 PC 시장을 장악하였다. 성공 요인은 고객의 가치를 스피드와 비용의 관점에서 정의하고, 경쟁사의 모방을 막기 위해 운영 효율성 중심의 비즈니스 시스템을 구축하여 매력적인 저가 제품을 제공할 수 있었기 때문이다.

---

07 Configure to order의 약자에 해당하며, 좀 더 이해하고자 한다면 부록 용어 해설을 참조하기 바란다.

하지만 델의 강점인 저가는 PC 시장이 급격하게 변화하면서 흔들릴 수밖에 없었다. 낮은 인건비로 무장한 아시아 PC 제조업체의 약진과 데스크톱 PC에서 노트북으로 변하는 시장과 사용자들의 요구를 무시했기 때문이다. 경쟁력을 잃은 델은 2006년 말에 이르러 휴랫팩커드 HP에 세계 PC업계 1위 자리를 내줬다. 2007년 들어 델은 기존 중저가 위주 제품에서 탈피해 고급 제품으로 시장을 공략했지만, 애플의 혁신 앞에 무릎을 꿇었다. 무겁고 둔탁한 PC로는 가볍고 깔끔한 디자인을 갖춘 애플 아이폰, 아이패드와 경쟁할 수 없었다. 델은 추락을 거듭하다 2013년 사모펀드에 팔리는 신세가 되었다. 최근 델은 클라우드 기반의 기업용 컴퓨터 및 IT 서비스 업체로 변모를 선언했지만, 전망은 그리 밝지 않아 보인다.

델의 실패는 운영가치가 중요한 경쟁우위 요소이지만, 전부가 아니라는 사실을 간과한 데 있다. 델은 기존 강점인 운영 효율성에 집착하는 동안 고객가치를 읽는 것에 둔감해졌다. 이는 급격한 시장변화에 대응하기 위해 제품을 혁신하는 민첩한 전략실행보다, 저가 실현을 위해 운영 효율성에 더욱 집중하는 결과를 낳았다. 이렇게 한쪽에 치우친 경영으로 인해 델은 전략과 실행의 간극이 악화되었고, 이래저래 흔들리다가 결국 생존을 걱정할 처지가 되었다.

[그림3-11] 델의 주가 추이

단위:달러

사모펀드로 매각

* 출처: 중앙일보 기사, 2013.2.7.

04

새로운
매개체를 위한
탐색

04
■새로운 매개체를 위한 탐색

        ✎ 새로운 매개체는 전략실행이 비즈니스의 역동성을 반영할 수 있고, 이런 상황에서 중심을 잡고 균형을 유지하며 민첩하게 나가는 데 도움이 될 수 있어야 한다. 이러한 역할이 가능한 매개체를 발견할 수 있을까? 그것이 온전히 완전한 실체가 아니더라도 말이다.

  많은 의심과 불안이 우리의 탐색을 가로막고 있지만, 우선 다양한 경험과 인문학적 통찰을 바탕으로 새로운 매개체의 개념concept부터 정립하고자 한다. 만일 개념적인 논리 구조가 충분히 의미가 있다면 경영 현장에서 시험적으로 적용해 볼 만한 가치가 있다. 이후 시행착오를 거치면서 탄탄한 이론적 구조를 갖게 될 것이다.

4.1 전략적 성과는 '축적 과정'이 필요하다

새로운 매개체를 본격적으로 탐색하기에 앞서, 먼저 별다른 고민 없이 무심코 받아들여지는 '전략적 성과'의 의미를 다시 생각해보고자 한다. 이유는 전략적 성과는 의도한 대로 쉽게 창출되지 않기 때문이다. 즉, 전략적 성과를 위해서는 일정 기간의 축적 과정이 요구되며, 우리가 찾는 새로운 매개체는 이러한 과정에 효과적으로 기여할 수 있어야 한다.

전략은 성과를 지향해야 한다

전략과 실행을 이원적으로 구분하는 것은 전략을 실행에서 괴리시키므로, 전략은 실행을 포함하는 하나의 개념으로 보아야 한다는 주장이 있다. 하지만 전략을 실행을 포함하여 하나로 간주하더라도, 계획과 실행이라는 행위는 구분할 수밖에 없다. 앞서 언급하였듯이 모델화 과정에서 계획과 실행은 성격상 구분할 수밖에 없기 때문이다.

중요한 것은 전략과 실행을 바라보는 관점을 이원적二元的 또는 일원적一元的으로 선택하는 문제가 아니다. 양자가 개념적으로 분리되어 있어도 효과적으로 상호작용하면, 사실상 하나로 간주할 수 있으며, 이것은 성과 창출하는 데 별다른 걸림돌이 되지 않는다. 양자를 하나로 바라본다고 반드시 성과 창출에 유리한 것은 아니다. 오히려 계획과 실행이 혼재되어 성과 창출에 방해가 될 수도 있다.

이보다 중요한 것은 전략은 성과를 지향해야 한다는 점이다. 이러한 사고의 근저에는 단지 전략 수립만을 전략의 완성으로 보지 않는다는 생각이 담겨 있다. 즉, 전략은 실행을 통해 예상을 뛰어넘는 성과를 달성해야만 전략의 완성, 좋은 전략으로 존재를 인정받을 수 있다. 결국, 전략은 실행을 통해 성과를 검증해야 하는 가설인 셈이다.

전략과 실행, 성과는 개념적으로 선후 관계가 있으나, 실전에서는 이를 명확하게 구분하기 어려울 수 있다. 우리는 때로 머릿속의 개념을 명확하기 위해서 특별한 계획 없이 실행하기도 한다. 사전에 모든 상황을 아는 것은 현실적으로 쉽지 않고, 해봐야 알 수 있는 경우가 다반사이기 때문이다. 게다가 명확한 계획이 없는 상태에서 성과가 발생하기도 한다. 하지만 선후 관계가 불분명하더라도 전략적 성과는 반드시 실행을 거쳐야 이루어질 수 있다.

전략적 성과는 반드시 의도대로 실현되는 것은 아니다. 사실 현실에서는 초기 계획대로 그대로 실행하여 성과를 창출한 경우를 보기 힘들다. 누군가 자신은 항상 계획대로 100%로 실천하는 사람이라고 말한다면, 우리는 그의 신뢰성을 의심해 봐야 한다. 이보다 오히려 의도하지 않았던 전략이 높은 성과를 창출하기도 한다. 이것이 헨리 민츠버그Henry Mintzberg가 주장한 '창발적 전략'이다. 그렇다고 결과가 좋으면 무조건 좋은 전략이라고 말하는 것은 아니다. 단지 운이 좋아서 뛰어난 성과를 낼 수도 있으니· 말이다.

초기 의도한 대로 성과를 창출하는 전략이 있을까? 또한, 성과가 창출될 때까지 머릿속에 계획조차 없이 지속적으로 실행할 수 있을까? 대개는 초기 전략을 실행 과정에서 변경해 가며 성과를 창출한다. 반대로 초기에는 아무런 전략이 없었더라도 실행 과정에서 경험을 통해 머릿속에 계획을 만들어 갈 수 있다. 단지 문서상으로 명확한 전략이 존재하지 않을 뿐이다. 결국, 전략이 성과를 지향해야 한다는 것은 전략을 의도했든, 의도하지 않았든 간에 다양한 조율 활동을 통해 성과 창출할 수 있는 방향으로 나가야 함을 의미한다.

[그림4-1] 전략적 성과 유형

전략적 성과는 '축적 과정'이 필요하다

전략은 성과를 지향해야 한다. 그렇다고 모든 성과를 전략적 성과로 간주할 수 있을까? 전략 성과는 일시적이고 부분적인 성과가 아닌 경쟁우위를 달성할 수 있는 차별적 성과를 의미한다. 오랜 시간을 투입하여 전략을 수립했음에도 불구하고 지속적으로 부분적 성과만을 달성한다면, 전략은 아마 문제를 해결하는 툴로 살아남지 못할 것이다.

차별적 성과는 축적과 돌파를 위한 시간을 필요로 한다. 즉, 지속적인 실행을 통해 축적이 진행되고 이후 임계 수준을 돌파하면 전략적 성과를 달성할 수 있다. 물론 전략의 성격에 따라 요구되는 축적 시간은 차이가 날 수밖에 없다. 하지만 시간의 차이만 존재할 뿐, 차별적 성과를 위해서는 반드시 축적 과정이 필요하다. 이것이 전략이 수립되었다고 해서 빠르게 성과로 나타나지 않는 이유이며, 실행이 전략보다 어렵게 느껴지는 주요 원인이다.

[그림4-2] 전략적 성과의 축적과 돌파

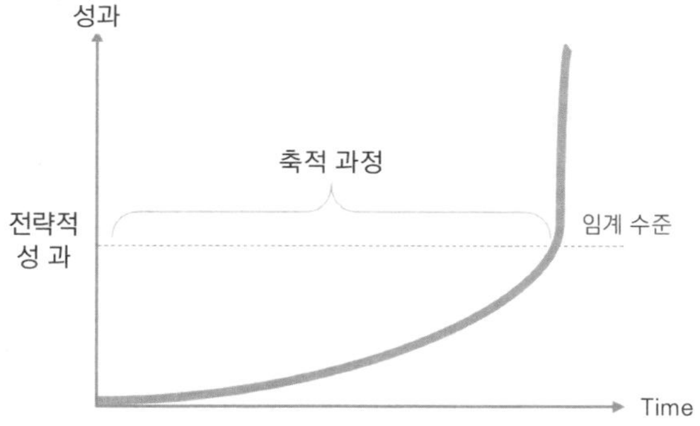

전략에 있어 축적의 중요성은 다수의 경영학자들에 의해 언급되었다. 대표적으로 『좋은 기업을 넘어 위대한 기업으로』에서 짐 콜린스Jim Collins는 축적과 돌파 과정을 '플라이휠 효과flywheel effect'라고 하였다. 그는 최종 결과가 아무리 극적이라고 해도 위대한 회사로의 전환은 일거에 진행된 적이 없으며, 크고 무거운 플라이휠을 미는 것처럼 처음에는 많은 노력이 들지만, 오랜 시간에 걸쳐 일관된 방향으로 계속 밀다 보면 추진력을 쌓아가 결국에는 돌파점에 도달하게 된다고 보았다.

다른 한편 축적과 돌파 과정을 거치지 않는 기업은 '파멸의 올가미'라는 패턴을 따랐다. 그들은 플라이휠을 돌리며 추진력을 쌓아가는 대신 곧장 도약하려 하였다. 그러다가 실망스런 결과가 나오면 이리저리 동요하며 일관된 방향을 유지하지 못하였다.

경영의 본질을 다룬 『삶의 정도』에서 윤석철 교수는 사이클로이드 곡선cycloid curve을 통해 축적과 돌파의 과정을 과학적으로 설명하였다. 사이클로이드 곡선이 눈에 보이는 직선보다 빨리 목표지점에 도착하는 이유는 중력가속도를 효율적으로 받아 그것을 운동에너지로 축적하고, 이를 후반에 발산하는 지혜가 있기 때문이다. 그는 사이클로이드 곡선과 같은 길을 우회로라 명하고, 이런 우회로를 통해 목적함수를 최단시간에 달성하기 위한 전략을 '우회축적'이라고 하였다. 결국, 우회축적을 통해 목적함수를 달성하려면 먼저 축적을 위한 시간과 노력이 필요한 것이다.

이렇듯 축적과 돌파를 위해서는 지속적인 인내의 시간이 필요하지만, 이것은 현실에서 쉬운 일이 아니다. 대부분 기업들은 지루한 축적의 시간을 견디기보다는 새로 발생한 일시적 사건에 쉽게 눈을 돌린다. 이는 대개 힘을 분산하려는 유혹에 저항하지 못하는 것이다. 그리고 불확실성 속에서 일관성을 유지하기보다는 때 이른 마감을 통해 상황을 정리해 버린다. 그 때문에 좋은 전략을 수립했음에도 실행 과정에서 일관성을 유지하지 못해 성과가 흐지부지되어 버린다.

전략적 성과를 위해 축적 과정이 중요하다고 해서, 시간을 확보하기 위해 마냥 묵묵히 기다린다고 축적이 이루어질까? 한편으로, 무턱대고 힘을 쏟아 붙는다고 해서 축적이 이루어지는 것도 아닐 것이다. 그렇다면 우리에게 무엇보다 요구되는 것은 실행에서 축적 과정이 적절한지 점검하고 관리하는 활동이며, 이를 효과적으로 지원할 수 있는 새로운 매개체이다.

축적 과정에는 '조율'이 필요하다

많은 전략부서 담당자들은 실행은 곧 전략에 맞추어 기업 활동의 방향을 일치시키는 '전략적 정렬strategic alignment'이라 생각한다. 전략적 정렬이 깔끔하게 정리되었다면, 실행은 이에 맞추어 진행되므로, 의도한 대로 성과가 창출될 것으로 기대한다. 하지만 현실은 정렬 과정에 아무런 문제가 없음에도 불구하고 제대로 실행되지 않는다.

실행은 전략과 달리 지속적인 행동을 수반해야 한다. 전략적 정렬은 우선순위를 명확히 하여 효과적인 행동을 취하도록 제시할 뿐, 실행을 위한 충분한 조건은 아니다. 전략이 성과로 이어지기 위해서는 전략적 정렬을 넘어 실행에서 일관된 행동을 위한 '조율adjustment'을 필요로 한다.

왜 실행에서 일관된 행동을 위해 조율이라는 과정이 필요할까?

첫째, 기업의 외부 요인에 의한 변화에 대응하기 위해 조율이 필요하다. 전략에 관계된 외부 환경은 기업을 둘러싸고 직·간접적으로 영향을 미치는 모든 요인으로 그 대상과 범위가 매우 넓다. 경제, 사회, 정치, 문화, 기술 등 거시적 환경에서부터 시장, 경쟁자 등 산업 환경까지 다양한 범위를 아우르고 있다. 산업구조 분석, 경쟁환경 분석 등 아무리 정교한 분석을 수행하더라도, 모든 외부 요인을 사전에 고려하는 것은 사실상 불가능하다. 따라서 우발적인 사건이 발생하게 되면, 이는 기존 전략적 정렬의 관계를 변화시킬 수밖에 없다. 결국, 전략적 정렬을 재조정하는 조율이 요구된다.

둘째, 기업 내부에서 발생하는 변화 요인을 관리하기 위해 조율이 필요하다. 전략이 가치창출 시스템으로 작동하기 위해서는 기능별로 독자적 행동이 아니라 상호 간 협업이 이루어져야 한다. 따라서 전략의 방향에 부합하지 않거나 실행을 저해하는 역기능적인 행동이 발생하면, 실행 과정에서 조율이 필요할 수밖에 없다.

대개 혁신적인 전략은 기존 전략과 관계된 조직구성원의 손해를 가져올 수 있으며, 더욱이 미래의 원대한 목표를 달성하기 위한 전략은 단기적으로 선택에 따른 희생이 따르게 된다. 예를 들어 브랜드 향상을 위해 단기적인 매출 감소가 발생할 수 있다. 이때 희생을 감수해야 하는 영업 조직원은 불만을 느낄 수 밖에 없다.

또한, 목표를 달성해야 한다는 압박감을 느끼면 일부 조직원들은 기업을 위태롭게 만드는 행동을 취할 수 있다. 성장이라는 목표를 달성하기 위해 품질을 무시하고 단기 매출에 집착할 수 있다. 이러한 상황을 사전에 파악하여 전략적 정렬으로 해결하기 쉽지 않다. 대개 전략 수립 시점에는 당연히 신뢰가 있으리라 판단하지만, 막상 실행에 부딪히면 그제야 조직 간의 삐거덕거림이 드러나기 때문이다.

전략실행에 있어 조율은 중요하지만, 결코 쉬운 작업은 아니다. 조율도 결국 의사결정과정에서 마주하는 복잡성, 불확실성 등의 문제를 피해갈 수 없다. 더욱이 상호 모순되는 상황에 직면하는 경우 어려움은 더욱 가중된다. 그러한 혼돈과 불확실성 속에서 최선은 아니지만, 가능한 다음의 몇 가지 키워드를 기억해 두면 좋다. 그것은 균형, 전체 최적화, 핵심 가치이다. 조율은 가능한 전략과 실행 간의 균형을 추구하며, 부분 최적이 아닌 전체 최적화를 염두에 두어야 한다. 그리고 답이 보이지 않는 모순된 상황에서는 핵심 가치에 따라 판단하는 것이 실수를 줄이는 최선이다.

4.2 실행에는 '리듬'이 중요하다

전략적 성과를 창출하기 위해 실행 과정에서 조율이 중요함은 분명하다. 조율은 실행 과정에서 일관된 행동을 유지하고 기능 간에 유기적인 상호작용을 가능하게 한다. 이를 통해 궁극적으로 전략적 성과를 달성하기 위한 집중된 힘을 생성할 수 있다. 하지만 어떻게 축적 과정이 적절하게 이루어지고 있음을 판단할 수 있을까? 확실한 방법을 생각해 내기란 쉽지 않은 일이다. 이제 이에 대한 실마리를 찾기 위해 실행 과정에서 중요하게 다루어지는 '리듬'에 주목해 보자.

실행에서 리듬의 중요성

최고의 복서를 가르는 '세기의 대결'이라 기대했던 파퀴아오Manny

Pacquiao와 메이웨더Floyd Mayweather Jr.의 경기는 소문난 잔치는 먹을 것이 없다는 속설을 증명이라도 하듯 싱겁게 끝나 버렸다. 이미 전 세계 전문가들의 혹평으로 경기 자체를 되돌아보는 것은 의미 없는 일이지만, 전략실행 관점에서 리듬의 중요성을 이해하기 위해 되짚어보고자 한다.

[그림4-3] 경기 공식 포스터

* 출처: ©Gettyimages멀티비츠

둘의 대결은 창과 방패의 대결이라 불릴 정도로 상반된 경기 스타일의 대결이어서 관심이 쏠렸다. 파퀴아오는 왼손잡이인 사우스포 southpaw로 저돌적으로 파고드는 인파이터in-fighter 스타일이다. 이에 반면 메이웨더는 오른손잡이인 오서독스orthodox로 기본기가 아주 튼튼한 교과서적인 아웃복서out-boxer이다.

경기 당일 파퀴아오는 메이웨더를 맞아 뜻밖의 오른손 무기들을 준비했다. 상대가 자신의 사우스포 테크닉에 경계를 하고 있는 사이 라이트를 통해 흔들어놓을 심산이었다. 실제로 경기 초반 큰 궤적으로 휘둘러대는 라이트훅은 메이웨더를 잠깐씩 움찔하게 했다. 문제는 전략을 준비한 것까지는 좋았지만, 평소 자신의 스타일을 유지하고 있는 상태에서 허점을 노려야 했었다. 그러나 파퀴아오는 평소의 적극적인 레프트 펀치를 봉인한 채 지나치게 한방만을 고집하며 스스로 장점을 잃어버렸다.

파퀴아오는 사우스포의 특성상 대부분의 펀치가 왼손에서부터 시작한다. 짧지만 날카로운 펀치를 상대보다 많이 뻗으며 흐름을 타고 빠른 연타로 주도권을 잡아간다. 하지만 메이웨더를 맞아서는 라이트가 먼저 나오는 경우가 많았고 이는 스스로 자신의 평소 흐름을 끊어버리는 악재로 작용했다. 의도는 장점을 살린 채 변칙적인 전략을 섞어가는 것이었지만 오랜 세월 몸에 익힌 리듬마저 잃어버리고 말았다.

복서는 자신에 맞는 복싱 스타일을 결정한 후 필요한 능력을 확보하기 위해 신체 각 부위를 훈련한다. 예를 들어, 아웃 복서를 지향할 경우, 일정 거리를 유지하면서 유효 타격을 노려야 하기 때문에 맷집 보다는 빠른 풋워크를 연마해야 한다. 그리고 혹이나 어퍼컷 보다는 먼 거리에서 빠르게 공격할 수 있는 잽이나 스트레이트를 연마해야 한다. 이러한 과정을 통해 궁극적으로 각 신체 부위의 능력이 유기적으로 연계되는 자신만의 복싱 스타일을 만든다.

하지만 자신에 맞는 복싱 스타일을 만들었다고 해서 실전 경기에서 승리할 수 있을까? 아마도 어려울 것이다. 복싱 스타일은 승리를 위한 필요하지만 충분한 조건은 아니다. 승리를 위해서는 변화무쌍한 실전에서 상대에 맞서 자신의 스타일을 실행할 수 있어야 한다. 그렇다면 어떻게 강한 상대에 맞서서 자신의 복싱 스타일을 효율적으로 실행할 수 있을까? 우리는 그것은 끊임없는 연습을 통해 신체에 각인되어 버린 '복싱 리듬'이라고 생각한다.

여기서 복싱 리듬은 단지 스텝에 의한 리듬이 아니라 스타일에 의해 형성된 총체적 리듬을 말한다. 실전은 연습과 달리 예측 불가한 변수들이 많으며, 어떤 상황에서도 본능적으로 자신의 복싱 리듬을 살려야만 주도권을 확보할 수 있다. 파퀴아오의 결정적인 패인은 상대를 너무 의식한 나머지 자신의 스타일에 맞는 복싱 리듬을 잃어버렸다. 이것은 자신에게 내재한 오랜 강점을 잃어버렸다는 것이다.

어쩌면 실행에서 효과적인 리듬은 복싱뿐만 아니라 비즈니스에서도 중요할 것이다. 실행 과정에서 리듬은 변화에 따른 혼돈과 불확실성 속에서 자신의 강점을 최대한 살리며, 성과를 달성하기 위한 축적 과정을 효과적으로 지원할 것이다.

비즈니스에도 리듬이 중요하다

리듬은 '흐른다'는 뜻의 동사 'rhein'을 어원으로 하는 그리스어 'rhythmos'에서 유래한 말이다. 이는 비슷한 것이 규칙적으로 되풀이될 때 인간이 느끼는 시간적인 덩어리의 연속을 의미한다. 리듬은 음악이나 음성 언어뿐만 아니라 생활의 많은 부분과 밀접한 관련을 맺고 있다. 그래서 리듬은 '운동의 질서'라든가 '시간의 새김' 등 시대마다 다양한 정의가 존재해왔다. 하지만 다양한 정의와 상관없이 리듬은 본질적으로 흐름flow에 따른 질서와 시간 개념을 내포하고 있으며, 정靜적이 아닌 동動적인 이미지가 존재한다.

비즈니스에도 리듬이 존재한다. 운영operations[08]은 생산성을 높이기 위해 정해진 일정schedule에 따라 활동하게 되며, 이는 결과적으로 일정한 형태의 주기와 반복을 갖게 된다. 이것은 일종의 리듬 개념으로 볼 수 있다. 이러한 운영상에서 발생하는 리듬은 기업의 운영목적에 준거하는 의사결정에 따라 다양한 형태를 보이게 된다.

비즈니스에서 발생하는 다양한 리듬의 형태를 표현하기는 쉽지 않으므로, 여기서는 리듬의 이미지를 쉽게 연상시킬 수 있는 대표적 사례를 살펴보고자 한다. 하나는 규모경제 실현을 위해 효율성을 높이고자 하는 '육중한 리듬' 형태와 다른 하나는 시장에 대한 반응성을 높이기 위해 빠르게 움직이는 '경쾌한 리듬' 형태이다.

기업은 가능한 팔리는 만큼 생산하여 공급하는 것이 가장 이상적이지만, 운영 효율을 살펴 일정 규모 이상으로 묶어서 생산할 수밖에 없다. 특히, 생존을 위해 원가경쟁력이 중요한 산업에서는 규모의 경제를 통해 효율성을 높일 수밖에 없다. 이러한 기업의 대부분은 월 단위로 계획을 수립하고 원가를 낮추기 위해 대규모 생산하여 공급하는 운영방식을 선택한다. 이 때문에 부품업체로부터 구매하여 생산 완료하고 거래선에 배송하기까지 리드 타임lead time이 길고 주기 또한 길어 질 수밖에 없다. 이러한 기업은 당연히 다량의 제품이 긴 주기로 공급망에 흘러갈 것이다. 즉, 비즈니스 리듬은 상대적으로 육중한 형태를 보일 것이다.

---

08 여기에서 운영의 의미는 생산과 연관성이 높은 구매·물류 영역으로 확장한 경우이다.

반면에, 시장의 변동에 빠르게 대응하려는 기업은 가능한 일 단위로 계획을 수립하고 소량 생산하여 빠르게 공급하는 운영방식을 추구할 것이다. 이것은 원가보다는 상대적으로 고객 만족이나 서비스 수준을 높이는 데 초점을 두고 있다. 이러한 기업에서는 소량의 다양한 제품이 빠르게 공급망에 흘러갈 것이다. 따라서 비즈니스 리듬은 상대적으로 경쾌한 형태를 보일 것이다.

[그림4-4] 육중한 vs 경쾌한 리듬

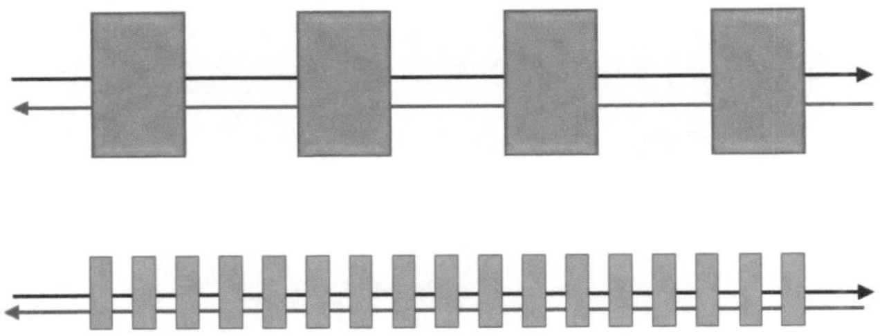

비교적 리듬의 형태를 쉽게 이해하기 위해 양극단을 대비하여 설명하였지만, 현실에서는 극단적으로 한쪽에 치우치기보다는 두 가지를 적절하게 결합한 유형이 많다. 즉 시장의 반응성을 높이면서 효율성을 추구한다는 것이다. 이러한 리듬 형태를 명확하게 표현하는 것은 쉬운 일이 아니다. 어쨌든 형태와 상관없이 중요한 점은 비즈니스 리듬은 공급망을 통해 생성된다는 것이다. 이것은 공급망에서 실물이 일정한 주기와 속도로 고객에게 흘러가며, 이러한 결과가 리듬으로 보여지기 때문이다.

여기서 유의할 점은 단지 실물의 흐름만이 공급망에 존재하는 리듬의 전부가 아니라는 것이다. 공급망에는 실물 외에도 정보와 현금의 흐름이 존재한다. 이러한 흐름은 전략을 중심으로 적절하게 통제된 공급망에서 의도한 대로 일정한 방향과 규칙에 따라 움직인다. 비유하자면 복싱 스타일에 따라 일정한 복싱 리듬을 형성하듯, 전략에 따라 공급망에 일정한 리듬을 만들 수 있는 것이다. 따라서 공급망에서 발생하는 리듬이 적절한지 판단하는 것은 실행의 적절성을 판단하는 충분한 근거가 될 수 있다.

4.3 전략실행의 중심은 '공급망'이다

우리는 앞서 전략적 성과를 창출하기 위해 실행 과정에서 조율과 축적이 필요함을 이해하였다. 그리고 실행에서 리듬의 중요성을 살펴보았다. 그렇다면 이러한 모든 과정은 어디에서 이루어질까?

일찍이 마이클 포터는 기업 전반의 가치창출 활동이 이루어지는 가치사슬에 주목하였다. 그중에서 생산활동과 직접적인 연계가 있는 것을 주활동 부문primary activities이라 정의하였다. 다르게 표현하였을 뿐, 이의 실질적 의미는 공급망에 해당한다. 이렇듯 공급망은 가치창출의 핵심에 해당하지만, 여전히 많은 기업은 공급망을 단순히 효율성을 개선하는 대상으로 바라보고 있다. 더구나 최근 경영 환경의 변화와 불확실성이 증가함에 따라 빠른 전략실행을 위해 공급망을 전략적으로 활용해야 하는 중요성이 높아졌음에도 여전히 그러하다.

이제 공급망을 전략적으로 활용하는 의미를 살펴보고, 그것이 전략 실행에 주는 의미를 이해해 보자.

'공급망을 전략적으로 활용한다'는 의미

HP사는 1996년 신규 잉크젯 프린터 출시를 앞두고 있었다. 이미 시장을 선점한 상태에서 후발주자와의 격차를 벌리기 위해 전략 모델을 출시하여 단숨에 시장을 장악하고자 하였다. 그래서 빠른 시장 잠식을 위해 첨단 자동화 시설을 갖춘 신규 라인에서 생산하기로 전략을 세웠다. 하지만 엄청난 마케팅 비용을 쏟아 부었음에도 불구하고, 적기에 시장에 출시하지 못하였다. 이유는 린 시스템lean system을 적용한 첨단 신규 라인에서 공정 재고를 지나치게 줄인 나머지, 생산량은 목표치의 50퍼센트도 달성하지 못했기 때문이다. 시장의 출시가 중요한 전략 모델이라면 적절한 공정 재고를 확보했어야 하지만, 지나친 생산 효율화가 오히려 발목을 잡은 것이다. 이는 전략과 공급망 운영이 적절이 연계되지 못한 채, 각자 최적화를 추구했기 때문이다.

대부분 기업들은 재고 수준이 너무 높아지거나 고객 불만족이 발생하거나 협력업체에 문제가 생겼을 때 공급망에 대해 관심을 갖는다. 혹은 다른 기업들에 비해 공급망 경쟁력이 낮다고 판단하면 관심을 갖기도 한다. 반면에 최고의 성과를 창출하는 기업들은 자신들의 경쟁우위를 확보하기 위해 공급망을 전략적으로 활용한다. 그것은 단지 비용 절감을 위해 관리하는 것이 아니라 가치창출을 위해 계획적이며 적극적으로 활용하는 것을 의미한다.

[그림4-5] 공급망의 정보 흐름

하우리Hau L. Lee 교수는 기민하고 적응력 있는 공급망의 전략적 활용을 주장하였다. 그는 15년간 60개 이상의 기업들을 연구하여 대부분 기업과 전문가들이 간과한 공급망의 근원적인 문제점을 발견하였다. 공급망의 효율성을 높이기 위해 보다 빠른 속도와 원가 효율성을 지속적으로 추구했던 기업들이 지속적으로 경쟁우위를 차지하지 못했다는 사실을 발견하였다. 실제로 그런 기업들은 오히려 시간이 지나면서 쇠퇴하는 경향을 보였다.

그는 월마트나 아마존같이 최고의 실적을 올린 공급망은 세 가지 다른 특질을 가지고 있다고 했다. 첫째, 일류 기업들의 공급망은 기민하다. 즉, 수요나 공급의 갑작스러운 변동에 신속하게 반응한다. 둘째, 시장 구조와 전략이 전개되는 방향에 따라 시간이 지나면서 적응한다. 셋째, 자사의 이익을 최대화하면서 동시에 공급망 실적을 최적화할 수 있도록 공급망에 속한 모든 기업의 이해관계를 정렬하고 일치시킨다. 그는 기민하고 적응력 있고 정렬된 공급망을 구축한 기업들만이 경쟁자보다 앞설 수 있다고 강조했다.

사실 그의 주장은 급격히 변동하는 비즈니스 모델의 변화에 대응하기 위한 민첩한 전략실행을 수행하는 것과 본질적으로 다르지 않다. 이유는 전략실행이 이루어지는 중심이 '공급망supply chain'이기 때문이다. 공급망은 기업이 활용할 수 있는 유·무형 자원이 모이는 집합체이며, 자원들의 정보, 실물, 자금 흐름 등이 존재한다. 만일 전략의 목적과 방향성에 맞게 적절하게 공급망의 자원 흐름을 관리한다면, 계획한 대로 정보, 실물, 자금 흐름이 공급망에 발생하게 된다. 그리고 그 활용 수준에 따라 전략적 성과가 달라질 수밖에 없다. 그렇기 때문에 성공적인 전략실행은 전략적인 공급망 활용(혹은 관리)과 밀접한 관계가 있을 수밖에 없다.

게다가 공급망을 관리하는 것은 전략실행과 상당히 유사한 특성이 있다. 공급망 관리는 제품생산, 영업, 연구개발, 구매 등 다양한 기능을 포함하므로 기업 전반에 걸쳐 나타나는 변화들을 조율해야 한다. 공급망의 어느 한 부분이 적절하게 수행되지 않으면 공급망 전체의 성과가 저하되기 때문이다. 전략실행도 개별 기능에 집중하는 것이 아니라 전체적인 상호작용을 유도해야 한다.

이제 공급망을 단지 원가를 절감하기 위해서가 아니라, 혁신을 추진하고 전략실행을 통해 가치를 창출하는 데 적극적으로 활용해야 한다. 그러기 위해 좀 더 공급망과 전략실행의 관계를 좀 더 면밀하게 고찰할 필요가 있다[09].

---

09 공급망 관리SCM에 대해 좀 더 많은 이해를 원한다면 **부록5**를 살펴보기 바란다.

공급망은 수평적 정렬의 기반이다

고객가치는 고객이 개별적으로 인식하는 제품 또는 서비스의 가치이다. 이는 가격, 품질, 브랜드 등 다양한 항목으로 정의될 수 있다. 하지만 어떤 유용한 고객가치라 할지라도 고객에게 전달되지 않으면 의미가 없다. 결국, 성과가 창출되지 않는 것이다.

고객가치를 효과적으로 창출하기 위해 우리는 두 개의 정렬에 관심을 가져야 한다. 이는 전략 관점에서 바라본 '수직적 정렬vertical alignment'과 운영 관점에서 바라본 '수평적 정렬horizontal alignment'이다.

[그림4-6] 수직적 정렬 vs 수평적 정렬

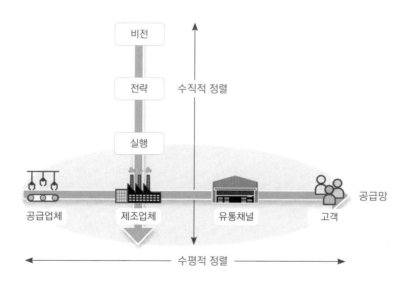

많은 기업은 고객가치를 창출하기 위해 전략 목표를 조직 내에서 수직적으로 하달하기 위한 효과적인 절차를 가지고 있다. 이는 이미 언급했던 전략 관점의 Top down 접근법이다. 여기서는 가치창출 시스템을 실현하기 위해 '전략적 정렬' 그리고 '목표관리'를 중시한다.

하지만 수직적 정렬만으로 효과적으로 고객가치를 창출할 수 있을까? 수직적 정렬은 비전과 목표에서 하향 전개되는 고객가치 실현을 상세화하는 과정이다. 계획대로 실행하기 위해 수직적으로 질서와 통제를 부여하는 것이다. 이러한 과정은 자원의 계획 및 배분하는 것에 집중할 뿐 자원 흐름에 대한 고려는 미흡하다. 따라서 수직적 정렬뿐만 아니라 수평적 정렬에 대해서도 고려해야 한다.

수평적 정렬은 공급망을 기반으로 이루어진다. 공급망은 고객에게 제품이나 서비스를 전달하기 위한 재고 거점이나 프로세스의 네트워크를 의미한다. 공급망은 제품 및 서비스를 원천에서 소비에 이르도록 공급하기 위해 공급업체, 제조공장, 유통채널, 고객을 연결한다. 제품이나 서비스가 원활하게 흘러가기 위해서는 공급망 구성 요소 간의 활동을 조정하고 통합하는 '수평적 정렬' 활동이 매우 중요하다. 앞서 언급한 하우리 교수의 공급망의 전략적 활용은 결국 공급망을 경쟁우위의 수단으로 간주하고 '전략실행의 중심'으로 활용해야 함을 강조한 것이다. 수평적 정렬의 핵심은 '공급망'이기 때문이다.

하지만 여전히 많은 기업들은 공급망을 전략을 실행하는 장場으로 바라보기보다는 네트워크 관리나 운영 효율성만을 높이는 대상으로만 본다. 그래서 공급망에 문제가 발생하면 프로세스 개선 활동에 매진한다. 물론, 프로세스상의 이슈를 개선하면 어느 정도 성과를 얻을 수 있다. 하지만 차별화된 성과를 달성하기에는 부족해 보인다.

더구나 국내 기업들의 공급망 관리 혁신이 솔루션 기업 주도로 성장하다 보니, 생산 중심으로 전반적인 운영관리를 지원하는 IT 시스템으로 부각되어 있다. 그래서 공급망을 개선하고자 할 때 흔히 IT 시스템 도입부터 검토한다. 시스템을 통해 공급망의 가시성 확보를 위해 중요한 일임은 틀림없지만, 그보다 먼저 고려해야 할 것은 전략과의 효과적인 연계이다. 이제는 공급망 관리의 중요성과 전략적 활용에 대해 다시 생각해 볼 시점이다.

4.4 균형 잡힌 전략실행이 '좋은 리듬'을 만든다

실행 과정에서 리듬이 중요한 것은 분명하지만 모든 리듬이 차별적 성과로 이어지는 않을 것이다. 리듬이라는 것은 단지 물리적으로 일정한 주기와 규칙을 가지면 생성될 수 있기 때문이다. 그렇다면 차별적 성과를 만들 수 있는 '좋은 리듬'이란 무엇일까? 그것은 정확하게 표현할 수는 없지만 아마도 차별적 성과를 만들어 가는 축적 과정에서 드러날 것이다. 그리고 축적 과정은 공급망에서 이루어지므로, 공급망에서 좋은 리듬은 보여질 것이다.

이제 전략실행에 있어 좋은 리듬이 갖는 의미와 형성 과정에 대해 살펴볼 예정이다. 그런 이후에 그것이 전략실행을 위한 새로운 매개체로서 가능한지 점검해 보고자 한다.

모든 리듬이 '좋은 리듬'은 아니다

흔히 기회가 주어졌을 때 흐름을 타야만 성공할 수 있다는 말을 한다. 흐름을 탄다는 것을 무엇을 의미하는 것일까? 손자孫子는 군대의 승리는 세勢가 결정하며, 이를 물의 흐름으로 비유하여 설명하였다. 평소에 힘이 없고 나약해 보이던 물은 한 번 세를 얻으면 강한 힘을 발휘한다. 장마철에 물이 불어 높은 곳에서 흘러가는 물은 일시에 집채만한 바위도 휩쓸고 내려간다. 이런 모습이 세를 형성한 것이다.

하지만 단순한 흐름[10]은 세를 형성할 수 없으며, 그 흐름에 에너지 또는 힘을 만들 수 있는 적절한 리듬이 담겨 있어야 한다. 따라서 흐름을 탄다는 것은 세를 형성하기 위해 '좋은 리듬'을 생성하는 것으로 볼 수 있다. 전략도 차별적 성과를 창출하기 위해서는 손자가 언급한 세를 형성해야 한다. 세를 만들려면 실행 과정에서 반드시 좋은 리듬을 만들어야 한다. 이는 단지 규칙적이고 주기적인 리듬은 아닐 것이다.

그럼, 전략실행 관점에서 좋은 리듬은 무엇일까? 앞서 살펴보았듯이 비즈니스에도 리듬이 존재한다. 운영 영역에서는 효율성을 높이기 위해 일정한 규칙을 갖는 리듬을 만든다. 이는 불규칙한 리듬으로는 효율성을 갖기 어렵기 때문이다. 이렇게 무질서한 상태에 질서를 부여하는 것만으로도 일정한 성과를 창출할 수 있다. 그래서 운영에서 자체로 생성하는 리듬으로도 일정한 성과를 얻을 수 있다. 하지만 이와 같은 운영만의 리듬으로는 전략적 성과를 달성하기 위해 임계 수준을 돌

10　흐름flow는 물질이나 정보가 시간과 함께 연속적으로 위치를 이동하는 현상을 의미하며, 리듬 rhythm은 강약(힘의 세기), 속도(빠름과 느림), 장단(짧음과 김) 등에 따라 반복되는 흐름을 말한다.

파하기 어렵다. 즉, 성과는 존재할 수 있지만, 차별적 성과는 어려운 것이다.

좋은 리듬은 운영상의 리듬을 넘어 전략적 성과를 달성할 수 있는 리듬이어야 한다. 이러한 리듬은 일정한 방향에 맞추어 전체 기능들 간 유기적인 상호작용이 발생하고, 축적을 위해 일관된 행동이 유지되어야 한다. 그래야만 예상하지 못한 결과를 만들어 내는 시너지를 창출할 수 있다. 이렇게 보면, 좋은 리듬은 지속적인 실행을 통해 상호 응집력이 만들어지는 시점에서 생성되는 셈이다. 부연하면, 실행이 기업의 가치사슬 전반으로 확대되어, 일정한 방향으로 흐름이 형성되면서 집중된 힘을 만드는 과정에서 좋은 리듬이 생성되는 것으로 볼 수 있다.

[그림4-7] 좋은 리듬의 의미

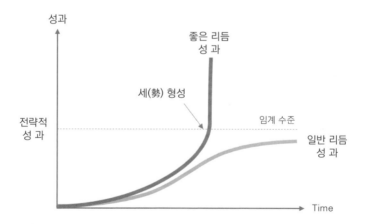

균형이 '좋은 리듬'을 만든다

좋은 리듬은 어떻게 만들 수 있을까? 좋은 리듬을 만드는 방법은 다양하게 존재한다. 하지만 우리는 수직-수평적 정렬의 균형을 이루는 것이야말로 좋은 리듬을 생성하는 가장 효과적인 방법이라 생각한다. 그것은 궁극적으로 차별적 성과 창출을 위해 전략과 실행을 효과적으로 연계하는 좋은 수단이 될 수 있기 때문이다.

우리는 앞서 전략과 실행의 간극을 줄이려는 기존의 노력을 살펴보았다. 전략 관점의 'Top down'과 운영 관점의 'Bottom up' 접근법이다. 이것은 모두 전략과 실행을 연계하려는 노력들이다. 전략 관점에서는 전략적 정렬과 목표관리, 운영 관점에서는 운영전략을 통해 전략과 실행을 효과적으로 연계하려 노력한다. 이것은 간극을 줄이는 매개체 역할을 한다. 이러한 노력은 나름 충분한 의미가 있지만, 자세히 보면 모두 수직적으로 연계하는 흐름에 속한다. 다만, 그것이 전략 측면에서 바라본 것이냐, 실행에서 바라본 것이냐의 차이에 따라 요구되는 매개체가 다르게 정의될 뿐이다.

그렇다 보니, 운영전략에서도 대개 질서와 통제를 강조한다. 주요한 관심사는 목표 계획 대비 실적을 점검하는 것이다. 하지만 운영은 상향으로 연계하여 통제를 강화하는 것보다는 흐름을 통해 가치를 전달하는 것에 초점을 두어야 한다. 즉, 운영 분야에서는 수평적 정렬이 더욱 중요시되어야 한다. 따라서 우리는 기존의 수직적으로 전략과 실행을 연계하는 접근보다, 수직-수평적 정렬의 균형으로 접근하는 것이 전략 실행의 본질에 가깝고 생각한다. 그렇기에 좀 더 효과적인 방법 될 수 있을 것이다.

수직-수평적 정렬의 균형은 무엇을 의미할까? 그것은 본질적으로 다른 전략과 운영이 상호보완적으로 결합하는 것이다. 이는 일종의 변증법 프로세스이다.

전략은 효과적인 실행을 위한 수직적 정렬을 전개한다. 이는 전략 방향성에 맞게 하위 기능을 정렬하거나 행동 지침을 구체화하여 효과적인 실행을 도모하는 것이다. 전략은 수직적 정렬을 통해 가치 실현의 가능성을 구체화하게 된다. 하지만 수직적 정렬은 동적인 흐름이나 리듬을 명시적으로 고려하지는 않는다. 냉정한 진단에 의해 짜임새 있는 전략을 수립했음에도, 실행에서의 리듬을 고려하지 않는다면, 의도했던 전략 성과를 창출할 수 없다. 좋은 리듬이 생성되지 않으면 지속적인 축적 과정이 발생할 가능성이 낮기 때문이다.

이에 비해 운영 관점에서는 수평적 정렬을 통해 공급망에 리듬을 생성할 수 있으며, 이는 기업의 운영 효율성을 높여 성과를 창출할 수 있다. 하지만 전략과 연계가 미흡한 운영상의 리듬은 차별적 성과를 창출하는 데 한계가 존재할 수밖에 없다.

결국, 전략적 성과를 달성하기 위해 본질적으로 서로 다른 성격인 전략과 운영이 상호작용하며 새로운 균형으로 나가야 한다. 이를 적절하게 표현한 것이 바로 '수직-수평적 정렬의 균형'이다. 이 책에서는 수직-수평적 정렬이 균형을 이룬 이상적인 상태의 리듬을 '균형 잡힌 실행리듬BER: balanced execution rhythm'이라 정의하고자 한다.

수직-수평적 정렬의 균형을 통해 전략 방향에 맞는 적절한 실행이 이루어진다면, 공급망에는 의도했던 좋은 리듬이 생길 것이다. 그것은 실물과 정보 그리고 현금의 흐름이 전략이 의도한 대로 흐르는 형태에 해당한다. 때로는 사전에 의도한 전략과 관계없이 좋은 리듬이 발생할 수 있다. 이것은 사후적인 창발적 전략으로 볼 수 있다. 결국, 사전 의도 여부와 관계없이 차별적 성과를 위해서는 실행 과정에서 수평-수직적 정렬이 균형을 이룬 좋은 리듬이 필요한 셈이다.

[그림4-8] 균형 잡힌 실행리듬의 생성

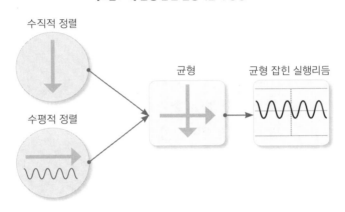

새로운 매개체로서의 가능성

이 책은 최근 급격한 변화로 비즈니스 역동성이 증가하는 환경에서 전략과 실행의 간극을 줄일 수 있는 새로운 매개체를 찾기 위해 출발하였다. 그것은 궁극적으로 민첩한 전략실행을 위한 프레임으로서 역할을 할 수 있어야 한다. 이를 위해 새로운 매개체는 무엇보다 비즈니스 역동성에 대응하기 위해 정靜적이 아닌 동動적인 변화를 수용할 수 있어야 한다. 또한, 변화와 혼돈 속에서 전략실행의 중심을 유지할 수 있어야 한다. 이를 통해 전략과 실행의 균형을 달성하는 데 기여할 수 있어야 한다.

　과연 이 책에서 제시한 균형 잡힌 실행리듬BER은 새로운 매개체로서 역할을 수행할 수 있을까? 새로운 매개체가 이러한 가능성을 가지려면 우선 요구되는 조건을 충족하는 속성을 담고 있는지 살펴보아야 한다.

　균형 잡힌 실행리듬은 수직-수평적 정렬이 균형을 이룬 상태에서 공급망에 생성되는 좋은 리듬이다. 리듬은 흐름에 따른 질서와 시간 개념을 내포하고 있어, 기존 매개체가 부족하였던 동적인 이미지를 제공한다. 이는 균형 잡힌 실행리듬을 만들기 위해 끊임없이 점검하는 과정을 통해 비즈니스 역동성을 반영할 수 있게 한다. 이러한 활동은 공급망을 중심으로 이루어지며, 이는 가치 전달을 위한 수평적 정렬의 핵심 기반으로, 전략실행의 중심적 역할을 수행할 수 있다. 또한, 수직-수평적 정렬의 균형은 전략과 실행 간에 치우침이 없는 균형을 달성하는 데 기여할 수 있다.

[그림4-9] 새로운 매개체로서의 가능성

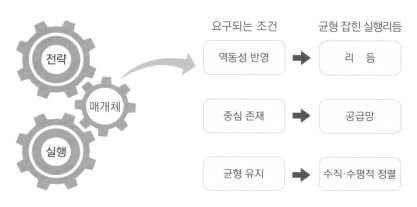

검토한 바와 같이 균형 잡힌 실행리듬은 새로운 매개체로서 역할이 가능하다. 따라서 전략을 실행하는 과정에서 '균형 잡힌 실행리듬'이 생성되고 있는지를 사전에 관리하는 것은 궁극적으로 간극을 줄이는 데 효과적인 도움이 될 수 있다. 이는 이 책에서 제시한 새로운 매개체가 전략실행을 바라보는 프레임이자 분석 도구로서 충분히 활용할 수 있음을 의미한다.

제약이론, 리듬의 중요성을 말하다

비즈니스에서 리듬의 중요성은 일찍이 운영 분야에서 강조되어 왔다. 리듬을 통해 운영 활동에 질서를 부여하는 것은 생산성을 높이는 것과 밀접한 관련이 있기 때문이다. 리듬의 중요성을 보다 정교하게 설명한 대표적인 이론으로 '제약이론TOC: theory of constraint'을 꼽을 수 있다.

제약이론은 최근 주목을 받고 있는 운영 개선기법 중 하나이다. 제약이론은 병목bottleneck이 되는 공정을 제약 공정으로 정의한다. 그리고 제약 공정이 최대성과를 낼 수 있는 일정에 나머지 공정의 일정을 맞추어 운영함으로써, 전체 시스템의 성과를 최대화한다는 이론이다. 이러한 제약 공정과 제약이 아닌 공정 간의 작업속도 동기화를 설명할 때 사용되는 개념이 DBRdrum-buffer-rope 개념이다.

제약 공정의 작업속도를 알려주는 것이 드럼drum이며, 제약 공정의 작업속도에 맞추어 재료를 투입하는 것이 로프rope 연결을 의미한다. 그리고 제약 공정의 성능을 최대한 활용하기 위해 제약이 아닌 공정의 일정을 일찍 시작하여 확보한 여유시간을 버퍼buffer라 부른다. 결국, DBR을 통해 시스템 내의 공정의 작업속도를 동기화하여 최대한 성과를 창출하는 데 목표를 두고 있다.

이러한 내용은 군인들의 행군하는 모습으로 설명할 수 있다. 행군하는 군인들 중 가장 걷는 속도가 느린 군인을 제약공정으로 간주하고, 이 군인은 선두의 군인과 긴 끈rope으로 연결되어 있다고 가정해 보자. 이때 가장 걸음이 느린 군인이 본인의 걷는 속도에 맞추어 북 drum을 치게 되면, 선두 군인은 이 북소리에 맞추어 걷는 속도를 조정하여 전체 행군의 속도를 걷는 속도가 가장 느린 군인과 동일하게 맞추어지게 된다. 이렇게 함으로써 모든 군인이 일사불란하게 목적지에 도착할 수 있다.

이처럼 제약이론은 전체적인 운영 효율화를 위해 자원을 제약 공정 기준으로 동기화하여 운영하는 것이 목적이다. 이것은 궁극적으로 동기화된 자원들은 동일한 리듬에 의해 운영하는 것을 의미한다. 이를 통해 제약이 있는 상황에서 운영성과를 극대화하는 것이다. 이렇게 해석해 보면 제약이론은 효율성을 극대화할 수 있는 운영상의 리듬을 찾는 이론으로 볼 수 있다.

[그림4-10] 제약이론의 드럼-버퍼-로프

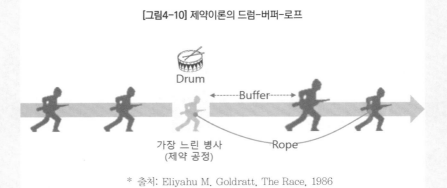

Drum

Buffer

가장 느린 병사
(제약 공정)

Rope

* 출처: Eliyahu M. Goldratt, The Race, 1986

수직-수평적 정렬의 개념은 어떻게 만들어졌는가

수직적 정렬과 수평적 정렬의 개념은 도날드 설Donald Sull의 HBR 아티클 '전략실행, 5가지 통념부터 파괴하라?'에서 아이디어를 얻어, 이 책에서 개념을 구체화하고 정의한 것이다. 도날드 설은 '기업들은 조직 내에서 목표를 수직적으로 하달하기 위한 효과적인 절차를 갖고 있으나 수평적 성과 및 목표관리를 위한 시스템은 무력한 편이다.'라고 언급하였다. 여기서 아이디어를 얻어, 이를 전략과 실행의 연계 관점으로 재해석하여 '수직적 정렬'과 '수평적 정렬'이라는 개념으로 구체화였다.

앞서 전략과 실행의 간극을 줄이려는 기존의 노력으로서, 전략 관점의 Top down 접근법과 운영 관점의 Bottom up 접근법을 살펴보았다. 수직-수평적 정렬 개념은 이러한 접근법들의 연장선에 있다.

수직적 정렬은 전략 관점의 활동 본질을 표현한 개념이다. 전략 관점은 비전이나 목표에서 출발한 전략을 실현하기 위해 기업전략-사업전략-기능전략-실행계획 순으로 수직적으로 전개하며 구체화해 간다. 이러한 과정에서 목표와 계획에 대한 달성을 위해 질서와 통제를 부여한다. 계획을 수립하는 과정에 많은 시간과 에너지를 투입하게 되므로, 계획에서 벗어나는 일탈행위는 실행을 약화시키는 요인으로 관리할 수밖에 없다. 그렇기 때문에 계획 대비 달성을 위한 효과성을 상대적으로 중시하는 편이다.

이에 비해 수평적 정렬은 운영 관점의 활동 본질을 표현한다. 'Bottom up'이라는 것은 전략과 실행을 연계하려는 운영 분야의 노력을 표현하는 용어이지, 활동의 본질을 나타내지는 않는다. 운영의 목적은 결국 전략에서 구체화한 가치를 전달하는 것이다. 가치를 전달하기 위해서는 다양한 기능들이 적절하게 연계되어야 하므로, 운영은 목적을 달성하기 위해 수평적으로 확장하는 성격을 가진다. 이는 운영의 의미가 초기 생산 중심에서 구매와 물류 등 연계된 기능으로 확장하고 이어 비운영적인 영역까지 확대한 과정을 보면 충분히 알 수 있다. 가치는 단지 그대로 전달하는 것이 아니라 효율적으로 전달해야 하므로, 효율성을 상대적으로 중요시하게 된다.

이처럼 수직—수평적 정렬의 개념은 근본적으로 다르다. 하지만 가치창출을 위한 전략실행을 하려면 반드시 둘이 함께 요구된다. 이것은 마치 새가 좌우의 날개로 날듯이, 개념적으로 상반되지만, 함께 공존해야 하는 것과 같다. 따라서 우리에겐 서로 상반된 개념 사이에서 균형을 위한 변증법적 사고 역량이 필요하다.

[그림4-11] 수직-수평적 정렬의 개념 전개

전략 관점	⟺	운영 관점
가치의 구체화	⟺	가치의 전달
질서와 통제	⟺	확장과 연계
효과성 〉효율성	⟺	효과성 〈 효율성

수직적 정렬   수평적 정렬

05

새로운 매개체를
체계화하라

05
■새로운 매개체를 체계화하라

　　　　　　　✎ 이 책에서는 수직-수평적 정렬이 조화와 균형을 이룬 좋은 리듬을 '균형 잡힌 실행리듬BER: balanced execution rhythm'이라 정의하였다. 이것은 전략과 실행의 간극을 줄일 수 있는 새로운 매개체로서 역할을 기대할 수 있다. 하지만 좀 더 의미 있는 매개체로서 자리 잡기 위해서는 기본적인 개념을 넘어 구조를 체계화할 필요가 있다. 그래야 실제 경영 현장에서 적극적인 활용이 가능하다.

　이제 새로운 매개체를 체계화하는 과정을 다룰 것이다. 먼저 새로운 매개체의 구성을 상세하게 정의하고, 이를 이해하는 방법에 대해 살펴보고자 한다. 그러고 나서 경영 현장에서 활용할 수 있는 기본적인 관리 프레임워크를 제안할 예정이다.

5.1 균형 잡힌 실행리듬은 '가치의 결합'이다

균형 잡힌 실행리듬은 어떻게 이루어질까? 우리는 '빛'을 통해 그 개념의 실마리를 찾고자 한다. 빛은 입자와 파동의 두 가지 성질을 갖고 있다. 균형 잡힌 실행리듬도 이와 유사한 성질은 갖는다고 보았다. 즉, 빛이 도달하는 지점에 에너지를 전달하듯, 균형 잡힌 실행리듬도 궁극적으로 고객에게 가치를 전달하여 성과를 창출한다. 그리고 빛이 전달하는 에너지의 크기는 입자와 파동에 따라 달라진다. 마찬가지로 균형 잡힌 실행리듬이 만들어 내는 성과의 차이도 수직-수평적 정렬의 균형을 이루는 정도에 따라 달라질 수밖에 없다.

어떻게 구성되는가?

균형 잡힌 실행리듬의 구성은 '무엇what'이 흘러가느냐와 '어떻게how' 흘러가느냐의 다양한 결합에 따라 달라진다. 여기서 '무엇'은 고객이 직접적으로 느끼는 가치를 제공하는 것에 해당하며, '어떻게'는 고객이 느끼는 직접적인 가치보다는 상대적으로 내부 효율성 측면의 가치를 의미한다. 두 가치의 결합 정도에 따라 창출되는 전략적 성과도 달라진다. 이 책에서는 빛의 입자와 유사한 '무엇'에 해당하는 것을 '본원적 가치object value'로, 빛의 파동과 유사한 '어떻게'에 해당하는 것을 '운영 흐름operation flow'으로 정의하고자 한다.

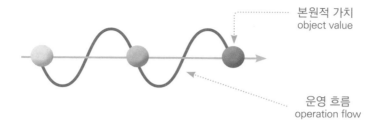

[그림5-1] 균형 잡힌 실행리듬의 구성

본원적 가치
object value

운영 흐름
operation flow

본원적 가치는 고객가치를 구체화하는 과정에서 생성된다. 고객가치는 전략 수립에 의해 사전에 많은 부분이 정의되어 있으며, 수직적 정렬을 통해 가치 실현의 가능성을 구체화하게 된다. 비유하자면 파괴력을 높이기 위해 대상의 밀도를 점차 높여가는 과정으로 볼 수 있다. 이렇게 보면 가치의 실현 가능성이 높아질수록 본원적 가치의 밀도는 증가한다.

이에 비해 운영 흐름은 내부 효율성을 높이려는 과정에서 가치를 생성하게 된다. 이는 수평적 정렬을 통해 공급망에 효율적인 리듬을 만드는 과정에 해당한다. 즉, 효율적인 리듬이 운영상에서 가치를 만드는 셈이다. 여기서 유의할 점은 전략과 연계가 미흡한 상태에서도 리듬은 생성된다는 사실이다. 하지만 단순한 운영상의 리듬만으로는 차별적인 성과 창출을 기대하기 어렵고, 반드시 전략과의 연계가 필요하다. 특히 급변하고 불확실한 시장환경에서 비즈니스 모델이 자주 변경되는 경우에는 운영 효율 향상에만 집중하는 것은 곤란하다.

균형 잡힌 실행리듬의 구성은 전략과 실행을 연계하려는 기존 노력과 밀접한 관련이 있다. 전략 관점에서는 수직적 정렬을 통한 고객가치 실현의 가능성을 높이려 본원적 가치를 중시하며, 상대적으로 운영상의 흐름flow에 대한 고려는 미흡하다. 이에 비해 운영 관점은 본원적 가치보다는 흐름의 효율성을 추구한다. 결국, 빛이 입자와 파동을 통해 에너지를 전달하듯이, 양자의 균형적인 결합이야말로 전략적 성과를 창출하는 데 있어 매우 중요하다고 생각한다.

구성의 균형이 중요하다

앞서 빛의 특성을 응용하여 균형 잡힌 실행리듬은 '본원적 가치'와 '운영 흐름'의 결합으로 구성된다고 정의하였다. 하지만 단지 양자가 결합하였다고 모두 균형 잡힌 실행리듬이 될 수 있을까? 균형 잡힌 실행리듬의 구성을 결정하는 본원적 가치와 운영 흐름을 축으로, 포지션 매트릭스(그림5-2)를 작성하여 양자 간의 결합이 주는 의미를 좀 더 고찰할 필요가 있다.

[그림5-2] 구성에 따른 포지션 매트릭스

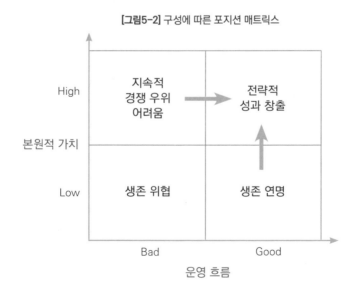

제1사분면은 고객에게 제공하는 본원적 가치가 크고 운영 흐름이 좋은 경우로서, 전략적 성과를 창출할 가능성이 높은 영역이다. 이는 두 가치가 균형을 이룬 상태로, 수직—수평적 정렬의 균형을 의미한다. 이것이 바로 '균형 잡힌 실행리듬'에 해당한다.

제2사분면은 본원적 가치는 크지만, 운영 흐름이 좋지 않은 경우이다. 본원적 가치를 제공할 수 있는 매력적인 제품과 서비스를 창조했음에도, 고객에게 전달하는 역량이 빈약하여 결국에는 발 빠른 추종자에 시장을 빼앗길 가능성이 높다. 결국, 차별적 경쟁우위를 유지하기 어려우므로 균형 잡힌 실행리듬으로 볼 수 없다.

제3사분면은 본원적 가치가 작지만, 운영 흐름이 좋은 경우에 해당한다. 이는 시장에 빠른 대응을 할 수 있으나, 고객에게 제공하는 본원적 가치가 애초부터 작아서 시장을 주도하는 기업이 될 수 없다. 그저 그런 기업으로 생존을 연명하는 경우에 해당한다. 마지막으로 제4사분면은 모두 저조한 경우이다. 이러한 기업은 가치창출이 저조하므로 생존의 위협에 직면할 것이다.

결론적으로 우리는 차별적 성과를 창출하기 위해 균형 잡힌 실행리듬을 만들려 노력해야 한다. 본원적 가치와 운영 흐름이 적절한 균형을 이루면 원활한 축적 과정이 진행될 가능성이 높지만, 불균형 상태라면 적절한 축적 과정이 진행될 수 없다. 이는 '균형'은 모든 기능 간 상호 조화를 통해 기업이 가진 자원과 역량의 응집력을 최대화할 수 있지만, 불균형은 일부 기능들에서만 조화를 이룬 상태로 응집력이 미흡하기 때문이다. 결국, 균형은 전략적 성과를 달성할 수 있는 세勢를 만드는 시너지 효과를 발휘하지만, 불균형은 저조한 성과를 만드는 미흡한 힘만을 생성할 뿐이다.

다양한 '가치 요소'의 결합이 구성을 결정한다

균형 잡힌 실행리듬은 크게 보면 '본원적 가치object value'와 '운영 흐름operation flow'으로 구성된다. 본원적 가치는 다시 다양한 세부 가치 요소들로 구성된다. 이는 고객이 느끼는 직접적인 가치가 다양하기 때문이다. 운영 흐름도 마찬가지로 운영 효율성과 관련된 다양한 가치 요소들로 구성된다.

개별 기업마다 자신에게 맞는 세부 가치 요소들을 선택하고 정의하는 것은 중요한 일이다. 균형 잡힌 실행리듬을 판단하기 위해서는 결국, 가치 요소를 측정하고 관리해야만 가능하기 때문이다. 이는 산업이나 기업마다 다르며 각자 고유하게 정의될 수 있다. 이러한 특성으로 인해 모든 가치 요소를 상세하게 파악하는 것은 현실적으로 어렵다. 그럼에도 일반적으로 일컬어지는 주요한 가치들을 나열해 보면 다음과 같다.

[그림5-3] 주요 가치 요소들

본원적 가치

- **프리미엄**premium: 프리미엄은 고객에게 전달되는 제품 또는 서비스의 사양specification이나 브랜드 가치에 의해 고객이 고품질의 제품이나 서비스를 차별적으로 제공받고 있다고 느끼는 것이다. 즉, 고객이 특정 제품에 대해 고품질 이미지를 갖는 것이다. 이는 제품 본연의 기능에 의해 평가되는 가치와 디자인에서 느끼는 감성적 가치를 모두 포함한다. 대표적인 예로 메르세데스 벤츠 자동차, 루이비통 가죽 제품, 애플의 아이폰 등을 들 수 있다.

- **매력적인 가격**price: 저렴한 가격의 제품이나 서비스를 제공하는 것은 가격에 민감한 고객에게 매력적인 가치를 주는 것이다. 이를 위해 기업은 규모의 경제를 통해 원가경쟁력을 갖추거나 기술혁신을 통해 원가를 절감해야 한다.

- **다양한 선택**variety: 다양한 제품이나 서비스를 제공하는 것은 고객에게 유용한 가치를 제공한다. 다양한 제품 구색을 갖추는 것은 선택에 민감한 고객을 위해 다양성의 가치를 충족시키는 것이다. 이를 위해 기업은 범위의 경제를 확보하여 다양한 제품을 제공하면서도 비용경쟁력을 유지해야 한다.

- **새로움**newness: 신속하게 신제품을 제공하는 것은 새로움을 추구하는 고객에게 유용한 가치를 제공한다. 기업이 새로움을 신속하게 제공하기 위해 'Time To Market'을 관리하는 것이 중요하다. 이는 제품의 개발에서부터 출시까지의 걸리는 기간을 말한다. 특히 혁신 제품을 통해 경쟁우위를 확보하려는 기업에게는 더욱 중요하다.

- **신뢰성**reliability: 고객이 제품을 사용하는 동안 요구하는 기능을 유지할 수 있는가에 대한 가치이다. 이를 위해 대개 제품이나 서비스를 구매한 고객에게 품질보증 기간이나 사후관리를 제공한다. 이는 고객의 인지 부조화를 해소하거나 구매위험부담을 감소시키는 가치를 제공한다. 신뢰성은 고객 충성도를 높이는 데 중요한 역할을 한다.

운영 흐름

- **속도**speed: 제품이나 서비스를 전달하기 위해 공급망의 시작에서 마지막까지 걸리는 시간을 의미한다. 이는 공급망의 리드타임을 측정하여 알 수 있다. 기업이 신제품을 신속하게 출시하고자 하거나, 빠르게 시장에 대응하기를 원한다면, 속도는 매우 중요하다.
- **유연성**flexibility: 변화에 적응하기 위해 신속하게 운영을 변경하거나 확장하는 것을 의미한다. 유연성이 높다는 것은 다양한 제품을 생산할 수 있거나 신속하게 생산량을 조정할 수 있음을 의미한다. 기업이 다양한 제품 구색을 갖추기 위해 무엇보다 유연성이 중요하다.
- **가용성**availability: 고객이 원하는 시점에 즉시 제품이나 서비스를 제공하는 것은 고객만족을 높이는 데 중요하다. 원하는 시점에 구매를 하지 못한 고객은 기다리지 않고 경쟁사 제품을 구매한다. 이런 상황이 반복되면 기업의 시장 점유율과 고객 만족도를 떨어뜨려 경쟁력을 하락시킨다.
- **간결성**conciseness: 대개 복잡성은 민첩한 실행을 저해하고 많은 비

용을 유발한다. 공급망 네트워크나 운영 구조를 간결하게 관리하는 것은 운영 비용을 절감할 뿐만 아니라 전략실행의 속도를 강화할 수 있다.

- **가시성**visibility: 가시성을 확보하는 것은 효율적 운영을 위한 기본 조건이다. 운영상 이슈를 신속하게 파악해야 신속한 대응이 가능하기 때문이다. 이를 위해 최근 기업들은 IT 시스템을 도입하여 경영 전반에 걸친 가시성을 확보하려 노력하고 있다.
- **연계성**connectivity: 연계성은 운영 흐름을 향상하는 데 중요하다. 이를 위해 기업은 수평적 정렬을 통해 기능 간의 원활한 커뮤니케이션과 협업이 이루어지도록 노력한다. 중요한 것은 분명하지만 다른 가치 요소들에 비해 측정이 어렵다.
- **비용**[11]cost: 운영 효율성을 높여 공급망에서 발생하는 비용을 낮추는 것은 제품과 서비스의 원가를 절감하는 데 기여한다. 이는 기업의 손익뿐만 아니라 고객이 구매하는 가격에도 직접적인 영향을 미치므로 무엇보다 중시된다.

균형 잡힌 실행리듬의 체계

우리는 앞서 살펴본 내용을 정리하여 그림5-4와 같이 균형 잡힌 실행리듬의 체계를 정의할 수 있다. 이는 크게 가치 그룹에 해당하는 본

---

11 비용은 운영 흐름의 이미지와는 부합하지 않지만 '가치'에 해당한다. 운영 분야에서 비용을 줄이는 것은 고객과 기업에게 가치를 제공할 수 있다. 다만, 비용을 별도 가치로 구분하였지만, 다른 가치 요소들과 직접적인 관련성이 높아 항상 상호작용을 고려해서 판단해야 한다.

원적 가치와 운영 흐름으로 분류하고, 각각의 가치 그룹에 해당하는 다양한 세부 가치 요소들의 결합으로 이루어진다. 이러한 체계는 몇 가지 특성을 갖고 있으며, 주요한 내용은 다음과 같다.

[그림5-4] 균형 잡힌 실행리듬의 체계

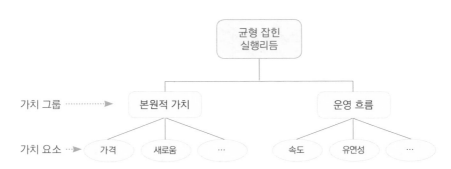

첫째, 개별 기업의 전략에 따라 가치 그룹에 속하는 가치 요소는 달라진다. 이는 기업별로 처한 환경이 다르고 자원과 역량 수준도 차이가 나며, 이에 따라 성과를 창출할 수 있는 전략도 다르기 때문이다. 결국, 개별 기업에 맞는 고유한 리듬이 존재할 수밖에 없다.

이를 명확히 정의하는 것은 생각만큼 쉽지 않다. 가치를 정의하는 기준은 상대적인 것으로, 모든 기업에 적용되는 절대적인 기준이 존재하지 않는다. 우리는 지속적인 기업 내부의 컨센서스 과정을 통해 합리적이고 객관적인 기준을 만들 수밖에 없다. 얼핏 보면 균형 잡힌 실행리듬의 구성을 상세하게 정의하는 것이 유익할 것 같지만, 오히려 지나친 상세화는 복잡성을 유발하여 실행 자체를 힘들게 할 뿐이다.

둘째, 우리는 본원적 가치와 운영 흐름을 형성하는 모든 가치 요소들을 극대화할 수 없다. 전략은 자원과 역량의 제한으로 인해 선택한 것으로, 이와 연장선상에 있는 균형 잡힌 실행리듬에서 모든 가치 요소를 극대화할 수는 없다. 따라서 전략의 목적과 방향에 맞게 이를 적절히 구성하는 것이 중요하다. 이런 작업은 결코 쉽지 않으며, 많은 시간과 노력을 요구한다.

셋째, 가치 요소들 간에는 상쇄효과와 상승효과가 존재한다. 예를 들어 운영 흐름에 해당하는 비용과 유연성은 상쇄관계를 보인다. 대개 비용 경쟁력을 위해 규모의 경제를 선택하게 되면, 고객의 요구에 반응하는 유연성이 떨어질 수밖에 없다. 그래서 가치 간의 선택은 단순히 고르는 것이 아니라 일종의 최적화 문제라 할 수 있다. 이러한 상호작용을 명확하게 구분하여 정의할 수 없다. 하나의 가치 요소가 동시에 여러 가치에 영향을 줄 수 있으며, 그 영향도를 정확히 측정하는 것은 사실상 불가능에 가깝다.[12] 따라서 우리는 겉으로 보기에 명백하게 분리되어 있는 활동들이 서로 연관되어 발생하는 결과에 항상 주의를 기울여야 한다.

넷째, 균형 잡힌 실행리듬의 가치 요소는 정해진 것이 아니라 시간에 따라 변화한다. 시장과 고객이 선호하는 가치는 진화하기 때문이다. 따라서 시장과 고객의 변화를 감지하고 이에 맞추어 균형 잡힌 실행리듬을 유연하게 변경해야 한다.

우리는 가치 요소들을 명확히 정의하고 분석할 수 없다는 사실에 혼

---

12 통계학에서는 독립변수 간에 서로 상관관계가 있을 때 발생하는 문제를 다중공선성 multicollinearity이라고 부른다.

란스러워진다. 하지만 그렇다고 무용지물이라 단정하는 것은 성급한 생각이다. 전략은 과학처럼 합리적인 사고를 요구하지만, 과학과 달리 모든 요소를 정확히 정의하지 않아도 성과 창출이 가능하기 때문이다. 역사적으로 뛰어난 경영 사례를 보더라도, 모든 가치 요소를 사전에 완벽하게 정의해서 성과가 발생한 것은 아니다. 아마도 우리에게 필요한 것은 전략에서 중요한 것을 간과하지 않는다면, 나머지는 실행에서 충분히 대응할 수 있다는 적극적인 자세인지도 모른다.

5.2 균형 잡힌 실행리듬의 이미지를 이해하라

머릿속에 리듬의 이미지를 떠올려 보자. 아마 단순한 리듬은 쉽게 시각화할 수 있지만 복잡한 형태는 도무지 그려지지 않는다. 이는 인간이 갖는 인식의 한계로 인해 복잡한 형태를 쉽게 시각화할 수 없기 때문이다. 균형 잡힌 실행리듬도 전략에 맞는 다양하고 고유한 리듬이 존재하므로, 단순히 몇 가지 패턴으로 정형화할 수는 없다.

만일 균형 잡힌 실행리듬을 수학적으로 모델화할 수 있다면, 이해가 쉽고 활용이 용이할 수 있다. 하지만 애석하게도 이는 그렇게 간단한 문제가 아니다. 예를 들어, 다양한 가치 요소를 변수로 하는 중회귀식 [13]과 같이 모델화한다면 좀 더 이해하기 쉽다. 하지만 가치 간의 상호작

---

[13] 일반적으로 대부분의 자연적, 사회적인 현상을 설명하기 위해서는 두 개 이상의 독립변수에 의해 좌우되는 경우가 많다. 종속변수의 변화를 설명하기 위해 두 개 이상의 독립변수를 사용하는 회귀식을 중회귀식multiple regression equation이라 부른다.

용을 정확하게 표현하기란 현실적으로 쉽지 않아, 단순화된 수학적 모델은 현실을 자의적으로 왜곡할 수밖에 없다.

균형 잡힌 실행리듬의 형태를 정확히 표현하기 어렵다고 해서, 그 존재 자체를 부정할 이유는 없다. 그것은 단순하게 정의하기는 어렵지만, 오랜 분석과 고민 후에 섬광처럼 머릿속에 그려질 수 있는 것과 같다. 전략적 직관처럼 표현하기는 쉽지 않지만, 감각적으로 받아들여지는 것처럼 말이다. 하지만 이러한 과정은 단순한 추측이 아니라 반드시 정보를 토대로 한 정교한 판단에 근거해야 한다.

언제나 그렇듯 현상은 복잡해 보이지만 본질은 단순하다. 많은 복잡한 문제 가운데에서 해결을 위한 중요한 통찰력을 얻어 내듯이, 우리는 복잡한 전략실행 속에서 균형 잡힌 실행리듬을 인식해야 한다. 이제 균형 잡힌 실행리듬의 이미지를 연상하는 노력을 통해 그 가능성을 찾아보자.

축구, 리듬의 이미지를 제공하다

축구는 11명으로 구성된 한 팀이 유기적으로 움직여야 상대 팀을 압도하며 승리할 수 있는 경기로서, 일종의 전략실행을 수행하는 경기이다. 상대 팀의 전력을 분석하고 팀이 가진 역량을 활용하여 포메이션을 선택하고 선수를 배치하는 것은 전략적 정렬과 유사하다. 하지만 축구도 전략처럼 미리 의도한 대로 실행이 되지 않는다. 감독은 포메이션을 정하고 선수들의 움직임을 예상하여 나름대로 승리를 예측하지만, 실제 경기를 하는 것은 선수들이다. 선수들의 컨디션, 마음가짐에 따라 경기력은 차이를 보인다. 때로는 갑작스러운 부상, 퇴장 등 통제할 수 없는 변수들이 발생하는 것이 실제 축구 경기이다.

의도한 대로 축구 경기가 이루어질 수 없지만, 자신의 팀에 맞는 경기 흐름을 유지해야만 좋은 결과를 기대할 수 있다. 즉, 전략과 전술의 우수성도 중요하지만, 경기의 승패는 각각의 포지션을 맡은 선수들이 전술을 얼마나 이해하고 자신의 역할을 충실히 수행하는가에 달려 있다. 유기적인 선수들의 움직임은 바다의 파도처럼 리듬을 형성할 것이며 조화를 이룰수록 파괴력은 커질 것이다.

축구에서 의도한 리듬을 만들기 위해 노력하는 과정은 그림5-5와 같다. 상대 팀을 분석하고 자신의 팀 역량을 확인한 후 포메이션을 결정하고 선수를 배치하는 전술을 구상하는 것은 전략을 수립하는 단계와 유사하다. 그런 후에 감독은 경기에서 예상되는 선수들의 움직임을 시뮬레이션하는데, 이것은 사전에 머릿속에서 의도하는 '균형 잡힌 실행리듬'을 예상해 보는 것과 같다.

경기가 시작되면 끊임없이 선수의 움직임을 관찰하여 경기 흐름을 진단한다. 이것은 예상한 리듬과 실제 리듬을 비교하며 판단하는 과정이다. 만일 경기 흐름이 불리하면 감독은 선수를 교체하거나 고함을 치며 선수들을 독려하여 경기 흐름을 유리한 방향으로 전환하려 노력할 것이다. 마지막으로, 경기가 끝나면 결과를 분석하게 되는데, 이때 데이터를 활용한 네트워크 분석을 통해 경기 흐름을 사후 확인할 수 있다. 이는 리듬의 사후 분석에 해당한다.

[그림5-5] 축구와 리듬

그림5-6은 유로 2008 결승전에서 맞붙은 스페인과 독일의 경기 내용을 네트워크 분석한 결과이다. 이를 통해 경기 후 실제 리듬의 결과를 시각적으로 확인할 수 있다. 분석 결과를 보면, 독일은 수비수 라인의 패스망이 진하고 중거리 패스를 많이 시도했다. 수비에 집중하다 최종공격수에게 볼을 길게 투입했으나, 유효슈팅으로 연결되지 못했다. 반면 스페인은 그물망처럼 촘촘하게 구성되어 있음을 확인할 수 있다. 경기 결과는 스페인의 1대 0 승리였다. 스페인은 티키타카TIKI-TAKA[14] 전술에 맞는 자신의 유효한 리듬을 만들었지만, 독일은 수세에 몰려 적절한 리듬을 만들지 못한 것이다.

[그림5-6] 축구의 리듬 이미지

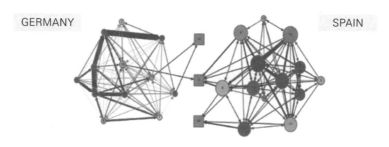

* 출처: Jordi Duch, Quantifying the Performance of Individual Players in a Team Activity, June 2010

---

14 티키타카란 스페인어로 탁구공이 왔다 갔다 한다는 뜻으로 짧은 패스로 경기를 풀어나가는 것을 말한다. 스페인은 티키타카 축구로 2008, 2010, 2012 유로 정상에 오르며 전성기를 누렸다.

패스트 패션을 통해 이미지 연상하기

패션산업에서는 변화하는 고객의 기호에 맞추어 신속하게 대응하는 것이 중요하다. 그래서 최근 속도에 기반을 둔 패스트 패션[15]fast fashion 이라는 비즈니스 모델을 도입하여 변화하는 고객 수요에 신속하게 대응하고 있다. 전통적인 패션산업의 라이프사이클은 의류 디자인, 생산, 유통에 이르는 과정이 보통 1년 이상 소요되지만, 패스트 패션은 불과 3~4주 안에 이러한 모든 과정이 이루어진다. 이를 위해 공급망의 모든 요소를 수직적으로 통합 운영하며, 효율적인 프로세스와 대량생산을 통한 원가절감, 그리고 빠른 제품회전을 추구한다.

패스트 패션의 대표적인 기업으로 자라ZARA, H&M, 유니클로UNICLO를 꼽을 수 있다. 이들은 패스트 패션이라는 같은 분야에 속하지만 각자 다른 전략을 추구하며 이에 따라 각자 고유한 균형 잡힌 실행리듬을 생성하고 있다. 그림 5-7은 이들 기업들의 실행리듬의 구성을 보여준다. 여기서는 실행리듬의 구성을 간략히 비교하기 위해 상대적 중요성을 기준으로 가치 요소를 비교하였다.

그림에서 볼 수 있듯이 패스트 패션산업에 속하는 기업들이라고 할지라도 각자 다른 실행리듬을 구성하고 있음을 볼 수 있다. 전략에 따른 핵심 경쟁력은 자라는 '속도', H&M은 '가격', 유니클로는 '기능'이다. 이를 중심으로 각기 다른 균형 잡힌 실행리듬의 구성을 결정하게 된다.

---

15 최신 유행을 즉각 반영한 디자인, 비교적 저렴한 가격, 빠른 상품 회전율로 경쟁하는 패션 또는 패션사업을 뜻하는 말이다. 주문을 하면 바로 먹을 수 있는 음식인 패스트푸드fast food처럼, 빠르게 제작되어 빠르게 유통된다는 의미에서 패스트패션fast fashion이라는 이름이 붙었다.

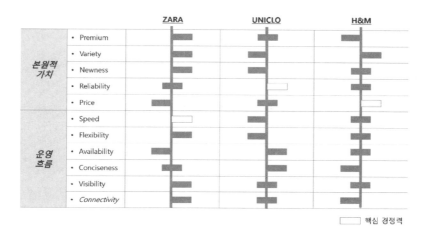

[그림5-7] 패스트 패션의 기업의 가치 요소 상대 비교

자라는 패션 명품을 저렴한 가격으로 빠르게 제공하는 전략을 추구한다. 따라서 새로움과 속도의 가치를 중시한다. 이를 중심으로 다른 가치들의 전략적 정렬이 이루어진다. 상대적으로 프리미엄과 다양성을 강조하지만, 가격은 다른 기업에 비해 상대적으로 높은 편이다. 또한, 속도와 빠른 대응을 위해 가시성과 연계성을 높이고 있다.

이에 비해 유니클로는 자라와 다소 상반된 균형 잡힌 실행리듬을 지향하고 있다. 고객에게 기능성 제품을 저렴한 가격에 제공하는 것이 목적이므로, 신뢰성과 가격을 중시한다. 운영 흐름을 살펴보아도 속도와 유연성은 상대적으로 낮으며, 대량 생산과 단순한 운영을 통해 비용을 낮추고 가용성을 높인다.

H&M은 저렴한 가격과 우수한 품질의 제품을 빠르게 제공하는 전략을 추구하며, 이에 따라 가격과 원가절감을 위한 아웃소싱을 중시한다. 제품도 최신 유행을 따르기는 하지만, 생산 공정을 단순화할 수 있

는 디자인을 선택하고 있어 프리미엄 가치를 높이지는 않는다. 상대적으로 원가를 중시하여 운영 흐름을 비교하면 자라에 비해 속도와 유연성 등은 낮은 편이다.

위와 같은 비교 과정을 통해 기업마다 전략에 따라 고유한 리듬을 구성하고 있음을 확인할 수 있지만, 아쉽게도 개별 기업의 균형 잡힌 실행리듬의 이미지를 연상하기는 쉽지 않다. 따라서 좀 더 본질적인 리듬 이미지에 다가가기 위해, 빛과 유사한 형태로 본원적 가치와 운영 흐름을 전환하여 구성하여 보았다.

[그림5-8] 자라의 균형 잡힌 실행리듬 이미지 연상

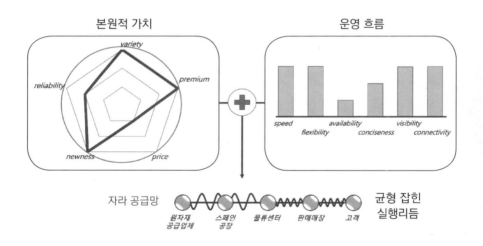

자라의 사례를 그림5-8과 같이 이미지 연상을 위한 전환을 시도했다. 본원적 가치의 상대적 크기를 가늠해 보고, 운영 흐름의 가치들을 리듬을 연상할 수 있는 형태로 전환했지만, 여전히 복합적인 이미지는

쉽게 머릿속에 떠오르지 않는다. 하지만 우리가 시각적으로 표현할 수 없다고 해서 존재를 부정할 필요는 없다. 그것은 오랜 고민과 질문 끝에서야 찾아오는 통찰력과 같은 것이기 때문이다.

5.3 프레임워크를 통해 활용하라

모니터 그룹의 2006년도 글로벌 조사를 보면 공식적인 전략실행 시스템의 소유 여부에 따라 성공 가능성이 2~3배나 차이가 난다고 한다. 이는 실행에 있어 체계적인 시스템이 중요함을 의미한다. 앞서 균형 잡힌 실행리듬의 체계를 이해하고 이미지를 연상하기 위해 다양한 사례를 살펴보았다. 이를 통해 좀 더 개념적인 실체를 명확히 할 수 있었지만, 이것만으로 경영 현장에서 실제 활용하기는 쉽지 않다. 따라서 개념적인 프레임은 좀 더 체계화되어 궁극적으로 시스템으로 진화할 필요가 있다.

이 책에서는 컨설팅 경험을 기반으로 우선 균형 잡힌 실행리듬을 관리하기 위한 프레임워크를 제안하고자 한다. 완벽한 프레임워크는 아니더라도 이를 통해 많은 시행착오를 경험하게 되면 기업에 맞는 공식적인 전략실행 시스템으로 빠르게 정착할 수 있을 것이다.

관리 프레임워크

균형 잡힌 실행리듬을 효과적으로 관리하기 위한 프레임워크는 4단
계로 구성이 된다. 첫째, 사업전략 및 시장 동향 등 정보를 수집하여
경영 환경을 이해하는 단계이다. 둘째, 실행리듬을 바라보는 프레임
으로 전환하는 단계이다. 셋째, 전환된 프레임을 바탕으로 실행 현황
을 파악하여 균형 잡힌 실행리듬의 생성을 진단하는 단계이다. 마지
막으로 진단 결과를 기반으로 전략을 수정하거나 실행을 강화하는
피드백 단계이다.

[그림5-9] '균형 잡힌 실행리듬' 관리 프레임워크

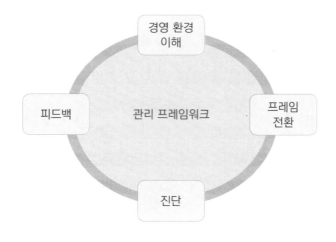

프레임워크의 단계별 주요한 내용은 다음과 같다.

■ 제1단계: 경영 환경 이해

먼저 기업의 사업전략과 시장 동향에 대한 정보를 수집해야 한다. 이를 통해 사업전략의 목적과 방향성, 실행과제 등을 명확히 확인하는 단계이다. 사업전략은 기업 내부의 전략기획부서에서 관리하는 전략체계도나 보고서를 통해 이를 명시적으로 확인할 수 있다. 시장의 최근 동향 정보는 판매부서, 리서치 기관 등을 통해 확보해야 한다.

여기서 유의할 점은 사업전략 보고서라는 문서에 얽매일 필요는 없으며, 만일 전략이 보고서와 달리 실행되고 있다면 가능한 실질적인 전략을 파악해야 한다. 성과가 부진한 이유는 실질적인 전략실행이 미흡하기 때문이지 보고서가 충실하지 못해서가 아니다.

■ 제2단계: 프레임 전환

사업전략의 이해를 기반으로 실행리듬을 점검할 수 있는 프레임으로 전환하는 단계이다. 먼저 사업전략에 담긴 내용을 통해 본원적 가치와 운영 흐름을 구분해야 한다. 고객과 직접적으로 관계된 가치는 '본원적 가치', 그리고 내부 운영 효율성과 관계된 가치는 '운영 흐름'으로 구분하여 가치 요소를 정의한다.

여기서 유의할 점은 본원적 가치와 운영 흐름의 구분이 애매한 경우가 있다는 것이다. 이는 불가피하게 상대적 중요성을 고려하여 구분할 수밖에 없다. 또한, 각각의 구성 요소에 대해 너무 다양한 가치 요소를 정의하는 것은 바람직하지 않다. 너무 많은 비본질적인 가치를 파악하는 동안 정말 중요한 가치를 묻혀버릴 수 있기 때문이다. 가능한 각각 7개 이하의 가치 요소로 정의하는 것이 바람직하다.

■ 제3단계: 진단

실행리듬을 점검할 수 있는 전환된 프레임을 통해 공급망에서 이루어지는 다양한 활동의 현상을 파악하고 측정하여, 이를 가치 요소로 전환하고 실행의 리듬이 적절한지 판단하는 단계이다. 균형 잡힌 실행 리듬의 측정을 위한 진단 프로세스는 그림 5-10과 같이 여러 과정을 거친다.

[그림5-10] 진단 프로세스

먼저 공급망에서 발생하는 다양한 현상과 징후를 감지한다. 그리고 이를 가능한 KPI로 측정한다. 여기서 적절한 KPI를 정의하는 것은 어려운 작업이다. KPI는 일정한 한계를 갖고 있으며, 가치를 정확하게 정량적으로 측정할 수 있는 KPI는 드물기 때문이다. 하지만 반드시 정량적 지표일 필요는 없으며, 정성적 지표도 조직 내 합의만 있으면 충분히 활용 가능하다. 또한 매출, 손익 등 결과 지표뿐만 아니라 과정 지표를 점검하는 것이 중요하다. 예를 들면 신제품 출시의 진행 현황을 확인하기 위해 매출을 점검하는 것도 중요하지만, 선행 과정인 주문을 먼저 체크해야 한다.

그리고 난 후 KPI로 측정한 결과를 가치 요소로 전환한다. 여기는 주관적 판단이 개입할 수밖에 없다. 따라서 가능한 공식적 절차에 따라 객관적으로 판단해야 한다. 기존에도 공급망의 다양한 성과를 측정하여 경영 성과로 전환하는 다양한 노력이 존재했다. 이를 최대한 활용하여 각자 기업에 맞게 적용해야 한다.

다음으로 가치로 전환한 내용을 기반으로 의도한 균형 잡힌 실행리듬에 적합한지 검증한다. 가치 요소를 각각 점수로 산정해서 최종 판단할 수 있지만, 그보다는 가치 요소를 자세히 관찰하며, 많은 논의를 통해 머릿속에서 이미지를 연상하는 것이 좋다. 숫자만을 통해 일시적으로 파악하는 것은 통찰력을 얻기 어렵기 때문이다. 이때 전략 캔버스[16]와 같은 형태로 가치 요소를 시각적으로 비교하는 것은 이미지를 연상하는 데 도움이 된다.

마지막으로 균형 잡힌 실행리듬을 비교한 내용을 기반으로 가치 요소에 대한 이슈를 정의한다. 의도한 가치 요소와 현재 수준을 통해 제거, 감소, 증가, 창조[17] 해야 하는 가치를 정의하고, 이를 통해 이슈를 정의한다. 전략실행 초기는 역량 확보가 중요하므로, 인력, 시스템, 프로세스, 기술 역량이 요구수준에 맞게 확보되는지 파악하는 것이 긴요하다.

진단의 전반적인 과정에서 유의할 점은 정성적인 측정과 판단이 불가피하다는 점이다. 정성적 측정은 각자의 관점과 이해 수준이 달라

---

16 전략 캔버스는 블루오션 구축을 위해 현황을 진단하는 도구이다. 산업에서 기업들이 경쟁하는 요소들의 현황을 파악해 일목요연하게 시각적으로 보여주는 그래프이다.

17 블루오션 전략의 네 가지 액션 프레임워크를 참조하였다.

내부 합의 과정이 쉽지 않을 수 있다. 또한, 내부 조직원 간에 합의 과정에서 집단사고[18]의 위험에 빠질 수 있다. 따라서 정성적 측정은 객관적으로 진행되는가에 대한 끊임없는 의심이 요구된다.

■ 제4단계: 피드백

실행리듬의 진단을 통해 정의한 이슈를 기반으로 전략을 수정하거나 실행을 강화하는 단계이다. 이슈에 따른 개선 과제를 정의하고, 우선 순위를 정해 피드백을 수행한다. 진단 결과, 특정 가치 요소에만 성과가 발생하는 경우에는 수직-수평적 정렬의 균형이 부족한 것으로 판단되므로 실행 과정의 조율을 수행한다. 반대로 가치 요소들 간에 불균형이 존재한다고 판단됨에도 불구하고, 재무성과가 좋으면 전략에 대한 재점검이 필요하다.

관리 기본 원칙

프레임의 목적과 배경에 맞는 관리 원칙은 균형 잡힌 실행리듬을 점검할 수 있는 프레임워크를 효과적으로 활용하는 데 도움이 될 수 있다. 몇 가지 주요한 관리 기본 원칙을 나열하면 다음과 같다.

---

18 집단사고group think는 개인이 자신의 생각을 언제나 집단의 의견에 맞추려는 경향에 의해 발생한다. 집단사고는 개인의 창의성과 해결책의 폭을 좁게 만든다. 집단사고는 의례적이고 평균적인 해결책을 낳기 쉽다.

[그림5-11] '균형 잡힌 실행리듬' 관리 기본 원칙

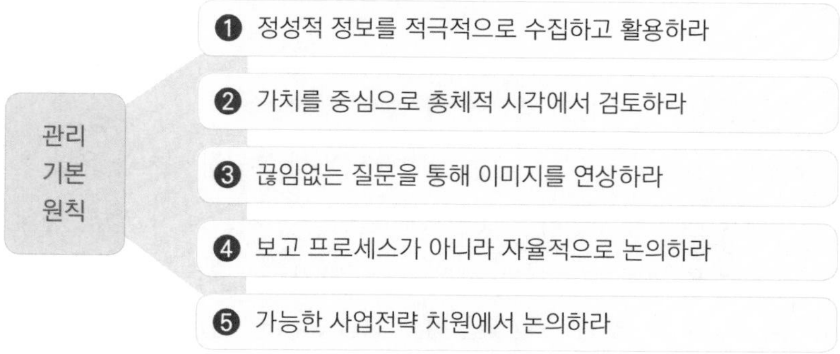

관리
기본
원칙

❶ 정성적 정보를 적극적으로 수집하고 활용하라

❷ 가치를 중심으로 총체적 시각에서 검토하라

❸ 끊임없는 질문을 통해 이미지를 연상하라

❹ 보고 프로세스가 아니라 자율적으로 논의하라

❺ 가능한 사업전략 차원에서 논의하라

첫째, 정성적 정보를 적극적으로 수집하고 활용하라.

정량적 정보만으로 가치를 판단해서는 안 되며, 반드시 정성적 정보를 확보하도록 노력해야 한다. 대개 기존 전략을 뛰어넘는 창의성은 정성적 정보에서 나오기 때문이다. 이를 위해 실행에 참여하고 있는 조직원들의 의견 청취와 외부 고객 조사는 매우 중요하다. 간단한 설문조사보다 인터뷰 등을 통해 숨겨진 의미를 파악해야 한다. 이를 위해 가능한 객관적인 정보를 얻을 수 있도록 세심하게 설문을 구성해야 한다.

둘째, 가치를 중심으로 총체적 시각에서 검토하라.

우리는 수평-수직적 정렬의 균형을 통해 전략과 실행을 효과적으로 연계할 수 있고 제안하였다. 이때 균형을 판단하는 기준은 '가치의 결합'이다. 여기서 가치는 정량적으로 측정할 수 있는 것만이 아니다. 사실 중요한 의미는 정성적 측정이 많다. 그러므로 가치 측정에는 주관적 판단이 개입할 여지가 많다. 따라서 조직 내에서 충분한 논의 과정을

거쳐야 한다. 하지만 그러한 과정에서 집단사고의 위험성을 배제할 수 없으므로, 항상 의심하는 자세를 잊지 말아야 한다.

셋째, 끊임없는 질문을 통해 이미지를 연상하라.

균형 잡힌 실행리듬의 수준을 측정하기 위해 본원적 가치와 운영 흐름에 각각 점수를 부여하여 총점으로 판단하는 것은 좋지 않다. 총점으로 수준을 파악하면 왠지 이해했다는 생각이 들어 질문이 멈추어 버린다. 하지만 숫자로 표현되는 것은 전략실행의 전부가 아니다. 이보다는 측정한 수준에 대한 의문을 품고 지속적으로 질문하고 논의하는 것이 바람직하다. 통찰력은 대개 질문에서 나온다. 스스로 문제가 무엇인지 질문하고, 파괴적이면서도 신선한 질문을 반복하는 것은 본질적인 이미지를 파악하는 데 큰 도움이 된다.

넷째, 보고 프로세스가 아니라 자율적으로 논의하라.

경영진은 공식적 회의를 통해 보고받는 것에 익숙하지만, 균형 잡힌 실행리듬의 판단은 형식적인 보고를 통해 얻어질 수 없다. 보고 프로세스보다는 자율적으로 논의하는 회의체를 통해 진단하고 판단하는 것이 좋다. 스티브 잡스가 소수 회의체를 운영했던 것처럼 말이다. 이는 복잡한 프로세스가 아닌 간단한 프로세스로 진행이 되어야 한다. 복잡한 프로세스는 진단 과정의 활력을 갉아먹는다. 또한, 수차례 형식적 회의와 여러 단계의 승인과정이 거치게 되면, 있는 그대로가 아닌 조직이 보고 싶은 것으로 수렴해 버린다.

다섯째, 가능한 사업전략 차원에서 논의하라.

사업전략을 기능전략으로 하위 전개한 후에 운영 흐름을 논의하는 것은 변화가 빠른 오늘날 민첩한 전략실행이 될 수 없다. 우리는 최소한 운영 흐름에 해당하는 구조적인 이슈는 사업전략에서 함께 논의되는 것이 바람직하다고 생각한다. 많은 대기업들은 전략과 운영이 분리된 공식적 체계를 갖고 있는데, 이런 기업일수록 본원적 가치와 운영 흐름에 해당하는 모든 가치를 사업전략 단계에서 함께 논의되어야 한다. 이는 복잡한 대규모 조직이 소규모 기업처럼 민첩하게 전략실행 할 수 있는 하나의 방안이다.

5.4 새로운 매개체의 유용성을 생각하다

언제나 그렇듯 사후에 경기 결과를 해석하기는 쉽지만, 현장에서 직접 판단하고 의사 결정하기는 쉽지 않다. 어떻게 축구의 명장들은 이런 것을 극복할 수 있을까? 알렉스 퍼거슨Alex Ferguson에 따르면 그것은 관찰이다. 관찰의 힘이 결정적인 8분을 만든다는 것이다. 그에 의하면 짧은 하프타임 동안 재빨리 전술을 바꾸고 선수를 교체하려면 전반 동안 선수들을 잘 관찰해야 한다.

하지만 단지 열심히 관찰한다고 해서 알렉스 퍼거슨처럼 통찰력이 생길 수 있을까? 그는 자서전에서 이를 명확하게 설명하지 않았지만, 아마도 자신의 고유한 프레임을 통해 신중하게 관찰했을 것이다. 이는 박지성 선수를 선택하는 과정에서 얼핏 엿볼 수 있다. 2005년 알렉스 퍼거슨은 경기 중에 지칠 줄 모르는 에너지를 발산하며 코커스패니얼처럼 경기장을 휘젓고 다니는 박지성 선수를 관찰하고 바로 계약하였다. 그는 박지성을 단지 열심히 뛰어다니는 선수가 아닌, 공간을 창조하는 선수로 보았다. 이를 통해 추측해 보면 그는 축구를 '공간을 지배하는 경기'라는 프레임으로 바라보고 있는 것이다.

축구 경기처럼 경영 현장에서도 전략실행을 관찰하는 노력이 중요하다. 우리는 많은 회의와 지표 관리를 통해 실행 과정의 적절성을 점검하지만, 제대로 판단하는 것은 쉬운 일이 아니다. 그렇기에 체계적으로 전략실행을 점검할 수 있는 효과적인 수단을 찾는 고민이 존재해 왔다.

이를 위해 많은 기업은 실행 관리를 위한 통합적인 시스템을 구축하는 데 주력하고 있다. 물론 시스템 구축을 통해 프로세스를 확보하는 것은 중요하다. 하지만 우리는 그보다 비즈니스 역동성을 효과적으로 바라볼 수 있는 프레임이 우선이라 생각한다. 그것이 바로 우리가 역동적인 상황에서 전략실행을 바라보는 프레임으로 '균형 잡힌 실행리듬'을 제안한 이유이다.

전략실행 관리 체계에서 어떻게 활용할 수 있을까

많은 대기업은 전략과 운영계획을 분리하여 관리하도록 회의체를 운영하고 있다. 대개 전략은 CEO 중심으로 주로 월이나 분기 단위로 전략실행의 진척도, 장애요인 등을 점검하고 있으며, 운영은 COO 중심으로 주간 단위로 매출, 생산, 손익 현황을 모니터링하고 이슈를 논의하는 회의체를 별도로 운영하고 있다. 이는 기업 규모와 복잡성이 증가함에 따라 회의체를 분리 운영하는 것이 효과적이라 생각하기 때문이다.

이런 상황에서 전략과 실행을 연계하는 효과적인 방법은 전략과 운영계획을 연계하는 공식 체계를 갖는 것이다. 즉, 두 가지 계획을 정렬시키고, 진행 현황을 점검하며 이슈를 해결해 가는 통합된 관리 체계를 가져야 한다.

1992년 BSC를 성과측정 시스템으로 소개한 로버트 캐플란Robert S. Kaplan은 이를 기반으로 전략실행 시스템 체계를 개발하기 위해 지속적으로 노력해 왔다. 그는 『전략실행 프리미엄』에서 전략과 운영을 연계하는 종합적이고 통합적인 전략실행 관리 체계를 그림 5-11과 같이 제안하였다. 이는 BSC를 기반으로 좀 더 정교하고 상세한 전략관리 시스템으로 진화한 것으로, 전략과 실행을 연계하기 위해 전략-운영적 계획을 일치시키고 성과지표를 측정하는 것이 주요 핵심이다.

그는 많은 기업이 두 가지를 분리하여 운영하는 데 실패하고 있다고 보았는데, 이유는 전략검토회의조차도 운영적 이슈를 논의하는 데 대부분의 시간을 보내고, 전략에 대한 논의는 거의 진행되지 않기 때문이다. 그래서 우선 각각의 회의체를 본래의 목적에 맞게 운영할 것을 조언하였다. 그리고 '전략관리실'이라는 전문 기능 조직을 신설하여 전략실행 관리 체계를 전반적으로 관리할 것을 제안하였다.

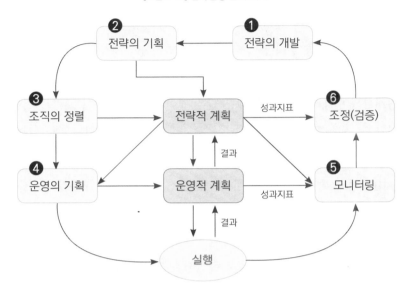

[그림5-12] 전략실행 관리 체계

* 출처: Robert S. Kaplan, The Execution Premium, 2008

　로버트 캐플란의 제안은 여전히 성과지표를 통해 질서와 통제를 부여
하고자 하는 전략 관점에 머무르고 있다. 따라서 가치를 전달하는 흐름
에 대한 고려는 미흡한 편이다. 운영 이슈를 다루는 과정에서 전략 이
슈를 간과하는 상황에 대한 인식은 정확하다. 하지만 전략 이슈만 별도
로 집중적으로 다룬다고 해서, 갈수록 증가하는 비즈니스 역동성에 대
응하기는 다소 미흡해 보인다. 또한, 성과지표를 통해 전략과 실행을 연
계하는 것은 효과적이지만, 역동적인 상황에서 균형은 부족해 보인다.

　우리는 전략과 실행의 연계가 효과적으로 되기 위해서, 수직-수평
적 정렬을 통해 본원적 가치와 운영 흐름 간에 균형이 이루어져야 한다
고 본다. 전략 이슈를 논의하는 회의에서 균형 잡힌 실행리듬을 통해

운영적 가치를 함께 다루어야 한다고 생각한다. 그래야 좀 더 민첩한 전략실행이 가능할 수 있다.

그는 전략실행이 실패하는 이유는 전략과 운영을 통합 및 정렬시킬 수 있는 종합적 관리시스템이 결여되어 있다고 보았다. 물론 중요한 지적이다. 대부분 기업에서 전략과 운영이 각자 분리되어 수행되는 경향이 많기 때문이다. 그러한 이유로 효과적인 전략실행 관리 체계를 제시하였다. 우리는 시스템도 중요하지만, 전략을 담당하는 사람들이 적절한 프레임을 갖는 것이 먼저라고 생각한다. 그래서 전략실행을 위한 새로운 프레임을 제안한 것이다.

새로운 프레임은 전략 관리실 업무에 충분한 도움이 될 수 있다. 즉, 전략기획 담당자들은 새로운 프레임을 통해 공급망 현황을 진단하여 가치를 균형적으로 바라볼 수 있다. 또한, 전략 기획과정과 운영전략에서 프레임을 활용하여 좀 더 효과적인 계획을 수립할 수 있다. 프레임을 분석툴로 활용하면 모니터링도 역시 효과적이다. 이는 새로운 프레임은 로버트 캐플란이 제안한 전략실행 관리 체계의 미흡한 점을 보완하며 함께 운영될 수 있음을 의미한다.

궁극적으로 전략적 사고를 지원하는 프레임이다

'균형 잡힌 실행리듬'은 전략실행을 바라보는 프레임이자 분석툴로서 활용될 수 있으며, 궁극적으로 전략적 사고를 지원할 수 있다. 우리는 프레임을 활용하여 전략과 실행에 대한 균형적 시각을 유지하고, 지속적으로 피드백을 수행하여 전략적 성과를 창출할 수 있다.

첫째, 가치 균형을 통해 총체적 사고를 가능하게 한다.

해리 야거Harry Yargger는 "전략적 사고는 철저함과 총체적 사고에 관한 것이다."라고 언급했다. 하지만 요즘 많은 기업들은 그가 말한 전략적 사고와 거리가 멀어지고 있다. 특히 기업 조직이 거대화해 짐에 따라 CEO는 매출 지표를 챙기거나 전략 수립에만 관여하는 고상한 역할에 머무른다. 그 결과, 전략은 제대로 실행되지 않는다.

총체적 사고가 부족한 것이 주요 원인이지만, 여전히 대부분 CEO는 전략수립 단계에서 고객가치만 고려할 뿐 운영가치에 대한 고려는 미흡하다. 이를 개선하기 위해 '균형 잡힌 실행리듬'은 CEO가 이해하기 쉽도록, 가치 균형을 위한 체계적인 사고틀을 제공한다. 더욱이 이를 사업전략 수립 단계에서 활용하게 되면 좀 더 민첩한 전략실행이 가능할 수 있다.

둘째, 전략실행의 적절성을 사전 점검하는 툴로서 유용하다.

불확실성과 역동성이 증가하는 경영 환경에서는 전략과 실행의 간극을 자주 점검해야 한다. 특히 실험과 시행착오를 반복해야 하는 혁신적인 비즈니스에서는 더욱 그러하다. 이를 위해 많은 기업들은 KPI 지표를 관리하거나 현장 방문을 통해 실행 상황을 점검한다. 때로는 컨설턴트가 제공한 분석툴을 활용하기도 한다. 나름대로 의미 있는 일이지만, 전략실행의 적절성을 제대로 판단하는가에 대한 의문은 남겨져 왔다.

균형 잡힌 실행리듬은 실행의 적정성을 판단할 수 있는 유용한 프레임이다. 이는 기존 분석툴에서 미흡하였던 동적인 이미지를 제공하며, 본원적 가치와 운영 흐름을 통합하여 보다 총체적인 점검을 가능하게 한다. 또한, 이러한 모든 행위를 공급망을 중심으로 정렬하여 체계적인 관리가 가능하도록 지원한다.

셋째, 전략실행을 위한 유연한 사고를 지원한다.

의도한 리듬을 만들어야 음악이 완성되듯이, 지속적으로 의도한 균형 잡힌 실행리듬을 만들어야 성과를 창출할 수 있다. 리듬을 관찰하는 행위는 전략실행 과정에서 흐름을 점검하는 유연한 사고를 제공한다.

미리 세워 놓은 전략에 고착화될 경우 상황 변화에 대처하고 그 흐름을 타는 데 방해가 될 수 있다. 이보다는 공급망의 리듬을 세심하게 관찰하는 행위를 통해 상황에 따른 변화 흐름을 파악하여, 성과 창출을 염두에 두고 다양한 변수를 조율하는 것이 바람직하다. 때론 여기에 전략 자체를 포기하고 방향을 재점검해야 하는 것도 포함한다.

[그림5-13] 균형 잡힌 실행리듬의 유용성

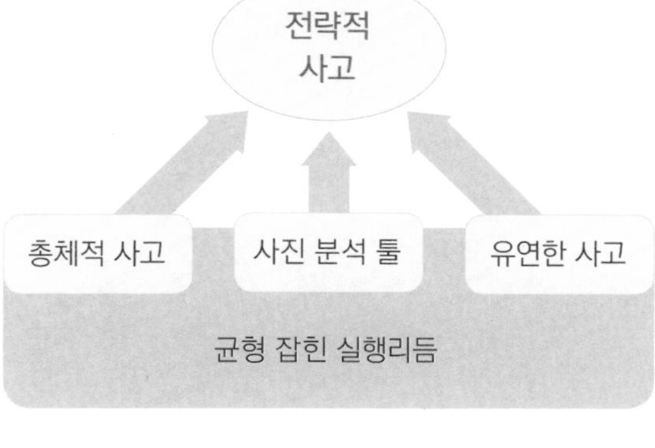

전략적
사고

총체적 사고   사진 분석 툴   유연한 사고

균형 잡힌 실행리듬

우리는 대개 우발적인 변수가 등장할 것이 분명하기 때문에 모든 전략이 그대로 실행되지 않으리라는 것을 알고 있다. 그러면 전략의 기능은 무엇인가? 프랑수아 줄리앙Francois Julien에 의하면, 그것은 전략을 그대로 적용을 하기 위해서가 아니라 전략을 기반으로 생각하기 위해서라고 했다. 즉, 전략은 전략적 사고를 위한 툴인 셈이다.

균형 잡힌 실행리듬의 궁극적인 유용성도 바로 여기에 있다. 새로운 프레임을 통해 전략과 실행의 간극을 제거하는 것은 불가능하다. 그럼에도 프레임이 유용한 이유는 비즈니스의 역동성이 높아지는 경영 현실에서 전략과 실행의 간극의 본질을 파악하고, 간극을 줄이기 위해 총체적 사고할 수 있는 매개체로서 역할이 가능하기 때문이다. 이는 궁극적으로 전략적 사고를 지원하게 된다.

한국 LCD TV, 세계를 정복하다

1966년 금성사(현 LG전자)에서 처음으로 TV를 생산하였다. 당시 많은 제품이 그랬듯이 일본에서 기술과 부품을 들여와 베끼다시피 만든 제품이었다. 브라운관 TV가 주도하던 시대에는 일본을 따라가는 데 급급했다. 선두주자인 소니, 파나소닉 등과 비교해 브랜드 파워와 품질이 떨어지다 보니 가격도 낮게 받을 수밖에 없었다.

방송이 아날로그에서 디지털로 전환하면서, 시장판도가 흔들리기 시작하였다. 한국 기업은 디지털 TV 추세를 감지하고 90년대 초반부터 LCD 패널에 적극적인 투자를 감행해 왔지만, 일본 기업은 브라운관 TV에 집착하고 있었다. 한국 기업은 '대화면 경쟁'을 통해 게임의 규칙을 바꾸고, 이후 디자인으로 빠르게 소구점을 전환하며 LCD TV 시장에서 선두에 올라설 수 있었다.

시장조사 기관 IHS의 자료를 살펴보면 2005년 세계 TV 시장 1위는 소니였다. 삼성전자는 2위, LG전자는 5위였다. 하지만 삼성전자는 2006년에 선두에 올라선 후, 1위 자리를 지키고 있으며, LG전자도 프리미엄 시장에서 선전하며 2009년 이후 2위를 달리는 중이다.

어떻게 한국의 LCD TV는 세계 정상에 올랐을까? 대개 마케팅과 전략 측면에서 성공 요인을 분석하여 언급하였지만, 여기서는 전략실행 관점에서 의미를 되짚어 보고자 한다.

2000년대 초반 한국과 일본의 내로라하는 TV 제조업체들은 PDP

와 LCD 등 새로운 평판 TV 시장에서 크기와 화질 전쟁을 벌였다. 삼성전자, LG전자, 샤프, 마쓰시타 등 경쟁적으로 대량 생산을 통해 시장에 출시한 결과, LCD TV의 가격은 급속하게 떨어지기 시작했다. LCD TV를 생산하여 미국의 유통업체에 보내면 이미 가격은 20% 이상 떨어져 버렸다. 2004년 국내 시장에서 LCD TV의 40인치급 제품을 900만 원에 팔았지만, 다음 해는 400만 원대로 떨어졌다. 일 년도 안 돼서 가격이 절반 아래로 떨어진 셈이다. 소비자는 싼 가격에 환호했지만, TV 제조업체들은 피 말리는 가격 전쟁이었다.

한국 기업들이 가격 경쟁에서 승자가 될 수 있었던 것은 신제품의 빠른 출시와 공급망의 지속적인 혁신을 통해 시장 변화에 민첩하게 대응했기 때문이다. 이는 본원적 가치와 운영 흐름이 적절한 균형을 통해 전략실행력을 확보한 것이다. 즉, 화면 크기를 늘린 신제품을 출시하는 것은 본원적 가치를, 가격이 빠르게 내려가는 환경에서 신속히 공급하고 재고를 최소화하는 것은 운영 흐름에 해당하며, 이에 대한 균형을 확보한 것이다. 이에 비해 일본 기업은 초기 본원적 가치를 선점했지만, 운영 흐름이 상대적으로 미약했다.

세계 정상으로 오르는 전환점은 2006년 삼성전자가 돌풍을 일으킨 와인잔 모양의 '보르도 TV'다. 이때 삼성은 처음으로 소니를 제치고 세계 TV 시장 1위를 거머쥐었다. 성공 요인은 와인잔을 형상화한 감각적인 디자인으로 소구점을 변경한 것이 주효했고, '보르도 프로젝트'를 통해 디자인, 상품기획, 패널, 구매, 소프트웨어, 마케팅 등 모든 구성원이 함께 제품 개발에 참여하여, 전략실행의 속도를 높인 것도 전환점을 돌파하는 데 상당한 기여를 했다.

이러한 전략실행력의 근저에는 한국 기업들의 지속적인 공급망 혁신이 자리 잡고 있다. 삼성전자는 1990년대 말부터 스피드 경영을 위해 지속적으로 공급망 관리에 투자했으며, 높은 수준의 SCM 경쟁력을 보유하고 있다. LG전자 역시 2000년대 초반부터 대규모 투자와 혁신을 지속하였다. 이는 단지 IT 시스템 투자가 아니었다. 글로벌 가시성을 높이고 수요–공급 간 계획을 빠르게 동기화하고, 다양한 부서 간의 빠른 협업을 이끌어, 최적의 '운영 흐름'을 만들기 위한 과감한 투자였다. 이를 통해 한국 기업들은 뛰어난 전략실행력을 확보할 수 있었으며, 결과적으로 LCD TV는 세계 정상에 오를 수 있었다.

[그림5-14] LCD TV 시장 점유율

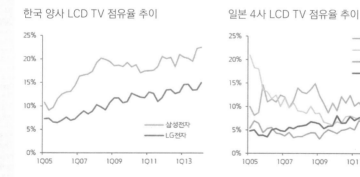

* 출처: Displaysearch, 출하량 기준

3 PART

프레임 너머로 시야를 확장하라

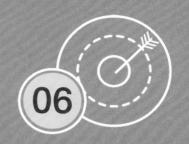

06

한계의 이해,
새로운 전진을 위한
시작

"

인간의 두뇌는 과거에 습득한 것의 극히 일부밖에 기억해 내지 못하게
되어 있다. 그런데 왜 사람은 고생해서 배우고, 지식을 얻으려 하는가?
나는 '지혜'를 얻기 위해서라고 말하고 싶다.

– 히로나카 헤이스케 廣中平祐

06
■한계의 이해,
새로운 전진을 위한 시작

✎ 우리는 복잡하게 얽혀진 경영 현실 그 자체를 모두 인식하기 어렵다. 그래서 현실 세계의 복잡성을 줄이고 단순화하여 이해하려 노력한다. 복잡한 문제도 다양한 방법론을 통해 단순화하여 해결하려 접근한다. 이러한 방법을 모델(또는 모형)[01], 프레임워크framework 등 다양한 이름으로 부르고 있으며, 이는 문제를 해결하는 데 상당이 유용한 편이다.

전략을 바라보는 프레임도 경영 현상을 단순화하고 구조화한다. 우리가 기존의 프레임 자체를 바꾸는 것은 문제를 해결하는 데 있어 중요한 전환점이 된다. 관점의 전환은 고려해야 할 주요 변수가 달라지게 되어, 이에 따라 새로운 해결 방법을 생각해 낼 수 있기 때문이다.

아쉽게도 모든 상황에 완벽한 모델은 세상에 존재하지 않는다. 모델

---

01 모델(또는 모형), 프레임워크 등에 대한 정의 구분이 필요하다. 모델은 객체, 시스템, 또는 개념에 대한 구조나 작업을 보여주기 위한 패턴, 계획, 또는 설명이다. 프레임워크는 복잡한 문제를 해결하거나 서술하는 데 사용되는 기본 개념 구조이다.

이란 특정 상황에 대한 문제 해결을 위해 단순화 과정을 거쳐 주요 변수로 상호 관계를 한정한다. 그래서 설명력과 예측력을 높이고 자원과 행동을 집중하는 힘을 얻는지도 모른다. 하지만 그것이 장점이자 한계를 만든다. 우리가 직면한 경영 현실은 모델을 통해 설명하기에는 여전히 복잡하고, 다양하며, 역동적이다.

우리가 제안한 '균형 잡힌 실행리듬'뿐만 아니라 전략 자체도 고유한 한계점을 갖고 있다. 그렇지만 한계 자체가 쓸모없음, 즉 무의미함을 의미하는 것은 아니며, 유연하게 극복해야 할 대상이기도 하다. 즉, 새로운 전진을 위해 도전해야 할 대상인 셈이다. 따라서 한계점을 명확하게 인식하는 것은 더 나은 전략실행을 위해 도움이 될 수 있다.

6.1 모든 상황에 완벽한 모델은 없다

우리가 제안한 '균형 잡힌 실행리듬'은 전략실행을 바라보는 프레임이자 분석툴이다. 기존의 프레임에 비해 유용한 점도 있지만, 그렇다고 프레임으로서 한계가 없음을 의미하는 것은 아니다. 우리는 역동적인 비즈니스 환경에서 전략실행을 균형적으로 바라보기 위해, 수직-수평적 정렬, 공급망, 리듬 등 주요 키워드를 중심으로 의미를 한정하여 설명할 수밖에 없었다. 이 때문에 이와 관련성이 적은 주요한 변수들은 적절히 반영되지 못했다. 우리의 경험과 생각을 반영한 새로운 프레임을 만들기 위한 어쩔 수 없는 선택의 결과이다. 또한, 책의 목적과 시간 부족 등 현실적인 제약으로 프레임을 좀 더 정교화하는 데 한계가 있었다. 미진한 부분은 언제가 해야 할 남겨진 과제인 셈이다.

프레임의 한계이자 남겨진 과제들

'균형 잡힌 실행리듬'이라는 프레임은 자체로 갖는 다양한 한계점이 있으며, 주요한 내용을 언급하면 다음과 같다.

첫째, 균형 잡힌 실행리듬은 현금흐름을 적극적으로 반영하지 못하였다. 이미 언급하였듯이 공급망에는 세 개의 흐름이 존재한다. 이는 실물, 정보, 현금 흐름이다. 실물과 정보의 흐름은 본원적 가치와 운영 흐름에 고려되어 있지만, 현금 흐름에 대한 직접적인 고려는 보이지 않는다.

물론 공급망의 모든 흐름을 반영하면 좀 더 이상적인 리듬이 될 수 있다. 하지만 현금 흐름을 검토한 결과, 복잡하고 해석하기 쉽지 않았다. 그리고 현금 흐름은 정보와 실물 흐름과는 달리 투자 계획을 제외하면 대개 사후적으로 발생한다. 또한, 가치사슬에서도 주활동 부문이 아닌 지원활동 부문에 해당한다. 따라서 전략실행의 조율 과정에 있어 직접적인 대상이 아니라고 판단하여 검토 과정에서 제외하였다.

둘째, 균형 잡힌 실행리듬을 형성하는 많은 가치 요소들은 주관적인 질문을 통한 정성적 측정이 불가피하다. 그럼에도 불구하고 공급망의 현황을 어떻게 측정하여 어떤 가치 요소로 전환할 것인지에 대한 구체적인 언급은 존재하지 않는다. 이것은 가치 측정을 모델링의 주요한 수단으로 선택한 어쩔 수 없는 결과이다.

기존에도 공급망의 운영 성과를 측정하여 재무성과로 전환하거나, 동적인 환경에서 KPI를 측정하려는 노력이 존재해 왔다. 하지만 이를 활용하여 관리 프레임워크를 체계화하기에는 현실적으로 시간이 너무 부족했다. 사실 이것만으로도 많은 시간을 요구하는 엄청난 과제이다.

셋째, 균형 잡힌 실행리듬은 기존에 미흡하던 동動적 변화를 수용하기 위해 노력했지만, 실행 과정에서 중요하게 다루어지는 학습을 구체적으로 언급하지 않았다. 균형 잡힌 실행리듬을 생성하기 위해서는 시행착오를 통해 문제를 해결하고 역량을 확보하는 것은 필수적이다. 이를 위해 무엇보다 학습이 중요시되어야 한다. 하지만 현재 프레임은 주로 가치 간의 균형에 초점이 맞추어져 있다. 여전히 역량을 확보하기 위해 어떻게 학습할 것인가에 대한 답은 기업과 개인의 몫으로 남겨져 있다.

넷째, 균형 잡힌 실행리듬은 제조기업을 염두에 두고 구체화 작업을 진행하였다. 그래서 제조 분야의 기업에 좀 더 유용하게 활용될 수 있다. 만일 장치 산업이나 유통 또는 서비스 기업인 경우 산업과 전략 자체가 다르므로, 각자 기업에 맞는 적합한 균형 잡힌 실행리듬부터 정의해야 한다. 다양한 산업과 기업의 전략에 맞는 균형 잡힌 실행리듬의 사례를 제시하면 실제 활용도를 높이는 데 많은 도움이 될 수 있다. 하지만 이 책에서는 저자들의 경험을 최대한 반영하여 제조기업을 위한 간단한 관리 프레임워크로 한정하였다.

이 책에서는 실전 활용을 위해 간단한 관리 프레임워크를 제안하고 있지만, 그렇다고 개별 기업에 맞는 구체적인 실행지침을 제공하는 것은 아니다. 개별 기업을 위한 실행지침은 프레임을 통해 각자 환경과 상황에 적절한 이슈를 파악하고 그에 맞게 행동 방안을 구체화해야 가능하다. 따라서 개별 기업들은 프레임을 실행하기 위해 개별 상황에 맞게 좀 더 구체적으로 전개할 필요가 있다. 이것은 모델, 프레임, 전략 등과 같은 문제 해결을 위해 방법론을 활용해야 하는 사람에게 따라오는 운명과 같다.

프레임을 넘어 고려할 외부 변수들

전략과 실행의 간극을 줄이는 새로운 매개체로서 '균형 잡힌 실행리듬'을 제안했지만, 모델화 과정에서 전략실행에 영향을 미치는 모든 변수를 반영한 것은 아니다. 따라서 우리가 좀 더 총체적인 시각으로 전략실행 하기 위해서는 다른 변수들도 폭넓게 고려할 필요가 있다. 어쩌면 진정한 의미의 전략실행은 프레임 너머로 존재하는 중요한 외부 변수를 간과하지 않아야 가능할 수 있다.

특히 명확한 실체를 정의하거나 측정하기 어려운 무형적 요소는 모델화가 쉽지 않아 그 중요성을 간과하기 쉽다. 사실, 모델화가 어려운 것과 중요성이 낮은 것은 다른 차원의 문제이다. 오히려 무형적 요소가 더욱 중요할 수 있다. 『초우량 기업의 조건』을 저술한 톰 피터스Tom Peters에 의하면, 성공하는 기업은 경영의 소프트웨어적인 측면[02]을 중요시하며, 이의 대부분이 무형적 요소에 해당한다.

---

02 경영의 소프트웨어적인 측면은 가치, 역량, 스타일, 인력 등이다.

그림6-1을 보면 프레임을 넘어 고려할 주요한 외부 변수로 리더십, 조직문화, 권력, 무형자산 등 네 가지를 선정하였다. 물론 이외에 다양한 외부 변수들도 존재하지만, 모든 외부 변수를 정의하는 것이 이 책의 목적은 아니므로 네 가지로 한정하고자 한다. 선정한 외부 변수들을 살펴보면 역시 정량적 측정이 어려워 모델화가 쉽지 않아 보인다.

[그림6-1] 프레임 넘어 고려할 외부 변수들

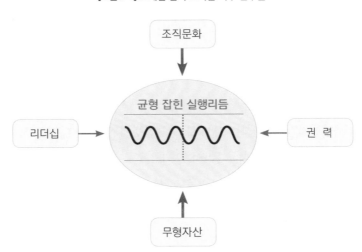

네 가지 외부 변수들은 프레임을 체계화하는 과정에서 직접적으로 고려되지 못했지만, 가치창출을 위한 전략실행을 위해 반드시 고려해야 할 중요한 변수이다. 따라서 그것이 전략실행에 미치는 중요한 의미를 살펴볼 필요가 있다.

첫째, 우발적 사건이 발생하거나 의도한 계획과 어긋나게 되는 경우 지속적인 실행을 위해 무엇보다 강력한 리더십이 요구된다. 그래서 기존 전략 이론에서도 리더의 '기업가 정신'을 강조하고 있다. 균형 잡힌 실행리듬을 만드는 과정에서도 리더십은 중요한 역할을 한다. 본원적 가치와 운영 흐름의 균형은 단순히 조합하는 것이 아니라, 때론 갈등을 조정하거나 특정 조직의 이익을 희생해야 하는 어려움에 직면하기 때문이다. 이러한 상황에서 누구나 만족하는 두루뭉술한 목표를 제시하는 것은 리더십이 부재한 것이다. 이 책에서는 이를 모델화 과정에서 반영한 것이 아니라, 단지 전략과 실행의 간극을 악화시키는 주요 변수로는 언급하였을 뿐이다.

둘째, 현장에서 발생하는 모든 문제에 대해 경영진이 일일이 행동지침으로 대응하는 불가능에 가깝다. 따라서 현장의 실무진들이 돌발적 상황에 대해 자발적이고 즉각적으로 대응하는 것은 전략실행에 있어 필수적이다. 이는 조직문화를 통해 가능하다. 조직문화는 구성원들이 행동 목표와 활동에 대해 느끼는 책임의식과 동기부여에 영향을 미쳐, 자발적인 참여를 강화한다.

조직문화 역시 측정이 가능하거나 손으로 만져 느끼기 어려운 변수로, 이를 명확하게 정의하는 것은 쉽지 않다. 심지어 같은 시장에서 같은 고객을 대상으로 경쟁하는 기업들도 경영방식, 스타일, 보상체계 그리고 통제 과정도 기업마다 확연히 다르다. 다만 여기서 유의할 점은 민첩한 전략실행을 위해 반드시 엄격히 통제하고, 공식화된 절차에 지나치게 의존하고, 일관성에 집착하는 조직문화를 가질 필요는 없다는 것이다. 오히려 이런 조직문화는 새로운 시도를 실험하고 혁신할 능력을 저해할 가능성이 높다.

셋째, 우리는 이미 많은 문헌을 통해 기존 권력과 대치되는 전략을 실행하는 것은 어리석은 일이라는 사실을 알고 있다. 따라서 효과적인 전략실행을 위해 권력을 이해하는 것은 중요한 일이다.

권력이라는 말에 대한 우리의 느낌이 썩 좋은 것은 아니지만, 권력 그 자체는 좋은 것도 나쁜 것도 아니다. 권력은 모든 인간관계에 필연적으로 존재한다. 권력은 다양한 조직과 구성원 간의 상호 의존관계가 높은 기업일수록 강한 영향을 미친다. 대개 의존관계에 따른 협력과 갈등을 해소하기 위해 권력이 요청되기 때문이다. 이 책에서 주로 언급되는 개념으로 전략실행, 가치창출 시스템, 공급망 관리 등 대부분이 조직 내 다양한 기능 간의 상호작용을 전제로 한다. 따라서 권력은 경영 전반에 걸쳐 폭넓게 영향을 미치고 있다.

권력은 눈으로 확인하기 어렵지만, 조직구조와 밀접한 관계가 있다. 조직구조는 계급과 권력을 결정하고, 결정권한, 책임범위도 규정하기 때문이다. 그것은 명확성을 만들어 내기도 하지만 한계를 긋는 역할도 하기 때문에, 전략실행을 지원할 수도 있고 방해를 할 수도 있다.

넷째, 브랜드, 기업 이미지, 명성 등 무형자산은 경쟁 기업이 쉽게 모방할 수 없는 중요한 경영자원이며, 전략실행에도 중대한 영향을 미친다. 예를 들어, 브랜드 인지도가 낮은 기업이 신제품을 출시한다면, 시장의 고객은 쉽게 반응하지 않는다. 막대한 광고 비용을 투자하거나 많은 시간을 들여 영업활동을 해야만 고객이 구매를 시작할 것이다. 이에 비해 브랜드 인지도가 높은 기업은 신제품의 시장 침투 속도가 확실히 빠르다. 이렇듯 무형자산이 풍부한 기업은 전략실행 과정에서 보이지 않는 추진력을 얻을 수 있다.

지금까지 언급한 외부 변수 외에도 직접적으로 다루지 않은 기술, 인력, 프로세스, IT 시스템 등 중요한 변수를 고려할 필요가 있다. 이는 명확히 언급하지는 않았지만, 전략실행 과정에서 확보해야 할 역량 요소로 간주하였다. 즉, 새로운 프레임을 활용하여 전략실행을 하는 동안 요구되는 인력과 기술을 확보해 가야 하며, 프로세스, IT 시스템도 개선해야 한다. 이는 외부 변수가 아니라 내부 변수를 의미한다.

만일 우리가 균형 잡힌 실행리듬을 만들기 위해 합리적이고 세심하게 관리했는데도, 전략적 성과가 지지부진하고 도무지 개선되지 않는다면, 이제 프레임 너머를 바라보아야 한다. 이때 우리에게 요구되는 것은 일관성이 아니라 유연성이다.

6.2 그럼에도 전략을 배워야 한다

우리가 제시한 전략실행 프레임은 기존에 비해 나름대로 진전되었지만, 본연의 다양한 한계를 갖고 있다. 그렇다고 완전히 쓸모없음을 의미할까? 그렇지 않을 것이다. 특정 상황에서 구체적인 목적을 위해 신중하게 사용될 경우 매우 유용할 수 있다. 다만 프레임 자체만으로는 의사결정에 대한 어떤 해답을 제공할 수 없으며, 반드시 '전략적 사고'와 함께 이루어져야 한다.

우리가 흔히 무용지물이라 쉽게 치부해버리는 전략도 이와 다르지 않다. "망치를 들고 있으면 모든 것이 못으로 보인다."라는 속담처럼, 우리는 대개 전략이 제공하는 방법론 및 도구에 집착하는 경향이 있다. 그래서 마치 수학공식처럼 특정한 전략을 그대로 다른 상황에 적용하려 한다. 또는 수학적 모델링을 맹신하여, 숫자와 분석에 집착하기도 한다. 이는 은연중 전략을 과학 모델로서 바라보는 기대를 담고 있다.

아쉽게도 우리는 전략이 경영 현상을 다루는 '사회과학 모델'임을 알아야 한다. 전략은 복잡한 경영 현상을 단순화하여 문제를 해결하는데 효과적으로 기여하지만, 과학 모델처럼 모든 상황에 적용할 수 있는 보편적인 것은 아니다. 사회과학의 모든 분야가 그렇듯 성과를 위해서는 특수한 상황에서 논리적이고 실증적으로 경험해 나가야 한다. 이러한 과정에서 정보와 통찰력이 결합하는 '전략적 사고'가 향상되며, 이것이 바로 우리가 다양한 전략을 배워야 하는 이유이다.

전략은 사회과학 모델이다

베트남 전쟁 시기 미국 국방장관인 로버트 맥나마라Robert Strange McNamara 1916~2009는 수학적 모델링, 복잡한 프로그래밍, 게임이론 등 공식적이고 분석적인 방법에 사로잡혀 있었다. 이를 활용하여 무기나 물자의 수송, 보급, 관리 방법을 개선하고 폭탄투하 계획을 짰다. 혼란스러운 전쟁터에서도 질서를 유지하려 노력했지만 처참한 결과를 맞이했다. 그는 전략을 과학 모델로 기대했지만, 현실은 사회과학 모델이었다.

그의 실패에도 불구하고 여전히 전략을 과학 모델로 기대하는 사람들이 많다. 이들은 수학적 정확성을 기반으로 과학 모델로 전략을 제안해야만 뛰어난 전략이라 생각한다. 얼핏 전략은 합리적인 사고와 논리적 체계를 기반으로 수립되므로 과학과 유사한 점이 많아 보인다. 하지만 전략을 단지 수식을 적용하여 해답을 얻는 과학 모델로만 생각하는 것은 곤란하다.

실제로 어려워 보이는 수식을 적용해 해답을 찾는 것은 비교적 간단한 일에 속한다. 하지만 불확실성 속에서 모순된 문제에 대해 진지하게 고민하고 방향성을 결정해야 하는 것은, 주어진 조건에서 답을 찾는 것과 본질적으로 차원이 다르다. 더욱이 경영 현장에서 직면한 문제는 객관적으로 구조화하더라도 과학과 같이 연역적으로 답을 찾을 수는 없다. 결국, 전략은 보편성을 기반으로 구조화하더라도 개별 기업에 적용하기 위해서는 경험에 의존할 수밖에 없다.

전략은 보편적 법칙을 갖는 과학 모델이 아닌 사회과학 모델이다. 따라서 자체로 온전한 것이 아니라 근본적인 한계를 갖고 있다. 이제 이런 한계점을 간단히 살펴보고자 한다. 이는 전략을 좀 더 폭넓게 이해하는 것뿐만 아니라, 전략실행에 도움이 될 수 있다. 최소한 숫자만 가득한 전략을 맹신하지는 않을 테니 말이다. 주요한 내용을 다음과 같다.

첫째, 전략은 경영 현상의 복잡성을 단순화한다. 기업을 둘러싼 복잡한 경영 환경에 대해 경영진이 전체적인 시각을 갖는 것은 사실상 불가능하다. 전략은 전략적 사고를 통해 경영 현상의 본질을 놓치지 않으면서 복잡성을 줄인다. 즉, 전략은 문제 해결을 위해 복잡한 경영 현상을 단순화한 모델인 셈이다. 결국, 한계는 단순화로부터 나온다. 전략은 복잡성을 단순화했지만, 그 자체가 경영 현실은 아니기 때문이다.

따라서 우리가 실행 과정에서 현실과 동떨어진 느낌을 받는다면, 반드시 전략 자체를 의심해야 한다.

둘째, 전략은 유효기간을 가진다. 시장과 기업에서 일어나는 일은 정해진 일정대로 발생하는 것이 아니라 쉼 없는 시간 흐름 속에서 때론 예기치 않게 발생한다. 급격하게 변화하는 시간 속에서 전략은 유효기간이 존재한다. 즉, 모든 전략 역시 특정한 기간에만 적절하다. 데릭 아벨Derek Abell 교수는 이를 '전략적 창문Strategic Window'라고 이름 지었다. 전략을 도입하면서 전략적 창문을 열고, 그 전략이 노화했거나 더 이상 구체적이지 않을 때 창문을 다시 닫아야 한다. 우리는 전략이 갖는 시간적 한계를 극복할 수는 없다. 다만 상황 변화에 따라 전략 자체를 자주 점검해야 하는 수고로움이 있을 뿐이다.

셋째, 전략은 상호작용에 따른 예측의 어려움을 가진다. 전략은 미래의 벌어질 일에 대하여 오늘 결정을 내려야 한다. 하지만 모델은 본래 재귀성reflexity으로 인해 더욱 예측이 복잡해진다. 특정 문제를 해결하기 위해 상황을 바꾸려는 의도적인 조작을 하지만 이 때문에 다른 변수도 영향을 받아 변화해 버린다. 그렇게 되면 행동하기 이전의 정보에 근거한 예측은 별로 도움이 되지 않는다.

특히 경쟁이 심한 시장은 자사의 전략에 대해 경쟁자의 즉각적인 반응이 일어날 수 있어, 이로 인해 예측이 어려워진다. 이점이 전략이 책략적인 특성을 보이며, 우리가 게임 어프로치를 선택할 수밖에 없는 이유이다. 미래에 발생할 모든 경우의 수를 예측할 수는 없지만, 게임을 미리 내다보는 전략적인 사고는 지속적인 힘을 갖고 전략을 창조하는 데 매우 유용하다.

넷째, 전략은 분석analysis에 집중하고 통합에는 미흡하다. 우리가 아무리 많은 정보가 있다고 하더라도, 분석을 통해 복잡하지만 전체적인 상황을 명확히 알아야지만 해결책을 찾을 수 있다. 게다가 경영 현상에 대한 적절한 분석 과정이 미흡한 전략은 타당성을 검증받기 매우 어렵다. 이렇듯 분석은 전략에 있어 매우 중요한 역할을 한다. 하지만 여기에 지나치게 의존하는 것은 또 다른 문제를 야기한다.

분석은 자체로 온전한 것은 아니며, 집단사고, 통제에 대한 환상, 가설의 편견 등 다양한 인지적 편견으로부터 완전히 자유로울 수 없다. 더욱이 분석에 집착하면 기존 자료, 데이터 등 양적 자료에 집중하게 되고 의견, 아이디어, 상상력 등의 질적 자료는 무시할 수 있다. 질적 자료를 통한 새로운 자극 없이 분석에만 의존하게 된다면, 전략은 평범한 결과를 낼 수밖에 없다. 전략은 분석일 뿐만 아니라 창조적 행위이어야 한다.

[그림6-2] 사회과학 모델로서 한계

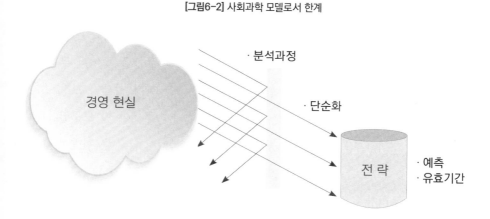

전략은 지식과 경험을 연계하는 매개체이다

오늘날은 전략의 홍수시대이다. 광범위한 활용을 넘어 남용되고 있는 실정이다. 이러다 보니 대개는 목표와 구호만을 내세우고, 일부는 희망에 불과한 계획을 수립하며, 때로는 높은 기준만을 요구할 뿐 효율을 개선하지 않는다. 많은 사람이 의욕적으로 전략이라는 주제에 도전하지만, 그 결과는 상당이 실망스럽다.

그렇다고 전략이 무용지물일까? 그렇지 않을 것이다. 다만 모든 상황에 완벽하게 대응하는 전략이 존재하지 않을 뿐이다. 세상의 많은 것들이 그렇듯이 전략도 양날의 칼처럼 강점과 약점을 갖고 있을 뿐이다. 전략은 방향을 잡아주고, 구성원들의 노력을 집중시키며, 애매한 부분을 줄여 질서를 부여한다. 하지만 불확실한 위험을 소홀히 할 수 있으며, 집단사고에 빠질 수 있고, 쓸데없이 집착하게 만들 수도 있다.

사실 전략 자체가 문제는 아니다. 전략은 원래 그렇기 때문이다. 진정한 문제는 그것을 활용하는 우리 자신에게 있다. '망치를 든 사람에게는 모든 것이 못으로 보인다'는 말처럼, 우리는 처해진 상황과 상관없이 동일한 전략을 사용하는 경향이 있다. 때로는 유행을 좇아서 무조건 새로운 모델을 적용하려 한다. 하지만 전략은 항상 성과를 보장해 주는 요술 방망이가 아니라, 우리가 주의 깊게 다루어야 할 도구일 뿐이다. 애석하게도 배운 것과 동일한 상황은 반복되지 않으며, 전략적 사고를 통해 새로운 상황을 학습하며, 경험해 나갈 수밖에 없다.

결국, 우리가 전략을 배우는 이유는 모델을 그대로 적용하기 위함이 아니라 다양한 문제에 접근할 수 있는 '전략적 사고'의 힘을 키우기 위함이다. 다양한 전략 이론을 이해하고 이를 활용하다 보면, 상황에 따른 의사 결정하는 능력을 키울 수 있다. 그리고 전략을 수립하는 과정에서 분석과 개념화 능력을 향상시킬 수 있다. 이는 전략적 사고를 강화하는 데 상당히 유용하다.

더욱이 전략은 경영을 떠나 개인의 삶에도 매우 유용하다. 삶에는 지식과 실제 경험 간에는 괴리가 생기는 일이 흔하다. 하찮은 지식과 정보를 흡수하여 그 간극을 메워보려 하지만 별로 도움이 되지 않는다. 우리는 뛰어난 아이디어를 갖고 있지만, 실행에 옮길 줄 모른다. 문제를 알게 되면 바로 행동에 돌입할 것 같지만, 해결이 막연하거나 분명한 지침이 없으면 쉽사리 행동에 나서지 못한다.

전략이야말로 지식과 경험 간을 연결해 주는 유용한 매개체이다. 우리가 알고 있는 지식은 전략을 통해 반드시 행동으로 표현되어야 하고, 경험은 다시 지식으로 축적되어야 한다. 이러한 과정을 통해 축적된 경험적인 지식체계는 삶의 엄청난 경쟁력이 된다. 게다가 전략을 통해 어려움을 극복하고 문제를 해결하는 과정에서 많은 즐거움을 얻을 수 있다.

'단순함의 힘'을 생각하다

저자는 오랜 검도 수련을 통해 단순함의 중요성을 체감하고 있다. 많은 사람들이 검도라고 하면 칼의 화려한 휘두름을 연상하지만, 사실 무수한 연습을 통해 궁극적으로 얻고자 하는 것은 기술의 '화려함'이 아니라, 일격필살의 '단순함'이다.

검도에서는 죽도를 마구 휘둘러서 타격하는 것은 아무런 의미가 없으며, 기검체일치氣劍體—致가 이루어져야만 한판이라 할 수 있다. 이를 위해 죽도를 치는 순간에 망설임이 없어야 한다. 검도는 사느냐 죽느냐 중 하나이므로 망설임이 없어진 그 순간에 뛰어들어 상대를 공격해야 한다. 하지만 머릿속의 생각이 복잡하면 의식이 과잉 상태가 되어, 마음은 안정을 잃고 근육이 지나치게 수축된다. 결국, 복잡한 생각은 경쾌한 움직임으로 이어질 수 없다. 그래서 기회라 판단이 되면 망설임 없이 죽도를 던지는 것을 연습 과정에서 반복하게 된다. 이를 통해 궁극적으로 생각과 움직임을 단순화한다.

검도에서 단순함의 위력을 극단적으로 보여준 역사적 사례가 있다. 일본 막부 말에 명성을 떨친 '지겐류示現流'이다. 그 검법에는 오직 한 가지 정면 베기만 있다. 연습 과정은 고작 죽도로 나무통을 내려치는 과정을 1만 번 반복하는 것뿐이다. 세게 치고 더 세게 치고, 더욱더 세게 치는 것이 전부일 뿐이다. 이러한 극단적인 단순함에도 불구하고 실전에서 엄청난 파괴력을 발휘하였다. 1877년 세이난 전쟁 당시

칼 한 자루 들고 돌진하는 지겐류 무사들에게 총포를 앞세운 관군이 전멸한 전설적인 사건이 있었다. 전후 처리 과정에서 두 동강 난 시체들을 보고 지겐류의 위력을 확인할 수 있었다고 한다. 이처럼 오랜 노력 끝에 얻어진 단순함에서 나오는 위력은 강력한 것이다.

복잡한 것은 스스로의 복잡함에 얽매여 힘을 발휘할 수 없다. 결국, 복잡한 것은 단순화해야 살아남는다. 여기서 '단순함'은 단지 다듬어지지 않은 원초적인 상태를 의미하는 것은 아니다. 이는 '오컴의 면도날Occam's Razor[03]처럼 생각을 예리하게 다듬어 쓸데없는 것들을 걷어 낸 이후의 단순함이어야 한다. 이러한 메커니즘은 모델화 과정과 본질적으로 유사하다. 모델은 복잡한 현상을 단순화하여 문제를 해결하는 힘을 얻을 수 있는데, 이는 대개 단순화하는 과정에서 통찰력을 얻기 때문이다. 전략 역시 이와 마찬가지다.

오늘날 많은 기업이 복잡성의 위기를 겪고 있다. 기업 조직도 복잡해지고, 시장에 내놓는 제품의 기능도 갈수록 복잡해졌다. 그에 따라 의사 결정해야 하는 사람들의 머릿속도 복잡할 뿐이다. 이런 상황은 대부분 기업이 스스로 초래한 것이지만, 이를 제대로 인식하는 기업은 거의 없어 보인다.

복잡성은 대개 기업이 야심 차게 추진하는 전략에서 발생한 결과물이다. 고성장을 추구하고 제품, 고객, 시장, 협력업체, 생산시설 등

---

03 14세기 영국의 수도사 윌리엄 오브 오컴William of Ockham에 의해 주장되었다. 흔히 '경제성의 원리'라고도 부른다. 이는 어떤 사실 또는 현상에 대한 설명들 가운데 논리적으로 가장 단순한 것이 진실일 가능성이 높다는 원칙을 의미한다.

을 글로벌로 확대하면서 복잡성은 눈덩이처럼 증가한다. 문제는 복잡성이 증가함에 따라 기업의 전략실행력은 현저하게 떨어지는 데 있다. 대개 전략실행력을 높이기 위해 다양한 대책을 추가하지만, 이는 오히려 복잡성을 증가시킬 뿐이다. 이보다 우리는 '단순함의 힘'을 되살리는 노력을 기울여야 할지 모른다.

07

무엇보다
마음가짐이
중요하다

07
■무엇보다
마음가짐이 중요하다

✍ 다양한 전략 이론을 배워 자신감을 갖는 것은 좋은 일이다. 하지만 그것만으로 실행하는 데 아무런 문제가 없을 것으로 생각하면 착각이다. 이는 마치 조리법을 책으로 배우고 나서 요리를 잘할 수 있다고 생각하는 것과 같다. 전략 이론을 배우는 것만으로 충분하지 않다는 사실은 이미 인류 역사에 넘쳐난다. 대개는 뛰어난 이론도 경험을 통해 자신의 지식으로 내재화되어야만 강한 힘을 발휘할 수 있다.

지금까지 전략과 실행의 간극을 줄이기 위한 노력으로서, '균형 잡힌 실행리듬'이라는 새로운 프레임을 체계화하였다. 하지만 프레임이 아무리 유용하다 할지라도 그것을 적용하지 않으면 의미가 없다. 더욱이 성과는 실행에 참여하는 사람의 '마음가짐'에 따라 달라질 수밖에 없다. 결국, 아무리 위대한 스승에게 배웠다고 할지라도 실전에서 싸우는 것은 스승인 아닌 자신이며, 스스로가 어떤 마음가짐을 갖느냐에 따라 결과가 달라진다.

이제 전략실행에 참여하는 주체의 마음가짐에 관해 이야기하고자 한다. 어쩌면 어쭙잖은 이론보다도 전략실행에 임하는 마음가짐이 더 중요할 수 있다. 실전에서는 예기하지 않은 우발적인 상황으로 기존 이론과 자신감이 한순간에 무력화될 수 있으며, 이때 필요한 것은 정연한 이론보다 오히려 먼저 마음을 다잡는 것이다.

[그림7-1] 전략실행을 위한 7가지 마음가짐

❶ 핵심 가치를 고민하라

❷ 높이 올라 멀리 바라보라

❸ 완벽한 전략보다 먼저 움직여라

❹ 균형 감각을 가져라

❺ 양보다 질을 우선하라

❻ 숫자의 함정에서 벗어나라

❼ 지루함을 견뎌라

핵심 가치를 고민하라

"사업은 단순히 숫자와 서류 놀음이 아니다. 그런데 사람들은 흔히 돈이 곧 사업인 줄 안다. 사업에 대한 진정한 열의와 비전이 없다면 그 사업가는 언제라도 몇 푼의 돈과 자신의 영혼을 거래하려 들 것이다."

– 랜디 코미사 Randy Komisar

도요타 자동차는 2008년 GM을 제치고 세계 자동차산업 1위에 올라섰다. 하지만 2009년 이후 대규모 리콜 사태로 인해 '고품질 명차'라는 브랜드 이미지에 치명적인 손상을 입게 되었고 시장 점유율 하락 및 수익성 악화를 경험하게 되었다. 왜 이런 결과를 가져오게 되었을까?

매출 1위를 달성하기 위해 2006년에 700만대 생산체제에서 1,000만대로 글로벌 생산량을 급격하게 증가시킨 것이 문제점을 야기시켰다. 매출 1위 달성을 집착하는 과정에서 무리한 원가절감과 해외 생산기지 확장으로 품질이 떨어져 리콜 사태로 이어진 것이다. 궁극적으로 도요타의 핵심 가치는 '고품질'이었지 매출 1위는 아니었다.

전략실행에 집중하다 보면 어느 순간 진정한 목적을 잊은 채, 수단에 집착하는 경향이 있다. 이렇게 되면 오랫동안 노력했음에도 불구하고 전략적 성과는 미약할 수 있다. 특히 핵심 가치를 경시한 채, 단기적인 매출이나 이익에 집중한 경우에는 일시적으로 매출이 성장하는 듯 보이지만, 시간이 지나면 어느새 매출은 사라지고 그저 그런 기업으로 전락하게 된다.

매출이나 이익이 핵심 가치는 아니다. 그런 것들은 핵심 가치를 고객에게 제공하면 저절로 따라 오는 것이기 때문이다. 하지만 대부분 기업들은 매출을 전략의 핵심 가치로 혼동하는 경우가 많다.

우리는 전략실행에서 항상 핵심 가치에 대해 고민을 해야 한다. 즉, 기업이 존재하는 이유는 무엇인가? 비전과 미션에 대한 근본적인 문제의식을 가져야 한다. 그것은 다소 막연하고 애매한 질문으로 생각되어 시간 낭비처럼 느껴지지만 강력한 이점이 존재한다.

가장 중요한 것은 핵심 가치에 대한 고민을 통해 기업 활동의 진정한 목적에 다시금 집중할 수 있게 된다. 우리는 닥치는 대로 일을 처리하다 보면, 이런저런 힘을 분산하려는 유혹에 직면하게 된다. 대개 복잡한 대규모 조직은 내외부의 이해 관계자를 두루 만족하게 하기 위해 자원을 집중시키기보다는 분산하는 경향이 있다. 이러한 결과로 본래 목적을 잊은 채 이리저리 휘둘리게 한다. 게다가 목적과 수단을 혼동하기까지 한다. 이렇게 되면 자칫 전투에 이기고도 전쟁에 지는 어리석음에 빠질 수 있다.

마지막으로 핵심 가치를 고민하는 것은 모순된 상황하에서 의사결정이 필요할 때, 명확한 기준이 될 수 있다. 모순된 상황에서 최적의 의사결정을 해야 하지만, 무엇이 최적인지에 대해서는 누구도 말해주지 않는다. 이러한 상황에서 궁극적으로 기댈 수 있는 것은 기업이 추구하는 핵심 가치뿐이다.

높이 올라 멀리 바라보라

"멀리 보는 사람은 풍요로워질 것이다."

– 니노미야 손토쿠 二宮尊德 1787~1856

2013년까지 맨체스터 유나이티드 감독을 역임한 알렉스 퍼거슨Alex Ferguson은 초창기 에버딘 감독 시절 모든 것을 틀어쥐고 세세하게 통제하는 지도자였다. 그런데 어느 날 새로 합류한 코치가 감독이 직접

훈련을 진행해서는 안 되며, 한 걸음 물러서서 관찰하고 지휘하는 역할을 맡아야 한다고 주장했다. 그는 대충 얼버무리고 지나가려 했지만, 코치의 완강한 고집에 어쩔 수 없이 승낙하고 말았다. 하지만 그것이 감독 시절 최고의 결정이었음을 자서전에서 밝히고 있다. 호루라기를 입에 물고 훈련에 직접 참여하면 축구공만 따라다니게 된다. 하지만 운동장에서 물러나 바깥에서 들여다보면 더 넓게 바라보고 전체 훈련과정을 이해할 수 있게 된다. 그는 전체를 조망하는 것의 유용성을 깨달은 것이다.

우리는 대개 충돌 상황에 직면할 경우 지나치게 말려든 나머지 현재 직면한 문제를 어떻게 해결할 것인가에 골몰한다. 스스로를 전략적이라고 착각하기 쉽지만, 사실 전술적으로 굴고 있을 가능성이 높다. 로버트 그린Robert Green에 의하면 오직 전략만이 가져다줄 수 있는 힘을 지니려면, 높이 올라 멀리 바라보아야 한다. 다시 말해, 전략적 목적에 집중하며 실행 전반에 대한 계획을 정교하게 짜고, 실행 과정에서 힘을 분산시키는 습관화된 반작용모드에서 벗어나야 한다.

세를 형성하기 위해 축적은 필수적이며, 이는 지속적인 일관성이 뒷받침되어야 한다. 하지만 실전에는 이것저것 걸리는 게 많다. 이런 상황에서 우리에게 필요한 것은 문제 해결을 위해 직접 이리저리 뛰어다니기보다는, 한 걸음 떨어져 장기적인 관점에서 다시 바라보는 것이다. 즉, 전체적인 큰 그림을 생각하며, 시간이 지나면 해결될 수 있는 일시적이고 사소한 문제에서 발을 빼야 한다. 눈앞의 사소한 결과에만 연연해 하면서 전략적 성과를 달성할 수는 없다.

완벽한 전략보다 먼저 움직여라

"우리는 생각해 보고 나서 행동하기도 하지만
때로는 생각하기 위해 행동하기도 한다."

– 헨리 민츠버그 Henry Mintzberg

기원전 49년 카이사르는 루비콘 강 앞에서 망설이고 있었다. 루비콘 강을 건너면 내전이 발생할 게 뻔할 일이기 때문이다. 더구나 경쟁자인 폼페이우스는 2개 군단을 거느리고 있는 데 비해, 카이사르는 1개 군단밖에 없었다. 부하들의 눈에는 미친 짓으로 보였지만 그는 과감하게 루비콘 강을 건넜다. 완벽한 전략을 준비할 때까지 기다리기보다는 과감한 행동을 선택한 것이다. 대개 완벽한 전략과 준비 상태에서 시작하는 것이 좋지만, 문제는 자신의 준비가 갖추어지는 동안 상대의 준비도 갖추어진다. 그래서 타이밍을 선택한 것이다.

대부분 사람들은 두려움에 사로잡혀 행동에 돌입하지 못하고 너무 오래 기다린다. 좀 더 정교한 전략을 수립하거나 자금이 넉넉해지고 상황이 더 호전되기를 바란다. 하지만 이것은 실행에 대해 잘못 이해하고 있는 것이다. 실행에 중요한 타이밍을 놓치기 때문이다. 완벽한 전략도 타이밍이 맞지 않으면 성공할 수 없다. 오히려 우리는 완벽하게 준비되었다는 생각이 들기 전에 먼저 행동에 나서야 한다.

이유는 아무리 오랜 시간 노력을 기울여도 완벽한 전략을 기대할 수 없기 때문이다. 그렇기에 완벽한 전략을 바라는 것은 사실상 결단력이 부족함을 반증하는 셈이다. 이보다는 실험을 통해 가설을 검증해 가듯이 전략도 실행을 통해 검증해야 한다는 사고를 갖는 편이 좋다.

더구나 우리는 준비가 부족하다고 생각되면 더 열심히 노력해야 한다고 느껴 집중력과 창의성을 더 크게 발휘할 수 있다. 이렇게 실행 과정에서 발휘되는 집중된 의지는 넉넉한 자원보다도 몇 배의 힘을 발휘할 수 있다.

균형 감각을 가져라

"적의 몸의 움직임에 마음을 두면 적의 몸 움직임에 마음을 빼앗긴다.
적의 칼에 마음을 두면 적의 칼에 마음을 빼앗긴다.
… 중략 …
어떻게 하든 마음을 둘 곳은 없으니라."

– 다쿠안 소호 澤庵宗彭 1573~1645

최근 비즈니스 역동성이 증가함에 따라, 질서를 유지하면서 혁신하라, 비용을 낮추면서 고객 대응력을 높여라 등 점점 더 역설적인 상황에 직면하게 되었다. 이런 상황에 있어 우리에게 필요한 것은 균형 감각을 갖는 것이다. 하지만 이는 말처럼 쉬운 일은 아니다. 특정한 문제에 골몰하다 보면 어느새 특정한 곳에 마음이 사로잡혀 균형 감각을 잃어버리기 쉽기 때문이다.

균형 감각을 갖기 어렵게 만드는 다양한 요인이 있다. 먼저, 우리에게 존재하는 선입견이나 신념이 균형 감각을 잃게 한다. 예를 들어, '재고는 악惡이다'라고 믿는 경영자는 재고를 무조건적으로 줄이려는 경향이 있다. 하지만 무조건적으로 생산 공정에서 재고를 줄이면, 신규 설비를 도입하거나 예상하지 못한 기계 고장이 발생하는 경우 생산량 자체가 매우 적어질 수 있다. 또한, 유통에서 품절이 늘어나 고객불만이 높아질 수 있다.

또한 과거의 성공에 안주하는 것은 균형 감각을 갖기 어렵게 한다. 모든 전략은 장단점이 있고, 일정 기간에만 지속함에도 불구하고, 관성적으로 과거의 성공한 전략에 지나치게 의존하는 경향이 많다. 과거의 사례에 안주하는 것은 특정 프레임에 갇히는 것으로, 평범한 성과 이상을 창출할 수 없다.

마지막으로, 지나치게 분석적 사고에 의지하는 것은 창의성을 제한하고, 우발적인 사건에 의해 발생했음에도 기존 계획을 고집하게 할 수 있다. 분석적 사고는 범주를 만들고 그것을 고수하게 만들 수 있다.

뛰어난 사람이라고 해서 항상 전략실행을 잘하는 것은 아니다. 인간의 주의력에는 한계가 있다. 주의력은 조명등처럼 한 곳에 집중하면 다른 곳을 어둡게 만든다. 스스로는 일관성이라고 믿지만, 사실은 한 곳에 지나치게 집중하기 쉽다. 치우침이 없는 균형 감각을 유지하기 위해서는, 어쩌면 실행하는 그 순간 모든 것을 마음에서 비워야 할지도 모른다. 그래야만 기존의 선입관과 관성에서 벗어나 유연한 전략실행이 가능할 수 있다.

양量보다 질質을 우선하라

"충만한 삶은 그저 양적 논리로 정의되지 않는다.
온갖 삶의 가능성을 실현한다고 자연이 충만한 삶이 만들어지는 것은
아니다. 사건들을 단순히 헤아리고, 열거한다고 해서 저절로 이야기가
되지 않는 것처럼 말이다."

– 한병철 철학자

헤겔과 마르크스가 말한 '양질의 전환 법칙'이라는 것이 있다. 먼저
양적인 팽창이 이루어져야 질로 전환된다는 것으로, 이는 끊임없는 노
력의 중요성을 강조할 때 널리 회자되고 있다. 개인적인 삶에 있어서
양질의 전환 법칙은 매우 유효하다. 하지만 전략실행 관점에서는 이를
다르게 바라볼 필요가 있다. 전략실행은 대개 시간과 자원의 제약이
존재하므로, 우리는 양보다는 질 중심으로 의사결정을 수행해야 한다.

하지만 대부분 기업들은 질보다는 양적인 사고를 하고 있다. 많은 기
업들은 고성장을 추구하면서 제품, 고객, 시장, 생산시설 등 거의 모든
것을 양적으로 확대해 나간다. 때로는 제품이나 점포 수의 확장을 통
해 매출을 높일 수 있다. 하지만 무분별한 양적 확장은 운영의 복잡성
문제를 야기하여 오히려 품질과 서비스 수준을 망쳐 놓을 수 있다.

기업의 프로젝트 관리도 예외는 아니다. 프로젝트를 시작하면 우선
은 관련 부서의 인원을 모두 불러 참여시킨다. 대개 준비시간의 부족
으로 급한 마음에 많은 인원을 투입하는 것이다. 많은 인원이 모여 논

의하다 보면 어떻게든 좋은 아이디어를 찾을 것이라는 막연한 '양질 전환'의 기대가 존재하는 셈이다. 하지만 현실은 오히려 많은 인원으로 인해 프로젝트 진행만 더딜 뿐이다. 인원이 많으면 보고 사항이 복잡해지고, 업무 속도를 높이기 위해 더 많이 동기 부여해야 하며, 각자의 업무를 평가하고 피드백을 하기 위해 더 많은 시간을 들여야 하기 때문이다.

우리가 전략실행에 있어 양보다 질을 중시해야 하는 이유는, 질적인 사고가 역량과 밀접하게 관련되어 있기 때문이다. 실전에서는 생각만큼 쉽게 양이 질로 전환되지 않는다. 뛰어난 고참 전문가를 대체하려, 아무리 많은 사원을 투입해도 의도한 업무 성과를 낼 수 없다. 수준 높은 뛰어난 역량은 돈을 주고 쉽게 살 수 없을 뿐만 아니라, 단시간에 키워지지도 않는다. 그것은 장기적으로 바라보며 기업 내부에 지속적으로 축적해 나갈 수밖에 없다.

숫자의 함정에서 벗어나라

"정말로 중요한 것은 계산될 수 없다.
하느님이나 인생 등을 측정할 수 없는 것처럼 행복도 측정하지 못한다."
- 데이비드 보일 David Boil

경영 현장에서 숫자의 영향력은 실로 대단하다. 숫자로 제시하는 것은 상대방을 설득하거나 의사 결정하는 과정에서 중대한 영향력을 미친다. 그것은 진실 여부를 떠나 논리적으로 검증된 명백한 사실로 쉽게 받아들여질 수 있다. 그렇지만 숫자 관리에 치중하는 것은 전략뿐만 아니라 경영 전반에 많은 문제를 야기한다.

특히 숫자에 대한 집중은 수량화가 가능한 것만을 지향하고 수량화할 수 없는 것을 무시할 가능성이 높다. 일반적으로 원가우위 전략이 품질 차별화 전략보다 더 많은 숫자 자료를 갖추고 있기 때문에 원가우위 전략으로 기울어질 가능성이 높다. 이는 많은 기업에서 사실상 비용 절감에 집중하는 것을 보면 쉽게 알 수 있다.

숫자를 관리하는 것은 중요하지만 그 자체로 전략은 아니다. 숫자는 '눈에 보이는' 것이지만 전략은 '눈에 보이지 않는' 많은 부분을 포함하고 있다. 숫자는 보이지 않는 주체의 의도나 동기, 그 배후에서 그것을 가능하게 하고 통제하는 사회적 습관이나 상식, 법제도, 게임의 룰 등 영향을 미치는 다양한 요소를 정의할 수 없다. 숫자는 사실을 의미할 수 있지만, 전략적 사고는 숫자의 이면에 담긴 참된 의미나 메커니즘을 읽는 통찰력이 요구된다.

숫자가 갖는 한계를 극복하기 위해 BSCbalanced scored card의 도입을 통해 정성적 지표를 반영하려 노력해 왔다. 하지만 여전히 현실은 숫자에 집중하는 경향을 보인다. 이는 숫자 관리가 중요하기도 하지만 그 자체가 편리하기 때문이다. 정성적인 가치를 이해하려면 많은 경험과 지식을 필요하며, 때로는 질문을 반복하며 주관적으로 판단해야 하는 힘든 사고의 과정이 필요하다. 이런 과정이 없는 숫자만으로 쓰인 보고서는 얼마나 의사 결정하기 편리한가? 단지 목표 대비 실적만 점검하고 회의를 끝낼 수 있으니 말이다.

하지만 숫자는 고객을 중요하게 생각하도록 가르치지 않으며, 목표 관리는 하위 직원에게 명확한 행동지침만을 줄 뿐 그들이 일할 때 얼마나 일체감을 갖고 해야 하는가 등은 가르치지 않는다는 점을 분명히 인지해야 한다.

지루함을 견뎌라

"불확실한 기간에는 전략이 명확하지 못해서가 아니라
때 이른 마감 때문에 훨씬 더 위험해진다."

– 헨리 민츠버그

『아웃라이어』에서 말콤 글래드웰Malcom Gladwell은 '1만 시간의 법칙'을 언급했다. 어느 분야에서든 진정한 전문가가 되기 위해서는 최소한의 연습량을 확보하는 것이 결정적이며, 그것이 바로 1만 시간이라는 것이다. 이와 유사한 논리로, 인지 심리학 분야에서도 '10년 법칙'이 존재한다. 역시 전문성을 획득하기 위해서는 최소한 10년 이상 부단한 노력과 집중이 필요하다는 것이다. 결국 표현은 다르지만, 모두 차별적 성과를 위해서는 오랜 기간 지속적인 노력이 중요함을 강조한다.

전략도 기간을 한정하여 말할 수 없지만, 차별적 성과를 위해 일정 기간 축적의 과정을 거쳐야 한다. 하지만 오늘날 역동적인 경영 환경에서 경영진은 단기적인 성과 압박과 이에 따른 지나친 불안감으로, 미흡한 결과에 실망하면 곧바로 새로운 조치를 시작하는 경향이 있다. 스스로 민첩한 대응이라 믿고 있지만, 사실은 계속해서 '기적의 무기'를 쫓아다니는 셈이다.

짐 콜린스가 축적의 과정을 플라이휠을 돌리는 것으로 묘사했듯이, 전략실행은 지루하고 힘든 과정이다. 최종 결과가 아무리 극적이라도 해도, 전략적 성과는 한 번에 달성된 적이 없다. 한 번의 결정적 행동, 기적 같은 행운, 기발한 혁신 같은 것은 현실적으로 존재하지 않는다. 하지만 힘든 과정을 거치지 않고 원하는 것을 얻을 수 있다는 헛된 희망이 지루함을 견딜 수 없게 만든다. 사실, 고통스럽거나 힘들어 보이는 일을 피하고 싶어 하는 것은 인간의 본성이다. 그래서 비교적 쉽게 결과를 낼 수 있는 일에만 관심을 두게 되는데, 이런 일만 하다 보면 제대로 축적이 이루어질 수 없다.

축적 과정의 지루함을 견디는 것은 단지 의지력과 지혜에만 의존하지 않는다. 어쩌면 그보다는 믿음과 신념의 문제이다. 우리는 축적 과정을 건너뛸 수 있는 지름길은 존재하지 않는다는 현실을 직시하면서, 축적 과정이 가져다줄 성공에 대한 믿음을 가져야 한다. 이러한 과정에 대한 믿음은 남들이 지치거나 심리적으로 포기하는 지점에서 주저앉지 않고 묵묵히 앞으로 나가게 해준다. 참고로 최근 서울대 공대 교수들이 공동으로 『축적의 시간』이란 책을 낸 것을 보면, 우리 사회의 문제는 속도가 아니라 경험을 통한 지속적인 축적의 부재로 보인다.

우발적인 마주침은 의미를 창출한다

오래전 초등학교 시절 전과라는 책에는 '소년들아 포부를 가져라 Boys be Ambitious'라는 유명한 문구가 적혀 있었다. 그 당시 많은 초등학생은 그 문구를 보며 자신의 꿈을 그려보곤 했었다. 하지만 성장해 갈수록 꿈을 갖는 것만으로는 부족하다는 사실을 깨닫게 된다. 이렇게 현실에 눈을 떠가는 과정을 우리는 '성장'이라 부르고 있다. 세월이 흘러 동창회 모임에 나가보면 어린 시절의 꿈과 인생의 성공 사이에는 관련성이 적어 보인다. 대부분 어린 시절의 꿈과는 다른 삶을 살고 있기 때문이다.

왜 우리는 의도했던 꿈과 다른 삶을 살게 되는 것일까? 삶은 선택의 연속이다. 사람은 성장하면서 배워야 할 분야를 선택하고, 일할 직장을 선택하며, 결혼할 배우자를 선택한다. 우리는 이렇게 삶의 커다란 계기부터 일상에 관계된 소소한 결정까지 선택에 직면하면서 살고 있다. 하지만 이러한 선택이 자신이 의도했던 대로만 이루어졌을까?

일본에서 가장 존경받는 3대 기업가[04]의 한 명이자 '경영의 신'이라 불리는 이나모리 가즈오稻盛和夫는 결핵으로 중학교 시험에 떨어지고, 의대를 지망했으나 떨어져 가고시마 공대에 갈 수밖에 없었다. 대학에서도 열심히 공부했지만, 대기업 어느 곳도 받아주지 않았다. 그러나 의도하지 않게 들어간 중소기업에서 오늘날 교세라 그룹을 세울

---

04 일본의 3대 기업가는 마쓰시타 전기산업을 창업한 마쓰시타 고노스케松下幸之助, 혼다 자동차를 만든 혼다 소이치로 本田宗一郎 그리고 교세라 그룹의 이나모리 가즈오가 이에 해당한다.

수 있는 깨달음을 얻게 되었다. 만일 그가 자신이 의도한 대로 살았다면 오늘날 교세라는 존재하지 않았을지 모른다.

서양 철학사를 되돌아보면, 플라톤 이후 아리스토텔레스, 아퀴나스, 칸트, 헤겔에 이르기까지 대부분의 주류 철학자들은 '의미'란 미리 정해져 있고, 우리는 그것을 발견하기만 하면 된다고 주장하였다. 그렇지만 현대의 대부분 철학자들에게 '의미'란 우발적인 마주침을 통해서 사후적으로 만들어지는 것에 지나지 않는다. 즉, 우발적 마주침의 결과물이다.

지금은 우발성이 필연성의 논리를 압도하는 시대이다. 우발성이 강조되는 것은 현대의 삶이 인간의 삶을 이끌어가는 보편적이고 일관된 가치 규범이 존재했다고 믿어지는 과거에 비해, 매우 불확실하고 파편화된 양상을 보인다고 인식하기 때문이다. 이것은 빨라진 변화의 속도에 기인한다.

전략도 우발성을 중시하는 흐름과 무관하지 않다. 전략도 초기에는 마이클 포터를 중심으로 의도한 계획을 강조하였다. 그래서 좋은 전략 만들기 위한 다양한 방법론과 프로세스 개발에 집중하였다. 실행은 좋은 계획만 있으면 충분하다는 사고였다. 이에 반해, 헨리 민츠버그Henry Mintzberg는 전략은 계획plan이지만, 한편으로 패턴pattern, 즉 시간에 따른 행동의 일관성이라고 정의했다. 이것은 일부는 의도대로 실현되었으나, 일부는 '창발적 전략emergent strategy'이라 불리는 분명히 의도는 없었더라도 어떤 패턴이 실현되는 것을 의미한다. 모든 것을 미리 계획할 수 없기 때문에 실행 과정에서 우발적으로 실현되는 전략도 있는 셈이다.

우발성이 강조되는 것은 전략실행에 있어 무엇을 의미할까? 그것은 거창한 계획을 세우는 데 집착하기보다는 일상을 경험하라는 것이다. 즉, 처음부터 계획했던 거창한 것이 존재하는 것이 아니라, 일상에서 만나는 우발적 마주침이 모여 큰 의미를 만들어 간다. 따라서 우리는 우발성이 그냥 사라지는 것이 아니라 의미로 남기 위해 일상이 주는 기회를 최대한 활용해야 한다.

[그림7-2] 계획적 전략과 창발적 전략

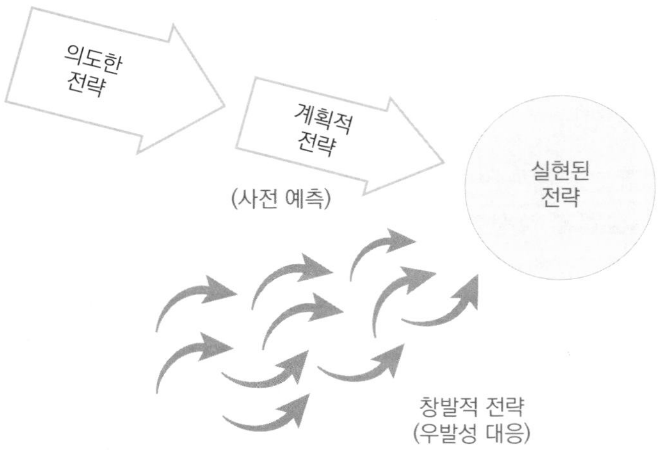

의도한
전략

계획적
전략
(사전 예측)

실현된
전략

창발적 전략
(우발성 대응)

* 출처: Henry Mintzberg, 전략 사파리, 2012, 수정인용

에필로그: 이제 당신이 시작할 시간이다

"학자나 과학자는 진리를 추구하지만, 전략가는 달라야 한다.
사실을 기반으로 삼지만, 행동으로 옮길 수 있는 일을 고민하는 사람이
전략가이다."

– 리처드 루멜트 Richard P. Rumelt

오랫동안 컨설팅을 수행하면서 현장에서 느끼는 고민과 회의가 존재해 왔다. 그것은 아마도 컨설턴트로서 맡은 프로젝트에서 성과를 창출해야 한다는 부담감에서 오는 절박함으로부터 비롯되었다. 나름대로 전략에 관한 지식을 알고 있다고 자부해 왔지만, 막상 현장에서 부딪쳐 보면 기존 지식은 상당 부분 적용하기 쉽지 않았다. 전략실행을 통해 성과를 창출해야 한다는 것은 분명하지만, 어떻게 해야 할지에 대해서는 막막하기만 했다. 성과는 컨설턴트에게도 예외 없이 곤혹스럽고 절박하기만 하였다. 바로 이 절박함이 이 책을 쓰게 된 숨은 동기였는지 모른다.

이론적으로 보면 대단히 중요하지만, 정작 현장에서는 의미 없는 경우가 많다는 것을, 우리는 이미 경험을 통해 충분히 알고 있다. 우리는 경영 현상을 좀 더 완벽히 반영하기 위해 복잡하고 정교한 모델링을 하지만, 정작 활용할 실무자에게는 복잡하게 느껴질 뿐이다. 현장에서 활용하지 않는다면, 아무리 정교한 모델이라 할지라도 성과를 창출할

수 없다. 전략도 이와 별반 다르지 않다. 그래서 헨리 민츠버그는 『전략 사파리』 마지막에서 단지 다양한 전략을 배우는 데 그치는 것이 아니라, 실제로 살아있는 짐승들을 보기 위해 정글 속으로 들어가야 한다고 강조했다. 결국, 우리에겐 정연한 이론이 아니라 효과적인 실행이 필요한 셈이다.

이 책은 기존 전략의 이론적인 완성도를 높이는 것이 아니라, 전략에 대한 다양한 생각을 다듬어서 쓸데없는 것을 걷어내어, 효과적인 전략 실행을 위한 새로운 매개체를 찾고자 했다. 이를 위해 가능한 다양한 전략 이론을 고찰하였지만, 복잡한 것이 아니라 단순화하였다. 면도날이 사람의 피부를 상하지 않게 하고 털을 깎아 내려면 예리하면 예리할수록 좋은 것처럼 말이다.

어쩌면 우리는 19세기 후반 유도를 만든 가노 지고로嘉納治五郎 1860~1938가 선택한 방식을 따라갔는지도 모른다. 그는 옛날부터 전해 내려오는 다양한 유술을 종합하였는데, 타 유파를 비난하지 않고 좋은 점을 받아들여 오늘날의 유도를 만들었다. 즉, 다양한 유술을 가다듬어 실전적인 유도를 만든 셈이다. 그렇다 보니, 다양한 전략의 학파마다 제시하는 섬세한 논리적 차이를 기술하는 것은 애초부터 관심사항이 아니었다. 대신 정확한 차이를 모를지라도, 실제 현장에서 어떤 점이 성과를 창출하는 데 유용한 것인가에 대해 진지하게 고민하였다.

우리는 전략과 실행의 간극을 줄이는 효과적인 매개체를 만들기 위해, 헨리 민츠버그가 제시한 다양한 전략 학파의 이론을 적극적으로 수용하였다. 전반적인 기조는 전략실행의 역동성을 참작하여 구성 학파의 견해를 따랐지만, 디자인 학파와 플래닝 학파 등이 강조한 분석과 프로세스의 중요성을 유지하려 하였다. 사실 분석과 프로세스가 갖는 다양한 문제점이 있지만, 현장에서 전략을 이해하고 실행하기 가장 좋은 방법이다. 그리고 전략실행의 구조를 정의하기 위해 인지 학파로부터 프레임을 빌렸다. 또한, 미흡하지만 실행 과정의 리더십[05]과 학습의 중요성을 견지하려 노력하였다. 여기에 저자들의 10년간의 운영 분야의 컨설팅 경험을 더 하고자 했다.

초기 소박한 의도와는 다르게, 책을 쓰면 쓸수록 전략과 실행을 위한 거대한 담론이 되어 갔다. 쉽지 않은 주제에 부담을 느꼈지만 주요한 키워드를 통해 이를 담으려 노력하였다. 그것은 전략과 실행의 간극, 실행의 역동성을 표현하는 리듬, 그리고 수직적 정렬과 수평적 정렬의 조화이다. '균형 잡힌 실행리듬'이라는 프레임은 그러한 과정에서 탄생한 것이다. 우리는 새로운 프레임을 현장에 적용하여 좀 더 정교한 이론으로 제공하고 싶은 마음이 간절하였지만, 아무래도 그것은 지나친 욕심인 것 같다. 아쉽지만 실전편은 다음을 기대해야 할 것 같다.

유도는 가노 지고로 이후 '콘데 코마'라 불리는 마에다 미츠요前田光世 1878~1941에 의해 브라질로 전파되어 더욱 실전적인 주짓수로 발전하였다. 헨리 민츠버그가 언급하였듯이 전략도 다양한 이론을 결합하여 좀 더 실전적으로 향해 가고 있는지도 모른다. 저자들이 전략과 실행의 간극을 줄이기 위한 프레임으로 '균형 잡힌 실행리듬'을 제시한 것도 이러한 노력의 연장선상에 있는 셈이다.

이제는 책을 읽은 당신이 경영 현장에서 '전략적 사고'의 여정을 시작

---

05 기업가 학파를 통해 리더십의 중요성을, 학습학파를 통해 실행 과정에서의 학습의 중요성을 이해하였다.

할 시간이다. 책을 읽고 나면 오히려 자신감보다 두려움이 앞설 수 있다. 지식은 알면 알수록 신중해지기 때문이다. 그렇다고 그런 두려움을 없애기 위해 "이것만 하면 된다."라는 식으로 몇 가지 원칙만을 제안하고 싶지 않다. 삶이 그렇듯 전략도 그리 단순한 문제가 아니다.

하지만 이점은 분명한 것 같다. 당신이 균형적인 사고를 유지하려 노력한다면 생각보다 시행착오를 만회할 시간은 충분하다는 것이다. 또한 아무리 오랜 연구와 심사숙고를 한 뒤, 뛰어난 지혜를 얻었다 할지라도, 그 자체로 당신의 불안과 의심의 족쇄에서 해방시킬 수는 없다. 그것은 오직 자신과 진리를 믿고 무소의 뿔처럼 당당하게 나갈 수 있는 스스로의 결단력에 의해서만 가능하다.

마지막으로 책을 읽고 나서 여기서 배운 이론과 프레임에 집착하게 된다면, 당신은 책을 잘못 읽은 것이다. 책을 읽은 당신에게 정말로 필요한 것은 다양한 전략 이론이 아니라 실전에서 요구되는 진정한 '전략적 사고'의 부활이기 때문이다.

부 록

　여기서 소개하는 8권의 책들은 『전략실행 프레임』을 위한 핵심적인 아이디어를 제공해 준 고마운 책들이다. 이 책들은 새로운 프레임의 이론적 근거를 이해하는 데 도움이 될 뿐만 아니라, 전략과 경영에 대한 폭넓은 이해를 제공할 것이다. 요즘 비록 책 구매를 주저하는 시대이지만, 가능한 구매하여 정독하기를 추천하는 바이다. 다만 마지막 3권은 다소 전문적 지식을 필요로 하므로 독자층을 제한하여 추천한다.

📖 전략 사파리

　- 헨리 민츠버그 외, 윤규상 옮김, 비즈니스맵, 2012

　　이 책을 읽고 나면 왜 헨리 민츠버그가 '경영학의 파괴적 선구자'로 불리는지 충분히 알 수 있다. 전략을 바라보는 다양한 관점을 10가지 학파로 분류하여, 방대한 자료와 함께 소개하고 있다. 이를 통해 전략이 갖는 다양한 측면을 이해할 수 있을 뿐만 아니라, 전략이 갖는 한계도 이해할 수 있다.

　　하지만 무엇보다 그가 도움을 준 것은 전략을 바라보는 균형적인 사고이다. 이는 "우리는 생각해 보고 나서 행동하기도 하지만, 때로는 행동하기 위해서 생각한다."라는 말 속에 담겨 있다. 현실에서 전략은 어느 정도 앞을 보면서 상황에 따라 적절하게 대처해 나가는 것이다. 즉, 전략은 '사전 사고'와 '도중 적응'이 불가피하다.

　　이 책에서 제안한 프레임도 이러한 관점을 따른다. 즉, 사전 사고를 위해 전략은 필요하며, 실행 과정에서 적응을 통해 '균형 잡힌 실행리듬'을 만드는 과정으로 본 것이다. 또한, 책에서 제시한 다양한 학파의 이론을 참조하여 개념을 구체화할 수 있었다.

📖 **전략 사전**

– 랄프 쇼이스, 안성철 옮김, 옥당, 2013

'경영전략 100년의 정수를 집대성한 위대한 전략의 향연'이라는 책 소개 문구처럼, 다양한 전략 이론뿐만 아니라 컨설턴트들이 제안하는 프레임워크 등 전략에 관한 포괄적인 내용을 담고 있다. 하지만 단지 제목처럼 사전으로만 간주하기에는 담겨 있는 내용이 결코 가볍지 않다.

이 책을 통해 급변하는 비즈니스 환경에서 어떻게 전략실행을 해야 하는가에 대한 의문을 다소나마 해소할 수 있었다. 변화의 속도에 적응하기 위해 새로운 전략적 사고가 필요하며, 이를 위해 기존에 다양한 노력이 전개되었음을 이해하였다. 이 책에서는 전략적 조기탐지, 전략적 학습, 변화의 동력 등 최근의 노력을 묶어 '동적 전략'으로 분류하고 있다.

📖 **전략의 적은 전략이다**

– 리처드 루멜트, 김태훈 옮김, 생각연구소, 2011

책의 제목이 주는 뉘앙스와는 달리 좋은 전략과 나쁜 전략을 명쾌하게 구분하여 제시함으로써, 전략이 갖는 본질적인 의미를 이해하는 데 도움이 된다. 그에 의하면 전략은 야심, 리더십, 비전, 기획, 경제적 경쟁 논리와 동일시하는 관점이 아니다. 전략적 작업의 핵심은 주어진 상황에서 문제의 성격을 파악하고 해결책을 제시하는 것이다. 즉, 추상적 목표에서 실질적인 해결책으로 전환하는 것이다. 문제 해결 기법으로 전략을 바라보았기 때문에, 좋은 전략은 냉정한 진단, 짜임새 있는 추진 방침 그리고 일관된 행동을 가진다.

이 책을 통해 "전략은 가설이다."라는 중요한 명제를 얻었다. 가설은 검증을 통해 의미를 찾아가듯이, 전략은 실행을 통해 성과를 검증해 나가야 한다.

📖 전략

– 프랑수아 줄리앙: 이근세 옮김, 교유서가, 2015

서양과 중국의 전략의 차이를 철학적으로 명쾌하게 서술한 책이다. 책의 내용은 짧지만, 중독성은 강하다. 이 책에 의하면 서양의 전략은 모델화 과정이며, 중국은 상황 잠재력을 활용하여 흐름을 타는 데 있다. 모델화 과정은 수단-목적의 관계를 가진다. 계획의 기능을 하는 관념적 형태는 목적으로 설정된다. 그리고 목적을 달성하기 위한 수단을 찾는다. 이에 비해 상황 잠재력은 조건-귀결의 관계를 가진다. 유리한 조건을 차지하면 귀결로서 점차 세가 유리한 쪽으로 흘러가는 것이다.

이 책을 통해 전략은 일종의 '모델화'라는 개념임을 이해하였다. 모델화는 관념적인 형태로 계획을 세우고, 그것을 근거로 행동에 착수한다. 여기서 계획과 실행이라는 이원적 구성은 필수 불가결이다. 이를 근거로 전략과 실행의 간극에 대한 이론적 구성을 정교화할 수 있었다.

📖 삶의 정도

– 윤석철: 위즈덤하우스, 2010

윤석철 교수의 10년 주기 작 4번째 작품으로, 인문학 관점에서 경영학을 저술한 국내 최고의 명저이다. 이 책은 '수단매체'와 '목적함수'라는 두 가지 개념을 통해 삶의 복잡함을 분석하고, 모든 의사결정이 가능하다고 제안한다. 또한, 이익 최대화를 추구하는 목적함수를 비판하고 생존 부등식(제품의 가치〉제품의 가격〉제품의 원가)을 대안으로 제시하였다. 그는 생존 부등식을 만족시키기 위한 수단매체로서, 감수성, 상상력, 탐색시행을 언급하고 있다. 이에 대한 논지를 매우 간결하게 전개하고 있어, 누구나 쉽게 읽을 수 있는 책이다.

이 책을 통해 전략과 실행의 간극을 줄이기 위한 '매개체'에 관한 다양한 아이디어를 얻을 수 있었다. 또한, 우회축적의 개념을 통해 축적에 대한 과학적 근거도 이해할 수 있었다.

📖 좋은 기업에서 위대한 기업으로

- 짐 콜린스, 이무열 옮김, 김영사, 2001

　　좋은 기업에서 위대한 기업으로 도약한 기업군과 실패한 기업군을 조사하여 도약의 비결을 탐구하여 제시한 책이다. 이 책의 장점은 풍부한 데이터를 통해 일반적으로 널리 받아들여지는 경영 현상에 대한 정확한 검증을 수행했다는 것이다. 일반적으로 행해지는 리더의 외부 영입, 경영진의 높은 보수, 전략, 기술 변화, 인수 합병 등 많은 것들이 위대한 기업으로 도약하는 데 그다지 영향을 미치지 않았다. 이보다는 개인적 겸양과 직업적 의지의 역설적인 단계 5의 리더십, 적합한 사람, 냉혹한 사실 인식, 규율의 문화, 단순하고 지속적인 노력 등이 큰 영향을 미쳤다.

　　이 책을 통해 전략실행에 적합한 리더십과 고슴도치 콘셉트를 통해 단순화, 그리고 축적 과정의 중요성에 대한 폭넓은 이해를 얻었다.

📖 전략실행 프리미엄

- 로버트 캐플란, 데이비드 노튼: ㈜웨슬리 퀘스트 옮김, 21세기북스, 2008

　　성과측정 도구인 균형성과지표 BSC를 활용하여 전략과 운영을 연계하는 종합적인 전략실행관리 시스템을 제안하고 있다. 전략적 계획과 운영적 계획을 연계하여 효과적으로 실행하기 위해 6가지 주요 단계를 보여주고 있다. 이는 전략의 개발, 전략의 기획, 조직의 정렬, 운영의 기획, 모니터링과 학습, 검증 및 조정 등이다. 이를 효과적으로 관리하기 위해 전략관리실이라는 조직 기능의 필요성을 제안하고 있다.

　　이 책을 통해 전략실행 관리시스템에 대한 폭넓은 이해를 얻을 수 있었다. 다소 실무적인 내용을 담고 있으므로, 전략에 대한 일정한 지식이 있고, 평소 전략실행에 대한 관심이 많은 독자라면 읽기를 추천한다.

📖 Operations strategy

– Nigel Slack, Michael Lewis: Prentice Hall, 2011

　　운영전략의 전반적인 체계를 이해하기 좋은 책이다. 운영전략의 개념에서부터 운영 개선기법, 생산역량 전략capacity strategy, 구매 및 공급망 전략, 실행 등 운영에 관련된 다양한 활동을 소개하고 있다. 이 책을 통해 Top down과 bottom up 접근법을 이해하고, 비즈니스 모델과 운영 모델의 콘셉트 간의 관계를 통해, 전략과 실행을 연계하는 매개체로서 운영전략의 아이디어를 도출할 수 있었다.

　　운영에 관한 전체적 조망을 갖고 싶은 독자에게 권하며, 이 분야에 익숙하지 않은 사람들은 다소 어렵게 느껴질 수 있다.

📖 Operations Rules

– David Simch-Levi: The MIT Press, 2010

　　어떤 기업도 모든 영역에서 성공적으로 경쟁할 수 없기 때문에, 기업은 비즈니스 모델의 고객가치 제안customer value propositions에 맞게 운영 및 공급망 전략을 수립해야 한다는 것이 이 책의 핵심 주장이다. 풀-푸쉬pull-push 프레임워크를 활용하여 제품과 시장, 공급망을 일치시키는 전형적인 제조기업의 전략을 다양한 형태로 보여주고 있다. 변화하는 고객가치를 효과적으로 대응하기 위해서는 시스템, 프로세스, 제품설계에서 유연성을 확보하는 것이 중요함을 강조하고 있다.

　　이 책을 통해 고객가치를 기반으로 수립하는 운영전략을 이해할 수 있었다. 공급망 전략에 대한 전반적 이해를 원하는 독자에게 읽기를 추천한다. 다만 상대적으로 운영전략의 내용은 다소 미약한 편이다.

앞서 전략의 시대에 따른 발전 과정을 통해 다양한 관점의 변화를 이해하였다. 이는 전략의 큰 흐름에 해당하며, 이를 좀 더 상세히 이해하기 위해 헨리 민츠버그의 『전략 사파리』에서 분류한 10가지 학파를 살펴볼 필요가 있다. 이 내용들은 우리가 제안한 '균형 잡힌 실행리듬'을 만들어내는 데 다양한 이론과 아이디어를 제공해 주었다.

[그림1] 헨리 민츠버그가 분류한 10가지 전략의 학파

전략의 학파	전략을 바라보는 관점	중심 인물
❶ 디자인 학파	개념화에 의한 계획으로서의 전략	건축가로서 경영자
❷ 플래닝 학파	전략 플래닝 모델에 의한 계획으로서의 전략	계획가
❸ 포시셔닝 학파	계획된 본원적 포지션으로서의 전략	분석가
❹ 기업가 학파	기업가의 새로운 비전으로서의 전략	리더
❺ 인지 학파	정신적 전망으로서의 전략	두뇌 집단
❻ 학습 학파	학습 패턴으로서의 전략	학습자
❼ 권력 학파	정치적 영향력, 교섭력에 의한 패턴과 책략으로서의 전략	권력자
❽ 문화 학파	집단적 전망으로서의 전략	집단
❾ 환경 학파	특정한 본원적 포지션(틈새)으로서의 전략	환경
❿ 구성 학파	상황에 따라 다른 학파의 어느 것이든 무관	상황에 따라 다름

* 출처: Henry Mintzberg, Strategy Safari, 1998

10가지 학파를 자세하게 설명하는 것은 이 책의 목적이 아니므로, 전략실행 관점을 중심으로 간단히 언급하면 다음과 같다.

디자인 학파, 플래닝 학파, 포지셔닝 학파는 조직이 이해와 통제 가능한 상황에서 계획plan을 중시한다. 이는 질서와 안정을 기반으로 전략을 실행하므로, 계획대로 이행하는 것을 강조한다. 하지만 최근 역동성이 증가하는 경영 환경에서 지나치게 통제를 강화하는 것은 바람직하지 않다. 그럼에도 여전히 실제 현장에서 전략기획하는 데 가장 효과적이다. 이유는 활용하기 편리한 다양한 분석툴과 프로세스를 제공하기 때문이다.

한편으로 인지 학파와 학습 학파, 권력 학파는 예측 불가능하고 혼란스러운 세계에서 계획보다 경험과 행동을 중시한다. 여기서는 복잡한 환경을 해석하여 프레임을 형성하거나 경험을 통해 배우거나 정치적 기술을 활용하여 움켜쥐는 것을 강조한다.

위의 학파들과 달리 기업가 학파는 리더의 비전과 역량을 중시한다. 창업 초기, 리더가 많은 부분을 결정하는 상황에 적합한 이론이다. 결국, 좋은 계획과 실행력은 모두 리더의 역량에 따라 달라질 수밖에 없다. 그렇지만 지나치게 영웅적인 리더에만 의존하는 것은 환경, 프로세스, 시스템 등 다양한 요소의 중요성을 간과하게 한다.

문화 학파와 환경 학파는 다소 거시적 관점으로, 전략실행에서 보자면 다소 모호한 특성을 보인다. 환경 학파는 조직이 통제 불가능한 환경에서도 합리적인 계획이 가능할 것으로 본다. 장기적 전략으로 생각하면 맞는 말일 수 있지만, 역동적인 상황에서는 적합하지 않다. 이와 달리 문화 학파는 문화가 전략 프로세스에 미치는 영향을 강조한다.

우리는 전략적 성과를 위해 적절한 문화를 개발해야 하지만, 사실 성공하기 전까지 그것을 어떻게 개발했는지 알기란 쉽지 않다.

구성 학파는 전략과 실행 모두를 고려한다. 상황에 따라 다양한 이론을 조합하는 것을 중시하므로, 실행 과정에서 피드백으로 전략 자체를 다시 조합할 수 있다. 이 책의 전반적인 기조는 구성 학파의 관점을 따르고 있다.

10가지 학파로 분류되어 있지만, 우리는 전략실행을 위해 특정한 하나의 관점만을 따를 이유는 없다. 모든 학파의 전략은 각자의 관점에 따른 장단점을 갖고 있으므로, 이를 상황에 맞게 취사선택할 필요가 있다. 예를 들면, 현실적으로 계획을 수립할 때는 디자인 학파, 플래닝 학파, 포지셔닝 학파의 관점을 활용하는 것이 유용할 수 있으며, 실제 실행 과정에서는 인지와 학습이 중요하므로 이들 학파의 관점을 취하는 것이 좋고, 피드백은 구성 학파 관점을 활용하는 것이다. 그리고 좀 더 장기적이고 거시적으로 판단할 때는 문화 학파와 환경 학파의 장점을 받아들이는 것이 유용할 수 있다.

기업에서 전략은 하나만 존재하는 것이 아니라, 조직의 수준에 따라 각자 다르게 존재한다. 일반적으로 전략은 어떠한 수준에서 분석할 것인가에 따라 기업전략, 사업전략, 기능전략으로 분류할 수 있다. 어떤 사업을 해야 하는가와 특정 사업에서 어떻게 경쟁해야 하는가는 전략 관점에서 다른 수준의 문제이다. 그럼에도 불구하고 세 가지 수준의 전략을 구별하지 않고 뭉뚱그려 포괄적으로 논의하는 경우가 많은데, 이는 전략을 이해하는 데 있어 많은 혼란을 야기한다. 따라서 전략의 다양한 수준에 관한 정확한 의미를 이해할 필요가 있다.

[그림2] 전략의 수준

기업전략corporate strategy은 기업 전체를 아우르는 전략적 배치를 말한다. 기업전략의 핵심은 어떤 사업을 진행할 것인가에 있다. 사업영역별로 포트폴리오 관리와 사업을 위한 재무자원 관리 전략이 주요한 내용이다. 이를 위해 다각화, 수직적 통합, 기업인수합병, 해외사업 진출 등 다양한 활동을 수행한다.

사업전략business strategy은 제품, 시장과 직접적인 관련이 있다. 사업전략의 관심은 특정 시장에 대한 구체적인 사업방식이다. 즉, 해당 사업의 제품과 서비스에 대한 전략적 포지셔닝, 마케팅, 생산 및 유통을 어떻게 할 것인지를 정의하는 것이다. 이를 통해 목표 고객에 대한 가치 제안value proposition을 명확히 하고 경쟁우위를 확보·유지하는 전략을 다룬다. 만일 단일 산업에서만 비즈니스를 영위하는 기업이라면, 기업전략과 사업전략의 실질적인 차이가 없다.

기능전략functional strategy은 사업전략을 달성하기 위해 개별 사업부 조직의 기능을 어떻게 유지하고 발전시켜야 하는지에 대한 전략이다. 이는 사업전략에서 제안한 가치를 어떻게 효과적이고 효율적으로 생성하여 전달할지 고민하는 것으로, 기능별 분야에서 세부적인 수행 방법을 결정한다. 모든 기업은 조직의 기능별 분야에서 자신들의 업무 전략을 개발하고 실행한다. 마케팅전략, 재무전략, 연구개발전략, SCM 전략, 인사전략 등이 그것이다.

일반적으로 기업전략은 지주회사나 최고경영자의 상위 스텝 조직에서 이루어지고, 사업전략은 각 기업에 속하는 개별적인 사업부 단위조직에서 수립하고 실행된다. 기능별 전략은 사업전략이 수립된 이후에 각각의 해당 기능별 조직에서 수행하게 된다. 각 전략은 독립적으로 움직이는 것이 아니라 상하 위계를 갖고 체계화되어야 하며, 외부 환경 변화가 있는 경우에 끊임없이 상호 작용하며 수정·보완해 나가야 한다.

[그림3] 전략 수립 프레임워크

* 출처: 김동철, 서영우, 경영전략 수립 방법론, 2008

많은 컨설턴트, 경영학자들이 전략계획을 수립하는 방법론과 모델 등을 셀 수 없이 만들어 냈다. 개별 기업이 처한 내·외부 경영 환경과 경영자의 철학, 비전은 천차만별이므로, 현장에는 다양한 전략 수립 방법들이 존재할 수밖에 없다.

컨설팅 회사들은 고유의 전략 수립 프레임워크를 활용하여 다양한 컨설팅 서비스를 제공한다. 그들은 나름대로 경험과 이론을 반영하여 독특한 프레임워크를 만들었다고 주장하지만, 기본적인 구조는 상당히 유사한 편이다. 대체로 현황 분석, 전략 방향 수립, 전략 수립, 실행계획 수립 등의 범주에서 크게 벗어나지 않는다.

반드시 독창적인 프레임워크가 있어야만 창의적이고 뛰어난 전략이 만들어지는 것은 아니다. 하지만 프레임워크를 이해하는 것은 짜임새 있는 전략을 수립하는 데 실질적인 도움이 될 수 있다. 일반적으로 언급되는 전략 수립 프레임워크의 주요한 내용을 살펴보면 [그림3]과 같다.

첫 번째 단계인 현황 분석에서는 기업의 내·외부 분석, 벤치마킹을 통해 경영 환경의 기회요인opportunities과 위협요인threats, 그리고 자사의 강점Strengths과 약점weakness을 파악하게 된다. 이 단계에서는 전문가 인터뷰, 자료 조사 등이 기업 전반에 걸쳐 포괄적으로 정보 수집·분석이 이루어진다. 특히, 벤치마킹의 경우에는 대상업체의 선정이 중요하며, 동종 산업의 선진 기업뿐만 아니라 다른 산업의 선진 기업까지 포함하여 검토해야 한다.

현황 분석 후에는 전략 방향을 수립하게 된다. 전략 방향은 현재 전략적 포지션에서 기업이 지향하는 비전을 달성하기 위한 다소 거시적인 방향성을 의미한다. 그러므로 전략 방향은 CEO를 비롯한 경영진 간의 합의가 필수적이다. 일반적으로 경영진 대상의 워크숍을 실시하여 이견을 조율하며 방향성을 합의하는 과정을 거친다. 여기에 현업 실무진을 대상으로 의견 수렴하여 방향성을 조율하기도 한다.

이와 같은 전략 방향이 수립되면, 기업전략, 사업전략, 기능전략을 순차적으로 하향 전개하며 수립하게 된다. 이것은 하향 전개방식topdown approach을 통해 기업의 조직 내 기능 활동들을 하나의 방향으로 정렬하는 것이다. 이러한 과정을 통해 전략 방향이 조직 내 모든 부문과 실무진까지 전달되며, 개별 조직은 전달된 전략 방향에 맞추어 각자의 활동을 조정하게 된다.

이처럼 전략 수립이 완료되면 이를 실현하기 위해 실행과제와 이행계획을 수립하게 된다. 실행과제를 도출하는 것은 컨설턴트의 도움을 받더라도, 반드시 과제를 수행할 현업이 적극적으로 참여해야 한다. 그래야 실질적인 과제가 도출될 가능성이 높고, 수행할 현업에게 동기부여가 될 수 있다. 각 조직별로 실행과제가 도출되면, 전략부서에서는 이를 취합한 후 중요도, 시기 등을 판단하여 전사 관점에서 이행계획을 수립한다.

이 책에서 제안한 전략실행 프레임은 실행계획 단계에서 전략의 유효성을 사전에 점검하는 데 활용할 수 있다. 즉, 실제 실행에 돌입하기 전에 실행과제와 이행계획이 본원적 가치와 운영 흐름 간에 상호 조화가 있는지, 또는 전략적 정렬에서 미흡한 수평적 정렬이 적절히 참작됐는지를 점검한다. 이를 통해 전략적 성과의 창출 가능성을 높일 수 있다.

공급망 관리supply chain management(이하 SCM)는 고객과 이해 관계자들에게 가치를 창출할 수 있도록 공급업체로부터 최종 소비자에 이르는 물류 흐름을 하나의 가치사슬 관점으로 파악하고 제품, 서비스 및 정보 등 비즈니스 흐름이 이루어지는 프로세스, 시스템, 조직을 혁신하는 총체적인 활동을 말한다. 주요 목적은 고객서비스 수준을 만족시키면서 공급망에서 발생하는 전반적인 비용을 최소화할 수 있도록, 보다 신속하게, 보다 저렴하게, 보다 확실한 제품을 공급하는 데 있다.

SCM은 부문별 최적화에서 탈피하여 공급망의 구성 요소들 간에 이루어지는 전체 프로세스 최적화를 달성하고자 하므로, 그 관리 영역이 광범위하다. 일반적으로 전략, 계획, 실행, 협업, 모니터링 등 5개 영역으로 나누어 볼 수 있다.

SCM 전략은 사업전략을 기반으로 SCM 운영전략을 수립하는 것으로, 네트워크 구성, 생산·판매·물류 거점 전략 등 다소 운영에 관계된 구조적인 문제를 다룬다. 이에 비해 SCM 계획은 주간·월간·분기별 조달, 공급, 판매 계획을 수립하여 공급망에 관련한 운영상의 의사결정을 다루고 있다. 공급망 전체의 원활한 정보 흐름을 위해서 무엇보다 빠르게 동기화된 단일 계획을 생성하는 것이 중요하며, 이를 위해 IT 솔루션을 적극적으로 활용하여 신속하고 정확한 전체 계획을 수립한다.

협업은 공급자와의 협업(구매 측면)과 판매자와의 협업(판매 측면)으로 나눌 수 있으며, 이는 외부적으로 정보와 프로세스를 통합하여 공급망의 운영 효율성을 높일 수 있다. 모니터링 영역은 공급망의 운영 수준을 핵심평가지표로 평가·관리하는 것과 공급망에서 발생하는 다양한 돌발상황을 모니터링하고 통제하는 것을 말한다. 이러한 SCM 체계를 효율적으로 운영하기 위해서 기업들은 지속적으로 조직, 프로세스 또는 IT 시스템을 개선해야 한다.

[그림4] SCM 체계

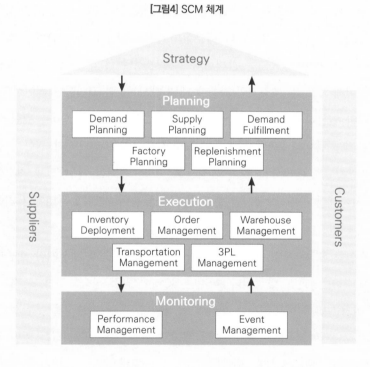

* 출처: Entrue Consulting, SCM Framework, 2007

1990년대 삼성전자를 필두로 많은 국내 기업들이 SCM 체계를 도입하였다. 하지만 스피드경영을 위해 SCM을 정착시킨 삼성전자를 제외하면 SCM을 통해 뚜렷한 성과를 내는 기업은 많지 않다. 많은 자원과 시간을 투자하여 SCM 체계를 도입했음에도, 왜 많은 기업들은 가시적인 성과를 내지 못하는 것일까?

그것은 SCM 도입이 IT 시스템과 함께 이루어지다 보니, 지나치게 프로세스 중심으로 고착화되어 운영되는 경향이 있기 때문이다. 그러다 보니 운영 성과를 위한 KPI 관리에 치중한다. 해가 거듭될수록 늘어나는 것은 역설적으로 운영 성과가 아니라 KPI 가짓수이다. 운영 성과를 개선하는 대책으로 좀 더 세분화되고 정교한 KPI를 고안하기 때문이다. 그렇게 많은 KPI를 관리한다고 해서 정말 성과가 좋아질 수 있을까? 이제 SCM의 본질적인 가치에 대해 다시 한 번 고민할 시점이다.

이미 언급하였듯이, 전략실행에 있어 SCM은 수평적 정렬을 위한 핵심관리 기능이다. 수평적 정렬은 고객에게 가치를 전달하기 위한 공급망의 흐름을 관리하는 것이 목적으로, 부분 최적이 아닌 전체 최적화를 지향해야 한다. 그렇지만 운영 성과 향상을 위해 KPI 관리에만 치중하게 되면 전체 최적화와는 점점 거리가 멀어진다.

경험상 SCM 도입 초기에는 전략과 상관없이 운영 개선에만 집중하여도 기업 성과는 향상된다. 하지만 SCM이 점점 성숙화되면, 단지 운영 효율성만을 바라봐서는 한계에 봉착한다. 운영 효율성을 무한정 높이는 것은 현실적으로 불가능 할 뿐만 아니라 별로 의미 없는 일이 될 수도 있다. 예를 들면, 대부분 기업들은 물류비용을 절감하기 위해 물류센터의 시설 효율성을 높이는 데 주력하지만, 자라ZARA는 낮은 시설 효율성을 너그럽게 인정한다. 이것은 운영 효율성을 극대화하기보다는 자신의 전략에 맞추어 운영 효율성을 조율한 것이다.

　결론적으로 앞으로 지향해야 할 SCM은 운영 효율성에만 집중하기보다는 전략과 연계를 좀 더 고민해야 한다. 이를 통해 SCM은 좀 더 가치 지향적으로 거듭나야 하고, 전략과 빠른 연계를 통해 신속한 전체 최적화를 달성해야 한다. 그렇지 않으면 오히려 탄탄한 SCM 체계가 빠른 비즈니스 변화에 걸림돌이 될지 모른다.

★ 게임 이론 theory of games

경쟁 주체가 상대방의 반응을 고려하면서 자기의 이익을 최적화해야 하는 상황하에서 의사결정을 분석하는 이론이다. 폰 노이만John von Newmann과 모르겐슈테른Oskar Morgenstern이 1944년에 공저한 『게임이론과 경제 행태Theory of Games and Economic Behavior』가 발간되면서 본격적으로 발전되었다.

전략에서 게임 어프로치는 비즈니스에 참가하는 각 플레이어가 가치를 창조하고 배분하는 과정에서 자사에 유리한 상황을 만들어 냄으로써 이익을 확보하는 경로를 찾는 것이다. 이를 위해 타사와의 관계에 있어 경쟁만이 아니라 협력 관계도 고려한다.

★ 도요타 생산방식 TPS: Toyota production system

일본의 도요타자동차에서 처음으로 도입된 생산 시스템으로, 팔리는 제품만 만드는 '철저한 낭비제거'를 통해 이익을 확보하고자 하는 생산방식을 의미한다. 도요타 생산방식에는 기존 서구의 생산개념을 흔드는 2가지 개념이 있다. '재고는 악'이라는 사상과 사람의 능력을 핵심으로 삼은 생산·개선 활동이다. 무재고 생산시스템을 실현하고자 '고객이 필요로 하는 제품을 필요로 하는 때에 필요로 하는 양만큼만 만든다'는 JIT로 전개되었다. 사람의 능력을 최대화하기 위해 분업이 아닌 '다기능공'을 지양하고 카이젠 활동도 현장 작업자들이 중심이 되었다.

★ 란체스터 법칙 Lanchester's laws

1916년, 제1차 세계 대전 중에 프레데릭 란체스터Frederick W. Lanchester는 상대적인 힘의 관계를 보여주는 수리모델을 고안하여 '란체스터 법칙'이라 발표하였다. 이후 주로 군사적인 분석에서 사용되어 왔지만, 최근에는 마케팅이나 비즈니스 전략으로 많이 활용되고 있다.

란체스터 법칙은 제1법칙과 제2법칙이 있는데, 이중 제2법칙이 집중의 원리를 표현하고 있다. 현대 전투에서 결과는 병력 차의 제곱에 비례한다. 즉, 성능이 같은 아군 전투기 5대와 적군 전투기 3대가 공중전을 벌인다면 최종적으로 살아남는 아군 전투기는 2대가 아니라 그 차이의 제곱인 4대가 된다. 이는 원거리 전투에서는 동시에 여럿이서 한 목표를 노리는 '집중공격'이 가능하기 때문이다.

– 출처: 전략교실, 스즈키 히로키, 2014, 다산북스

★ 린 생산방식 lean production

1990년에 MIT의 워맥 등이 일본, 미국 및 유럽의 JIT 방식의 자동차 제조 방식을 비교 연구하여 집필한 『The Machine That Changed the World: The Story of Lean Production』에서 제시된 개념으로 '고객이 원하는 것만 정확하게 제공함으로써 모든 생산공정에서 체계적으로 낭비를 제거하는 생산방식'을 뜻한다. 이러한 개념은 기본적으로 도요타 생산 시스템에서 출발한 것으로, 이를 미국식 환경에 맞춰 재정립한 것이다.

★ 블루오션 전략 blue ocean strategy

인시아드의 김위찬 교수와 르네 마보안Renee Mauborgne 교수가 1990년대 중반 제창한 경영전략이다. '블루오션blue ocean'이란 지금까지 누구도 발을 들여놓지 않은 시장으로 경쟁자가 존재하지 않는 시장이다. 이에 비해 '레드오션red ocean'은 상반되는 개념으로, 많은 기업이 치열하게 경쟁하는 시장을 의미한다.

김위찬 교수는 기업에게 블루오션을 찾으라고 조언한다. 고객에게 차별화된 부가가치를 제공할 수 있는 제품이나 서비스를 통해 혁신적인 시장

공간을 창출하라는 것이다. 따라서 블루오션 전략은 경쟁보다는 가치혁신 value innovation을 추구한다.

★ 비즈니스 모델 business model

간단히 말해, 비즈니스 모델은 기업의 수익 창출방식을 설명한다. 즉, 어떤 제품이나 서비스를 어떤 고객에게 제공하고, 어떻게 마케팅하며, 어떻게 수익을 창출할 것인가에 대한 계획 또는 사업 아이디어를 의미한다. 인터넷 기업들이 사업 아이디어 자체를 특허 출원하기 시작하면서 알려진 용어이다.

오늘날 시장이 빠르게 변화함에 따라 많은 기업은 자신들의 비즈니스 모델을 혁신해야 하는 어려움에 직면해 있다. 기업들은 비즈니스 모델을 실현하기 위해 조직구조, 프로세스, 시스템을 변화해야 하며, 이를 위한 전략 실행이 중요해졌다.

★ 사이클 타임 cycle time

일반적으로 '생산주기'라고 불리며, 제품이나 부품을 한 개 생산할 때 걸리는 시간을 뜻한다. 즉, 작업공정에 어떤 제품을 한번 생산 완료하고 두 번째 제품을 생산할 때까지 걸리는 시간을 말한다. 사이클 타임이 짧으면, 그만큼 빠르게 제품을 생산하여 공급할 수 있어 생산효율이 높음을 의미한다.

★ 운영전략 매트릭스 operation strategy matrix

운영전략을 성과목표와 의사결정 영역으로 이루어진 매트릭스로 표현한 분석툴을 말한다. 성과목표는 품질quality, 속도speed, 가용성 dependability, 유연성flexibility, 비용cost으로 구성되며, 의사결정 영역은 생산역량capacity, 공급망 네트워크supply network, 공정 기술 process technology, 개발 및 조직development & organization으로 구성된다.

매트릭스가 의미하는 것은 운영전략의 본질은 시장경쟁력을 확보하기 위해 요구되는 운영 성과목표에 따라 자원을 효율적으로 활용하기 위한 의사결정을 수행하는 것이다.

　－ 출처: Operations Strategy 3rd Edition, Nigel Slack과 Michael Lewis, 2011,
Pearson Education Limited

[그림5] 운영전략 매트릭스

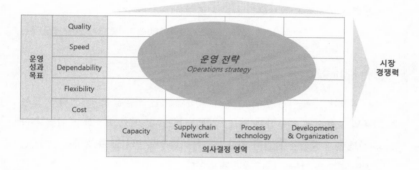

　* 출처: Nigel Slack & Michael Lewis, Operations Strategy, 2011

★ 전략적 직관 strategic intuition

　　장기간 고민하고 있던 문제를 한 순간에 해결해주는 섬광 같은 통찰력을 의미하며, 윌리엄 더건William Duggan은 이를 '제7의 감각'으로 부르고 있다. 그에 의하면 전략적 직관은 육감이나 전문가 직관expert intuition과는 다르다. 육감은 일종의 감정이지만 전략적 직관은 선명하고 창의적인 생각이다. 또한, 전문적 직관이 익숙한 상황하에서 순식간에 결론에 도달하는 빠른 사고인데 비해, 전략적 직관은 좋은 아이디어가 필요한 상황에서 작동하며, 결론에 이르기까지 시간이 걸린다. 우리는 전략적 직관을 통해 뛰어난 전략을 수립할 수 있고, 창의적인 문제 해결이 가능해진다.

　　　　　－ 출처: 제7의 감각: 전략적 직관, 윌리엄 더건, 2008, 비즈니스맵

★ 창발적 전략emergent strategy

헨리 민츠버그에 의해 주장된 개념으로, 목적성을 가지고 수립된 전략이 빈틈없이 실현되었다면 '계획적 전략deliberate strategy', 이와는 달리 분명한 의도는 없었더라도 실행하는 과정에서 어떤 패턴이 실현된 전략을 '창발적 전략emergent strategy라고 한다.

계획적 전략은 미래를 예측할 수 있다는 전제하에 수립된다. 창발적 전략은 처음부터 명확하게 의도한 것이 아니라 행동이 모이고 학습과정을 통해 축적된 패턴이 형성되는 것이다. 이것은 사전에 모든 것을 계획할 수 없기 때문에 우발적으로 발생하는 전략도 존재한다는 것이다.

– 출처: 전략교실, 스즈키 히로키, 2014, 다산북스

★ 최적화 optimization

'최적화'란 주어진 범위 안에서 최댓값 또는 최솟값을 찾아 자원 또는 비용의 효율성을 추구하는 것을 말한다. 비즈니스에서 최적화 문제는 수학적 모델링과 밀접한 관련이 있다. 즉, 목적함수를 만들고 최적화를 위한 결정적인 변수를 찾아내는 모델링 작업이다.

★ 파괴적 혁신 disruptive innovation

클레이튼 크리스텐슨Clayton M. Christensen 교수는 『혁신기업의 딜레마』에서 존속성 혁신sustaining innovation과 파괴적 혁신으로 나누었다. 존속성 혁신은 기존 고객이 요구하는 성능을 충족시키는 혁신이고, 파괴적 혁신은 기존 고객이 요구하는 성능은 충족시키지 못하지만, 전혀 다른 성능을 요구하는 고객의 욕구에 맞추어 진행되는 혁신을 말한다. 즉, 새롭게 떠오르는 미래의 고객 욕구에 귀를 기울인다는 것이다. 예를 들면, 음악을 저장하는 기기의 발달과정을 보면 카세트테이프와 CD 등은 새로운 기술인 MP3가 나오면서 하룻밤 만에 무용지물이 되었다.

★ 핵심역량 core competence

　　1990년 미시간대의 프라할라C.K. Prahalad 교수와 런던 비즈니스 스쿨의 게리 하멜Gary Hamel 교수에 의하여 발표된 이론으로 경쟁기업에 비하여 경쟁우위를 가져다주는 기업의 능력으로서, 보다 우수한 수준으로 고객에게 효용을 제공할 수 있는 기업의 힘을 말한다. 이런 핵심역량은 기업의 물질적인 자산과 반대로 시간이 흘러도 그 가치를 잃어버리지 않는 '집단지식'이라고도 표현할 수 있다.

　　핵심역량은 기업의 경쟁우위 원천으로 외부 시장보다는 기업의 내부 역량을 중요시하는 관점이다. 여기서 기업의 모든 강점이 핵심역량을 의미하는 것은 아니다. 핵심역량은 모방이 어렵고 독창적이며, 지속 가능하게 가치를 창출할 수 있어야 한다. 즉, 차별적 경쟁우위를 창출할 수 있어야 한다.

　　핵심역량은 현재 보유하고 있는 잠재력을 전략적으로 활용하는 것이 중요하다는 것을 강조한다. 따라서 기업은 내부의 자원활용 최적화와 자체 핵심역량을 강화를 통해 차별적 경쟁우위를 창출하려 노력해야 한다.

★ 휴리스틱 heuristics

　　시간 제약이나 정보 부족으로 합리적인 판단을 할 수 없거나, 굳이 체계적이고 합리적인 판단을 할 필요가 없는 상황에서 신속하게 의사 결정하는 어림짐작의 기술을 말한다. 오늘날 경영 환경은 매우 복잡하므로, 모든 변수를 고려하여 의사 결정하는 것은 현실적으로 불가능하다. 제한된 정보와 시간 제약을 고려하여 신속하게 해답을 찾아야 하므로, 이상적인 해답이 아닌 상황에 만족스러운 해답을 찾을 수밖에 없다. 휴리스틱은 나름의 규칙과 판단 기준이 존재하기 때문에 정형적이지만, 매우 다양한 방법이 존재하여 포괄적인 셈이다.

★ BCG 매트릭스

　　보스턴 컨설팅 그룹BCG이 기업의 제품 개발과 시장전략 수립을 위해 개발한 포트폴리오 매트릭스이다. 제품 개발과 시장전략 수립을 위해 세로

축은 시장 성장률을, 가로축에는 시장 점유율을 표시한 매트릭스를 만들어 사분면으로 구성한다. 이를 통해 여러 사업분야에 대한 전략적 지위를 포트 폴리오를 구성하여 전체적 시각에서 관찰한다. 단순화된 포트폴리오를 통 해 잘못된 자원배분을 파악하는 데 도움이 된다. 즉 이윤이 많이 남는 사업 에 집중하고 반대로 매력적이지 못한 사업은 축소하는 것이다. 구체적으로 고성장·고점유율 사업을 '스타stars'로, 저성장·고점유율 사업으로 '캐시 카우cash cows'로, 저성장·저점유율 사업으로 '푸어 도그poor dogs'로, 고성장·저점유율 사업으로 '의문부호questionmarks'으로 분류한다.

[그림6] BCG 매트릭스

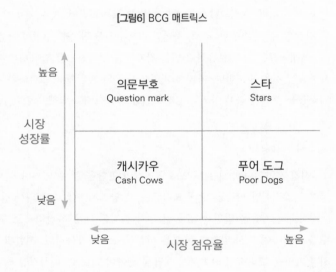

★ CTO configure to order

조립생산 중에서 고객의 요구사항이 매우 다양하여 고객이 직접 정한 사 양대로 생산하여 공급하는 방식을 말한다. 델Dell이 인터넷으로 개별고객 의 요구사항을 받아 사양대로 맞춤생산 공급하는 것이 대표적 사례이다. 고 객은 주문 후에 일정 기간 기다리며, 제조업체는 고객의 주문에 빠르게 대응하기 위해 사전에 자재나 반제품을 예측기반으로 준비한다. 사양의 종류가 방대하므로 다양한 자재를 사전에 적정수준으로 관리하는 것이 핵심이다.

－출처: Supply chain 프로세스 혁신, 박성칠, 2007, Sigmainsight

★ KPI key performance index

목표를 성공적으로 달성하기 위해 측정하고 관리해야 하는 핵심적인 성과지표를 말한다. KPI는 현재 진행 현황을 측정하고 모니터링 할 수 있어, 프로젝트를 평가하거나 관리하기 위해 널리 활용된다. 측정 가능한 것이 중요하므로, 대개 정량적 지표 위주로 설정되는 경향이 있다. 너무 많은 KPI를 설정하여 관리하는 것은 핵심적인 지표를 선정하지 않을 것으로, 취지에 맞지 않는다.

★ SWOT 분석 SWOT analysis

일반적으로 켄 앤드류즈Ken Andrews가 개척자로 알려져 있다. 기업의 내부·외부 환경을 분석하여 강점strength, 약점weakness, 기회 opportunity, 위협threat 요인을 규정하고, 이를 토대로 경영전략을 수립하는 것이다. 이는 기업이 처한 전반적인 상황에 대한 포괄적 분석이다. SWOT 분석은 광범위한 적용 가능성으로 인해 오랜 기간 폭넓게 활용되어 왔다. 하지만 SWOT 분석은 명확한 전략적 지침을 제공하는 것은 아니며, 좋든 나쁘든 간에 미래에 발생할 사건들의 가능성을 점검하여 전략 수립을 위한 토대를 제공할 뿐이다.

★ 5 Force 분석 the five competitive forces analysis

1979년 미국 하버드대 마이클 포터Michael Porter 교수가 발표한 산업구조분석 기법이다. '5 Forces'란 다섯 가지 경쟁요인을 의미하는데, 그것은 ①기존 기업 간의 경쟁 정도, ②신규 기업의 진입 위협, ③대체재의 위협, ④구매자의 협상력, ⑤공급자의 협상력이다. 이렇게 5가지 요인에 의해 확대된 경쟁 관계에 의해 산업의 구조가 정의되고, 산업의 수익률이 결정된다. 전략적 포지셔닝을 위해 산업구조를 이해하는 것은 필수적이다. 또한, 산업의 변화요인을 활용하여 자사에 좀 더 유리한 방향으로 산업구조를 형성하는 데도 유용하다. 하지만 이 분석은 본질적으로 안정성에 기반을 두고 있기에, 산업구조는 고정되는 것이 아니라 항상 변화한다는 점에 유의해야 한다.

★ 6시그마 six sigma

시그마(sigma σ, 표준편차)라는 통계척도를 사용하여 모든 품질수준을 정량적으로 평가하고 문제 해결하여, 품질 혁신과 고객 만족을 달성하기 위한 경영혁신 방법론이다. 여기서 식스시그마의 구체적 의미는 정규분포에서 평균을 중심으로 양품良品의 수를 6배 표준편차 이내에서 생산할 수 있는 프로세스 능력을 정량화한 것이다.

6시그마는 1980년대 모토롤라에서 무결점 수준을 추구하는 통계적 품질관리에서 시작되어, 비용 절감과 품질혁신, 프로세스 개선, 비즈니스 사이클 단축 등 기업의 전 부문에서 불량과 낭비를 제거하려는 경영혁신 활동으로 확대되었다.

★ 7S 모델

경영 컨설팅 회사 맥킨지에서 개발한 최고 기업의 성공요소를 정리한 모델이다. 최고 기업들은 7개의 성공요소를 조화롭게 장려했기 때문에 더 성공적일 수 있다. 7S 모델의 성공요소는 전략strategy, 조직structure, 시스템system, 공유가치shared value, 기술skill, 인재staff, 스타일style로 구성되어 있다.

7S 모델은 기업을 총체적으로 운영할 수 있도록 도움을 준다. 전략만이 성공요소는 아니며, 다양한 성공요소들도 조율해야 한다는 것을 강조하고 있다. 특히 전략, 구조, 시스템 등 하드웨어적인 요소뿐만 아니라, 소프트웨어적인 요소에 대한 총체적인 시각도 제공하며, 오히려 하드웨어보다는 소프트웨어적 요소가 중요시된다.

[그림] 7S

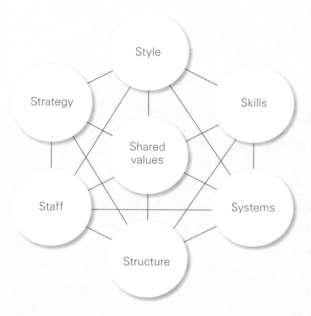

참고문헌

프롤로그_ 변화의 시대, 전략실행의 '균형'을 생각하다

1. Edward Gibbon: '로마제국 쇠망사', 대광서림, 2003. p5~11
2. Jim Collins: '좋은 기업을 넘어 위대한 기업으로 Good To Great', 김영사, 2001
3. 고바야시 가오루: '피터 드러커 리더가 되는 길', 청림출판, 2005. p68
4. Ken Segall: 'Insanely Simple', 문학동네, 2012. p59~83
5. 모리타 나오유키: '이나모리 가즈오의 아메바 경영 매뉴얼', 예문, 2014. p17
6. David Simichi-Levi: 'Operations Rules', The MIT Press, 2010. P.5~9
7. Ralph Sheuss: '전략 사전', 옥당, 2013. p334~335
8. 최인철: '나를 바꾸는 심리학의 지혜 프레임', 21세기북스, 2012. p52

1부 전략과 실행을 이해하라

01 왜 전략은 의도한대로 실행되지 않을까

1. Garry P. Hamel: '꿀벌과 게릴라', 세종서적, 2001
2. 로렌스 G. 히레비니액, AT커니 코리아 옮김:'전략실행-CEO의 새로운 도전', 청문각, 2009. p33~49
3. Rubbermaid 사례는 Jim Collins: '좋은 기업을 넘어 위대한 기업으로(Good To Great)', 김영사, 2001과 Jim Collins: '위대한 기업은 다 어디로 갔을까'를 참조로 작성하였다.

4. GM 사례는 Bob Lutz의 'Bean Counters', 비즈니스북스, 2011을 참조로 작성하였다.

5. 이근세: '효율성, 문명의 편견', 은행나무, 2014. p24

6. 윤석철: '삶의 정도', 위즈덤 하우스, 2011

7. Jim Collins: '좋은 기업을 넘어 위대한 기업으로 Good To Great', 김영사, 2001

8. Jim Collins: '위대한 기업은 다 어디로 갔을까', 김영사, 2010

9. Jim C. Collins, William C. lazier: 'Beyond Entrepreneurship', Prentice Hall, 1992

10. Donald Sull, Rebecca Homkes, Charles Sull: 'Why Strategy Execution Unravels-and What to do about it', Havard Business Review Korea, March 2015. p64~65

11. 프랑수아 줄리앙 Francois Julien: '전략 고대 그리스에서 중국까지', 교유서가, 2015

12. 아오시마 야이치, 카토 토시히코: '전략이란 무엇인가', 비즈니스맵, 2003

13. Cythia A. Montgomery, Garry P. Hamel 등: 'Break your strategy', 레인 메이커, p145~163

14. Garry P. Hamel: '꿀벌과 게릴라', 세종서적, 2001. p23~60

15. 세키가하라 전투 사례는 [네이버 지식백과] 세키가하라 전투[關が原の戰い] (키워드로 여는 일본의 향, 2009)와 시바 료타로 역사소설, 세키가하라 전투'를 참조로 작성하였다.

02 전략과 실행의 간극을 이해하라

1. Richard P. Rumelt: 'Good Strategy Bad Strategy', 생각연구소, 2011. p10~11

2. Ralph Sheuss: '전략 사전', 옥당, 2013. p65~70, p86~94

3. 박재희: '손자병법과 21세기', EBS, 2002

4. 마이클 포터 외: '차별화로 핵심 경쟁력을 높이는 경영전략', 매일경제신문사, 2015. p35

5. Cythia A. Montgomery, '당신은 전략가입니까', 리더스북, 2012. p145~149

6. Jim C. Collins, William C. lazier: 'Beyond Entrepreneurship', Prentice Hall, 1992. p150~151

7. 헨리 민츠버그, 브르수 알스트랜드, 조셉 램펠: '전략 사파리', 비즈니스맵, 2012.. p31~37

8. Richard P. Rumelt: 'Good Strategy Bad Strategy', 생각연구소, 2011

9. 미타니 고지 : '경영전략논쟁사', 엔트리, 2013. p399~413

10. 에릭 리스, '린 스타트업', 인사이트, 2012

11. 래비 보시디, 램 차란: '실행에 집중하라', 21세기북스, 2012. p43~45

12. 신영복: '강의', 돌베개, 2015. p181

13. Ralph Sheuss: '전략 사전', 옥당, 2013. p598~608.

15. 시부사와 가즈키: '이나모리 가즈오 도전자', 이춘규 옮김, 서돌, 2010

16. [네이버 지식백과] 사전분석·사후분석[事前分析·事後分析, ex-ante analysis ex-post analysis] (경제학사전, 2011.3.9. 경연사)

17. Jim Collins: '좋은 기업을 넘어 위대한 기업으로'(Good To Great), 김영사, 2001. p39~71

18. 코넬리스 클뤼버, 존 피어스 2세: '경영전략 다이제스트', 3mecca, 2012. p117~120

19. Ralph Sheuss: '전략 사전', 옥당, p457~460

20. 마이클 포터 외: '차별화로 핵심 경쟁력을 높이는 경영전략', 매일경제신문사, 2015. p12

21. [네이버 지식백과] 가치이동 [Value Migration, 價値移動] (두산백과) 참조하였음

22. Richard P. Rumelt: 'Good Strategy Bad Strategy', 생각연구소, 2011. p262~270

23. 장하준: '장하준의 경제학 강의', 부키, 2014

24. William Duggan, 'Strategic Intuition', 비즈니스맵, 2008. p21~34

25. 로마 가도 사례는 시오노 나나미, '로마인 이야기 10, 모든 길은 로마로 통한다' 와 김경준, '위대한 기업, 로마에서 배운다', 원앤원북스, 2006을 참조로 작성하였다.

26. 툴롱 포위전 사례는 위키백과와 윌리엄 더건의 '제7의 감각 전략적 직관', 스테파

니 존스의 '나폴레옹에게서 배우는 권력의 리더십'을 참조로 작성하였다.

2부 전략과 실행의 간극 줄여라

03 전략과 실행의 간극 줄이기 위한 노력들

1. Cythia A. Montgomery, '당신은 전략가입니까', 리더스북, 2012. p178~181
2. [네이버 지식백과] 균형성과표 [balanced score card] (행정학사전, 2009.1.15. 대영문화사)
3. Ralph Sheuss: '전략 사전', 옥당, p601~609
4. Donald Sull, Rebecca Homkes, Charles Sull: 'Why Strategy Execution Unravels-and What to do about it', Havard Business Review Korea, March 2015
5. Nigel Slack, Stuart Chambers, Robert Johnston, Alan Betts: 'Operations and Process Management', Prentice Hall, 2rd Edition 2009. p5~25, p38~47
6. Nigel Slack and Michael Lewis: 'Operation Strategy', Prentice Hall, 3rd Edition 2011. p6~38
7. David Simichi-Levi: 'Operations Rules', The MIT Press, 2010. P.5~9
8. Michael C Mankins, Richard Steele: 'Turning great strategy into great performance', Harvard business review, 매일경제신문사, 2015. p398~399
9. 알파인 스키 내용은 두산백과를 참조하였다.
10. 델의 사례는 고창범, '강한 기업의 조건 SCM'과 '디지털 타임스, 기사와 '이데일리' 기사를 참조하여 작성하였다. 디지털 타임스- '델·노키아의 몰락 부른 '나쁜 경영전략' 5가지', 이데일리- 'PC 3위 델의 몰락',사모펀드 제물로'

04 새로운 매개체를 위한 탐색

1. 윤석철: '삶의 정도', 위즈덤하우스, 2011. p261~267
2. Jim Collins: '좋은 기업을 넘어 위대한 기업으로(Good To Great)', 김영사, 2001
3. 김동철, 서영우: '경영전략 수립 방법론', 시그마 인사이트, 2013. p26~28
4. 파퀴아오와 메이웨더의 복싱 사례는 '데일리안 스포츠'와 '뉴데일리' 기사, 네이버 검색 기사를 기초하여 작성되었다.
5. 리듬의 정의는 [네이버 지식백과]와 [두산백과], [위키 백과]를 참조하여 작성되었다.
6. 고창범: '강한 기업의 조건 SCM', 예문, 2011
7. 장영재: '경영학 콘서트' 비즈니스북스, 2010, p254~259
8. 더글러스 램버트 外: '공급망 관리, 글로벌 경쟁에서 경쟁우위를 가져오는 SCM 전략', 21세기북스, 2006. p121~127
9. 박재희: '손자병법과 21세기', EBS, 2002
10. 노나카 이쿠지로, 도베 료이치, 가마타 신이치, 데라모토 요시야: '전략의 본질', 비즈니스맵, 2005. p451~453
11. Eliyahu M. Goldratt: 'The Race', North River Press, 1986
12. Donald Sull, Rebecca Homkes, Charles Sull: 'Why Strategy Execution Unravels and What to do about it', Harvard Business Review Korea, March 2015. p52~53

05 새로운 매개체를 체계화하라

1. [네이버 지식백과] 빛(光) 위키 백과를 참조하여 작성되었다.
2. Nigel Slack, Stuart Chambers, Robert Johnston, Alan Betts: 'Operations and Process Management', Prentice Hall, 2rd Edition 2009
3. Nigel Slack and Michael Lewis: 'Operation Strategy', Prentice Hall, 3rd Edition 2011
4. 박성현: '회귀 분석', 민영사, 2001. p175
5. Ken Segall: 'Insanely Simple', 문학동네, 2012. p59~83
6. 민정웅: '미친 SCM이 성공한다', 영진닷컴, 2014. p236~277

7. 패스트패션 [fast fashion] 용어는 [두산백과]를 참조하였음

8. 축구는 위키 백과 '축구'. 블로그 [DBR] 송규봉, '관찰 없으면 통찰도 없다 전략, 지도에서 길을 찾다', 2014, 참조하여 작성하였다.

9. Robert S. Kaplan, David P. Norton: 'The Execution Premium', 21세기북스, 2009. p25

10. 김위찬, 르네 마보안: '블루오션 전략', 교보문고, 2005. p34~48

11. 최인철: '나를 바꾸는 심리학의 지혜 프레임', 21세기북스, 2012. p52

12. 알렉스 퍼거슨: '리딩', 알에이치코리아, 2016. p25~29

13. Robert S. Kaplan, David P. Norton: 'The Execution Premium', 21세기북스, 2009. p28~42, p305~309

14. 프랑수아 줄리앙 Francois Julien: '전략 고대 그리스에서 중국까지', 교유서가, 2015

15. LCD TV 사례는 아래와 같이 다수의 기사와 아티클을 참조하여 작성하였다.

- 삼성경제연구소, '한국 TV 산업의 새로운 도전', 장성원, 김상범, 김진혁, 정동영, 2009.7.1.

- 위키백과 LCD TV 참조함

- 국민일보, '부품 사다 조립하던 한국 'TV 세계 1위' 10년 장기집권', 김준엽, 2016.5.26. 기사

- 중앙일보, '일본서 뺏어온 TV 1등, 중국이 넘본다', 임미진, 2016.8.16.

3부 프레임 너머로 시야를 확장하라

06 한계의 이해, 새로운 전진을 위한 시작

1. 모델, 프레임워크, 방법론의 정의는 [위키백과]를 참조하여 작성하였다.

2. Robert Simons, '전략을 보는 생각', 전략시티, 2015. p

3. 로렌스 G. 히레비니액, AT커니 코리아 옮김: '전략실행-CEO의 새로운 도전', 청문

각, 2009. p101~108

4. 황주홍: '미래학 산책', 조선일보사, 2002. p70~71

5. 오구마 에이지: '사회를 바꾸려면', 동아시아, 2014. p179~181

6. Craig S. Fleisher, Babette E. Bensoussan: '전략·경쟁 분석' 3mecca, 2003. p22~23, p11~19

7. Ralph Scheuss: '전략 사전', 옥당, 2013. p270~279

8. 신시아 몽고메리 外: '당신의 전략을 파괴하라', 레인메이커, 2013

9. Ralph Scheuss: '전략 사전', 옥당, 2013. p32~33

10. Jim Collins: '좋은 기업을 넘어 위대한 기업으로 Good To Great', 김영사, 2001. p73~74, p104~105

11. 헨리 민츠버그, 브르수 알스트랜드, 조셉 램펠: '전략 사파리', 비즈니스맵, 2012. p37~40

12. 로버트 그린: '전쟁의 기술', 웅진 지식하우스, 2007. p20

13. '단순함의 힘을 생각하다' 칼럼은 신재규,' 인문학으로 바라본 검도이야기', LG CNS 블로그, 2014를 수정 인용하고, 존 마리오티, '히든 리스크', 비즈니스맵, 2009. 서문을 참조하여 작성하였다.

07 무엇보다 마음가짐이 먼저다

1. 알렉스 퍼거슨: '리딩', 알에이치코리아, 2016. p25~26

2. Robert Greene: '전쟁의 기술', 웅진 지식하우스, 2007. p17~18

3. 카이사르의 사례는 시오노 나나미의 '로마인 이야기'와 Robert Green의 '50번째 법칙'을 참조로 작성하였다.

4. Robert Greene: '전쟁의 기술', 웅진 지식하우스, 2007

5. 장세진: '경영전략', 박영사, 2014

6. 헨리 민츠버그, 브르수 알스트랜드, 조셉 램펠: '전략 사파리', 비즈니스맵, 2012. p43

7. 장영재: '경영학 콘서트' 비즈니스북스, 2010. p254~259

8. 말콤 글래드웰: '아웃라이어' 김영사, 2010. p54

9. 최인철: '나를 바꾸는 심리학의 지혜 프레임', 21세기북스, p204

10. Ralph Sheuss: '전략 사전', 옥당, 2013. p346~347

11. Jim Collins: '좋은 기업을 넘어 위대한 기업으로 Good To Great', 김영사, 2001. p243~272

12. Robert Greene: '마스터리의 법칙', 살림 biz, 2013. p147~158

13. '우발적인 마주침이 의미를 창조한다.' 칼럼은 강신주: '철학이 필요한 시간', 사계 절 2011. p89~91과 헨리 민츠버그 '전략 사파리'를 참조로 작성하였다.

에필로그 및 부록

1. 이광훈: '상투를 자른 사무라이', 따듯한 손, 2011. p213

2. 헨리 민츠버그, 브르수 알스트랜드, 조셉 램펠: '전략 사파리', 비즈니스맵, 2012

3. 가노 지고로 사례는 네이버의 다양한 블로그를 참조하여 작성하였다.

4. 부록2는 '전략 사파리', 비즈니스맵, p455~489를 참조하여 작성하였다.

5. 부록3는 장세진의 '경영전략', 박영사, 2014. p17~18와 Ralph Sheuss의 '전략 사 전', 옥당, 2013. p59~60을 참조하여 작성하였다.

6. 부록5는 엔트루 컨설팅 'SCM framework'를 참조하고, 박성칠의 'Supply chain 프로세스 혁신', 2007 시그마인사이트 참조하여 작성하였다.

감사의 글

학교를 졸업하고, 컨설턴트로서 많은 고객을 만나 다양한 문제들을 고민하며 함께 해결책을 모색해왔습니다. 힘들지만 새로운 문제를 하나씩 해결해 나갈 때마다 일을 통해 성장하고 있다는 느낌을 얻을 수 있어 좋았습니다. 하지만 어느덧 시간이 흐르다 보니 어느 순간부터 나 자신이 정체되어 있다는 의구심이 들었습니다. 그동안의 경험과 지식을 갈무리하고 방전된 나를 충전하기 하기 위해, 뜻이 맞는 동료들과 함께 책을 쓰게 되었습니다. 주제를 정하고, 프레임을 논의하고, 문장을 다듬는 시간들이 모두 소중한 순간으로 기억됩니다. 열정과 관용을 베풀어준 동료들께 감사드립니다.

끝으로, 아내와 아들, 가족들에게 미안함과 고마움을 전합니다.

- 저자 김정욱

책 집필 모임을 하느라 몇 년 동안 일요일을 함께 보내지 못했지만, 항상 너그럽게 이해해준 아내 정원과 아이들 용준, 민경, 민수에게 미안함과 감사의 마음을 전합니다. 더불어 얼마 전 작고하신 이영해 지도 교수님께 감사드립니다. 교수님께서 몸소 보여주신 삶과 학문에 대한 열정은 무엇보다 좋은 책을 만드는 데 강한 동기부여가 되었습니다. 진심을 담아 다시 한 번 감사드립니다.

마지막으로, 3년을 같이 준비해온 김정욱 위원, 신재규 총괄에게도 감사의 마음을 전합니다. 서로 다른 지식과 경험으로 집필 과정 중에 많은 논쟁이 있었지만, 상호 간의 신뢰가 있어 의미 있는 결실을 볼 수 있었던 것 같습니다. 이제 공동 저술을 통해 탄탄해진 팀워크로, 'SCM 대중화'를 위한 또 다른 전진을 이루었으면 합니다.

– 저자 조민관

♥ Special thanks to

바쁜 시간에도 책의 감수를 도와준 친구 정창모, 이정훈 책임, 고대옥 책임, 민기은 과장에게 감사의 마음을 전합니다. 더불어 책의 출간을 열렬히 응원해준 이주한 그룹장을 비롯한 엔트루 컨설팅 SCM/물류 그룹원들에게도 감사드립니다.

전략실행 프레임

펴 낸 날 2017년 3월 17일

지 은 이 신재규, 김정욱, 조민관
펴 낸 이 최지숙
편집주간 이기성
편집팀장 이윤숙
기획편집 윤일란, 허나리
표지디자인 이윤숙
책임마케팅 하철민, 장일규
펴 낸 곳 도서출판 생각나눔
출판등록 제 2008-000008호
주   소 서울 마포구 동교로 18길 41, 한경빌딩 2층
전   화 02-325-5100
팩   스 02-325-5101
홈페이지 www.생각나눔.kr
이 메 일 bookmain@think-book.com